五国票据法汇编

曾大鹏 编译

COMPILATION OF NEGOTIABLE INSTRUMENTS LAW OF FIVE COUNTRIES

北京大学出版社
PEKING UNIVERSITY PRESS

图书在版编目(CIP)数据

五国票据法汇编/曾大鹏编译. —北京：北京大学出版社，2024.3
ISBN 978-7-301-34929-8

Ⅰ. ①五… Ⅱ. ①曾… Ⅲ. ①票据法—汇编 Ⅳ. ①D912.287

中国国家版本馆 CIP 数据核字(2024)第 061292 号

书　　名	五国票据法汇编 WUGUO PIAOJUFA HUIBIAN
著作责任者	曾大鹏　编译
责 任 编 辑	李小舟
标 准 书 号	ISBN 978-7-301-34929-8
出 版 发 行	北京大学出版社
地　　址	北京市海淀区成府路 205 号　100871
网　　址	http://www.pup.cn　　新浪微博：@北京大学出版社
电 子 邮 箱	zpup@pup.cn
电　　话	邮购部 010-62752015　发行部 010-62750672 编辑部 021-62071998
印 刷 者	三河市博文印刷有限公司
经 销 者	新华书店
	965 毫米×1300 毫米　16 开本　26 印张　350 千字 2024 年 3 月第 1 版　2024 年 3 月第 1 次印刷
定　　价	88.00 元

前　言

在从事票据法领域的教学和科研工作之际，我时常会感到所援引的域内外法条较为陈旧，却又一时无暇对相关法条的原文措辞和渊源流变进行细致的梳理和考证。与此同时，我国票据市场和票据法律实务领域变化多端，由此引发了一系列的问题，譬如：我国现行《票据法》规范能否直接调整电子票据，如若不能，在未来修改《票据法》之时又当如何设计电子票据制度的形式和内容？就票据权利而言，可否事先约定放弃追索权即“免追索”？对于电子票据，可否选择线下或者线上追索？票据交易所的法律地位如何？在思考这些问题之余，也忍不住要去查阅域外比较法的资源。

我国《票据法》自 1995 年制定以来已历经近三十年，虽然在 2004 年删除了原第 75 条，《最高人民法院关于审理票据纠纷案件若干问题的规定》（原法释〔2000〕32 号，现法释〔2020〕18 号）随着我国《民法典》等的颁行也有所修正，但《票据法》自身的逻辑和体系尚存在诸多疏漏与不足，其再次修改势在必行。而电子票据的面世及票据市场的进一步发展，使得既有法律法规和司法解释根本无力有效应对种种新问题。正是基于现实的需求，本人萌发了对法国、德国、日本、英国和美国的票据法进行重新编译的大胆想法，借此为我国票据法的理论、实务及其法律修改提供比较法上的借鉴。

有必要先对本书名确定为《五国票据法汇编》稍作解释。本书的核心内容是对法国、德国、日本、英国和美国这五个国家的票据法进行选编和翻译。法国、德国和日本等国家虽然批准加入了《日内瓦统一汇票和本票法公约》和《日内瓦统一支票法公约》,并基于该两个公约而各自修改了其国内法,但毕竟英美法系各国未批准加入这两个公约,而各加入国所承认的保留条款的情况尚有不同,因而将这两个公约作为附录的法律文件编入本书。同时,包括港澳台地区的我国票据法和相关规定条例也都编入了附录部分。《联合国国际汇票和国际本票公约草案》(1986 年 7 月)和《联合国国际支票公约草案》(1982 年 8 月)之初衷虽为统一国际票据的法律规制,但其缔约国数量一直不达标,迄今没有正式生效,因而未编入本书。

法国的票据成文法,可追溯至 1673 年的《商事条例》第五章和第六章,后稍经修改被编入 1807 年的《法国商法典》。《法国商法典》历经多次修改,目前在第五卷"商业票据与担保"第一编"商业票据"的第一章、第二章分别规定汇票、本票。可见,法国法上的"票据"是狭义的,仅指汇票和本票。而 1865 年制定的《法国支票法》,在 1935 年经大修后,目前被纳入《法国货币与金融法典》的第一卷第三编第一章"银行和邮政支票"。原《法国支票法》已经丧失其单行法、特别法的地位。值得一提的是,《法国商法典》和《法国货币与金融法典》关于票据和支票的"实施法令"紧随"立法部分"之后,实际上是一系列的操作细则或监管规定,大大增强了法律的技术性和可操作性。而在票据关系与其基础关系之关系问题方面,法国法体现了强烈的有因性色彩,《法国商法典》第 L511-7 条关于保证金的规则即为明证。

1871 年 4 月的《德国票据法》仅规定了汇票和本票两种票据,而 1908 年 6 月的《德国支票法》专门针对支票。1933 年 6 月 21 日,根据《日内瓦统一汇票和本票法公约》和《日内瓦统一支票法公约》等相关票据法统一公约,德国对本国法进行了重大修改。德国法上的"票据"也是狭义的。但与法国不同,德国票据法体现了强烈的无因性色彩;《德国票据法》第 89 条将票据利益返还请求权定性为不当得利请求权;《德国支票法》第 37 条及第 38 条虽然保留了条文序号,但删除了关于划线支票的具体规定。

日本在参加了日内瓦票据法统一公约后,废除了《日本商法典》中关于票据法的规定,并分别制定了 1932 年的《日本票据法》和 1933 年的《日本支票法》。两法均自 1934 年 1 月 1 日起生效,而后也经多次修改。《日本票据法》第 11 条和《日本支票法》第 14 条之规定,与《法国商法典》第 L511-8 条和《法国货币与金融法典》第 L131-16 条、《德国票据法》第 11 条和《德国支票法》第 14 条大同小异,均肯定了票据在特定情形中作为普通债权转让的效力。另外,为与修改后的《日本民法典》相一致,现行《日本票据法》第 71 条和《日本支票法》第 52 条不再使用时效的"中止"或"中断",而重新启用时效的"延期完成"或"更新"。

《英国 1882 年票据法》编纂、实施后,主要经由《英国 1957 年支票法》和《英国 1992 年支票法》修改。此三法至今有效,并对我国香港地区影响甚巨。英国法上的"票据"是广义的,汇票、支票和本票均包括在内,而支票为汇票之一种(《英国 1882 年票据法》第 73 条)。《英国 1882 年票据法》第 28 条构建了融通汇票制度,第 29 条区分了正当持票人与汇票持有人,第 31 条承认了汇票经交付即可流通转让,这些制度或规则均有一定的独到之处。2015 年,《英国 1882 年票据法》的一项重大修改是增设第四 A 章,以 6 个法条规定"以电子方式提示支票或其他票据",规范了电子票据的提示行为。此种修法形式和修法内容对我国颇有启发意义。

美国关于"流通票据"(negotiable instruments)的立法可追溯至美国统一州法委员会于 1896 年颁布的《统一流通票据法》,该法在 1952 年与其他单独领域的统一法示范文本整合形成《美国统一商法典》初版。2002 年,《美国统一商法典》第 3 编"流通票据"做了最后一次实质性修改。本书编译的英文原文版本源自美国得克萨斯州实际采纳的《统一商法典》。但得克萨斯州的《统一商法典》在近年亦有修改，例如在 2005 年修改了第 3.416 条和第 3.417 条，在 2020 年修改了第 A3.506 条。另外，该《统一商法典》第 3.310 条规定了“票据对原因债务的影响”；第 3.414 条和第 3.415 条分别规定了出票、背书时载明“无追索权”的相关问题；第 3.419 条规定了融通票据制度。

《日内瓦统一汇票和本票法公约》和《日内瓦统一支票法公约》被批准加入的国家奉为圭臬，原有的法国法系与德国法系之间较大的差异和对立也逐渐消除。而我国未加入该两个公约。相较而言，在微观的条文设计方面，我国《票据法》第 5 条关于票据无权代理与越权代理、第 10 条关于票据无因性、第 18 条关于票据利益返还请求权等方面的规范配置颇为特立独行，不无改进空间。在宏观的制度架构方面，我国《票据法》采取了“三票合一”的合并主义立法模式，其“票据”概念是广义的，而该两个公约中的“票据”概念是狭义的。另外，对于《日内瓦统一汇票和本票法公约》第八章“参加”（包括参加承兑和参加付款）、第九章“复本及副本”和《日内瓦统一支票法公约》第七章“复本”等制度，我国《票据法》未予规定。而《日内瓦统一汇票和本票法公约》第 38 条和《日内瓦统一支票法公约》第 31 条规定的“票据交换所”，为《法国商法典》第 L511-26 条和《法国货币与金融法典》第 L131-34 条、《德国票据法》第 38 条和《德国支票法》第 31 条、《日本票据法》第 38 条和第 83 条以及《日本支票法》第 31 条、第 69 条等所认可。

在本书的编译过程中，主要参考了学界既有的两本重要的域外票据法编译图书《中外票据法选》[①]和《国外票据法》[②]。日本法还参考了张凝先生翻译的《日本汇票本票法》（本书译作《日本票据法》）和《日本

① 参见郭锋、常风编：《中外票据法选》，北京理工大学出版社 1991 年版。

② 参见余振龙、姚念慈主编：《国外票据法》，上海社会科学院出版社 1991 年版。

支票法》。[1] 美国法还参考了李昊先生等人[2]、潘琪先生各自关于《美国统一商法典》的翻译成果[3]。在此谨对上述编者及译者深表敬意和谢意。就各国或地区原文版本编排的法条序号，本书尽量维持原貌，因为法条结构其实也呈现出一种形式美。但日本法中的“项”被改译为“款”，而我国台湾地区的中文“项”则未予改动。在更多的方面，本书尽量翻译为同一中文术语。例如，采用“重开汇票”，而不用“转开汇票”；一式多份的票据为“复本”，而非“誊本”或“副本”；更多地采用“持票人”，而个别国家或地区采用“执票人”或“受票人”。但也不排除将含义相同或相近的外文词汇表达为类似的中文，例如“字样”“文言”“文字”“文句”，“出票”“签发”“开立”，“免除”“解除”，“责任”“义务”“债务”，等等。当然，本书尽量精准反映某些术语不同的中文含义，例如“保证”与“担保”、“(必)须”与“应(该)”。

为了便于交流和学习，下面将有关票据立法的外文网址列出，这也便于我们及时掌握最新的立法修改信息。个别网址可能会因浏览时间不同而动态更新，但其大的域名仍属可检索的范围。《法国商法典》中票据法规范第 L511-1 条至第 L512-8 条，其法文网址为：https://www.legifrance.gouv.fr/codes/section_lc/LEGITEXT000005634379/LEGISCTA000006113742。《法国货币与金融法典》中的支票法规范第 L131-1 条至第 L131-87 条，其法文网址为：https://www.legifrance.gouv.fr/codes/section_lc/LEGITEXT000006072026/LEGISCTA000006154771。《德国票据法》的德文网址为：https://www.gesetze-im-internet.de/wg/index.html。《德国支票法》的德文网址为：https://www.gesetze-im-internet.de/scheckg/index.html。《日本

---

① 参见张凝、〔日〕末永敏和：《日本票据法原理与实务》，中国法制出版社 2012 年版。

② 参见美国法学会、美国统一州法委员会：《美国〈统一商法典〉及其正式评述》(第二卷)，李昊、刘云龙、戴科、高圣平译，中国人民大学出版社 2005 年版。

③ 参见潘琪译：《美国统一商法典(中英双语)》，法律出版社 2018 年版。

票据法》的日文网址为：https://elaws.e-gov.go.jp/document?lawid=307AC0000000020。《日本支票法》的日文网址为：https://elaws.e-gov.go.jp/document?lawid=308AC0000000057。《英国1882年票据法》的英文网址为：https://www.legislation.gov.uk/ukpga/Vict/45-46/61/contents。《英国1957年支票法》的英文网址为：https://www.legislation.gov.uk/ukpga/Eliz2/5-6/36/contents。《英国1992年支票法》的英文网址为：https://www.legislation.gov.uk/ukpga/1992/32/contents。美国得克萨斯州实际采纳的《统一商法典》的英文网址为：https://1.next.westlaw.com/Browse/Home/StatutesCourtRules/TexasStatutesCourtRules?guid=N628C8F138E2B423DAF4BB65540DE0A89&originationContext=documenttoc&transitionType=Default&contextData=(sc.Default)。《日内瓦统一汇票和本票法公约》的英文网址为：https://treaties.un.org/Pages/showDetails.aspx?objid=080000028004743e&clang=_en。《日内瓦统一支票法公约》的英文网址为：https://treaties.un.org/Pages/showDetails.aspx?objid=0800000280047628&clang=_en。

本书系中国票据研究中心委托课题“五国票据法汇编”的研究成果。感谢中国票据研究中心为本课题研究提供的大力支持和资助。感谢票据业界前辈肖小和先生、上海票据交易所的黄文菲、朱颖、吴小蒙、董安琴、谢晶磊等人的鼓励与交流。同时，北京大学出版社资深编辑王业龙、李小舟等为本书的出版积极协调，并对编译内容精益求精，在此也深表谢意。

本人的一外是英语，在北大读博期间选修二外法语，在华政工作期间自学德语和日语，经反复参考相关法律外语辞典而完成本书稿的编译工作。纯粹外语的入门学习及法律外语的进阶研习，耗费了我大量的时间和精力，也让我倍感“奢侈”。于此，感谢不厌其烦地回答我提问和咨询的国内外师友、同事。感谢收集和整理本书资料、参与讨论的硕士研究生。

最后必须承认,“吾生也有涯,而知也无涯”。编译本书时时有如履薄冰之感,唯恐误导读者。本书疏漏和错误之处,敬请读者诸君不吝批评、指正!

曾大鹏

2023年10月23日

于华政长宁校区图书馆

目　录

法　国

德　国

日　本

英　　国

美　　国

附　　录

法　国

《法国商法典》第五卷第一编　商业票据——立法部分

第一章　汇　　票

第一节　汇票的签发和形式

第 L511-1 条　一、汇票应记载下列事项：

1. 用制作票据所使用的文字在票据正面载明“汇票”字样；

2. 无条件支付确定金额的委托；

3. 应当付款的人（称为付款人）的姓名；

4. 付款日期；

5. 付款地；

6. 收款人或其指定人的姓名；

7. 出票日和出票地；

8. 汇票签发人（称为出票人）的签名。签名可以手签或者用任何非手签的方式。

二、票据未记载前款规定的应载事项之一的，不能视为汇票，但本条第三款至第五款规定的情形除外。

三、汇票未载明付款日期的，视为即期汇票。

四、汇票未特别载明付款地的，付款人姓名旁指定的地点视为付款地，且同时视其为付款人的住所地。

五、汇票未载明出票地的，出票人姓名旁指定的地点视为出票地。

第 L511-2 条 汇票的收款人可以是出票人本人。

汇票的付款人可以是出票人本人。

汇票可以为第三人的利益签发。

汇票可以在第三人住所支付,无论该住所是付款人的住所所在地或者其他地点。

第 L511-3 条 在见票即付或见票后定期付款的汇票之上,出票人可以规定票面金额产生的利息。其他任何汇票作此规定的,视为未作记载。

利率必须在汇票中说明;未予说明的,有关利息的条款视为未作记载。

汇票如未另行说明日期的,利息应从出票日起算。

第 L511-4 条 汇票金额须同时采用大写文字和小写数字填写,在两者存在差异时,以文字填写的金额为准。

汇票金额经过多次采用文字或者数字填写的,如果存在差异,应以最小金额为准。

第 L511-5 条 未成年人签发的汇票,对该未成年人无效,但当事人各自的权利符合《民法典》第 1352-4 条规定的除外。

如果汇票的签名人无能力对该汇票承担责任,或者签名是伪造或虚构的,或者签名因任何其他原因而不能让汇票签名人承担责任时,其他签名人的责任仍然有效。

无代理权而以代理人名义在汇票上签名的人,应当按照汇票记载承担责任;如果其已付款,则取得与所声称的被代理人本可享有权利之相同权利。此项规定,同样适用于越权的代理人。

第 L511-6 条 出票人保证汇票的承兑及付款。

出票人可以免除其保证承兑责任;但任何免除其保证付款责任的条款,均视为未作记载。

第二节　保　证　金

第 L511-7 条　保证金应由出票人或者委托签发汇票的人提供，出票人不得为他人利益仅免除其本人对背书人和持票人承担的责任。

在汇票到期日，如果保证金的收受人对出票人或者委托签发汇票的人欠有至少等于汇票金额的债款，则为有保证金。

保证金的所有权自动转移给汇票的相继持票人。

承兑须以有保证金为前提。

对于背书人而言，承兑即为有保证金的证据。

无论是否承兑，在否认的情形中，仅有出票人负担义务证明付款人在汇票到期日有保证金；否则，即使在规定期限之后已作成拒绝证书，出票人仍负有保证责任。

第三节　背　　书

第 L511-8 条　所有汇票，即使未载明由指定人收款，也可以背书的方式转让。

出票人在汇票上写明“非由指定人收款”的字样或类似的记载时，该票据只能以一般转让的方式转让并且仅具有一般转让的效力。

无论付款人是否已承兑，汇票可以付款人或者出票人或其他任何义务人为被背书人。上述被背书人可将汇票再背书。

背书必须无条件。背书附加的任何条件，视为未作记载。

部分背书无效。

以来人为被背书人的背书，视为空白背书。

背书必须在汇票或其粘单上记明。背书必须由背书人签名。背书人的签名可以手签或者用任何非手签的方式。

背书可以不指名受益人，或者作仅有背书人签名的空白背书。空白背书必须在汇票背面或其粘单上记明才有效。

第 L511-9 条 一、背书转让汇票上的一切权利。

二、如果是空白背书,持票人可以:

1. 在空白处填写自己的或者他人的姓名;

2. 再次将汇票作空白背书,或者记名背书给他人;

3. 既不填补空白也不作背书,而将汇票交付第三人。

第 L511-10 条 背书人保证承兑及付款,但条款另有规定的除外。

背书人可以禁止再背书;在此情况下,背书人对此后汇票的被背书人不负保证责任。

第 L511-11 条 如果汇票占有人能证明其因不间断的连续背书而享有权利的,即使最后的背书为空白背书,仍视其为合法持票人。涂销的背书,视作无记载。在空白背书之后续有另一背书之时,后一背书的签名人视作通过空白背书而取得汇票。

如果汇票的持票人因任何事由丧失对汇票的占有,而该持票人可依前款规定的方式证明其权利的,则其无放弃该汇票的义务,但若取得该汇票时有恶意或者重大过失的除外。

第 L511-12 条 因汇票而被诉的人,不得以其与出票人或持票人前手之间的个人事由作为抗辩事由对抗持票人,除非持票人取得汇票时有故意损害债务人的行为。

第 L511-13 条 在背书记载“收款”“托收”“代理”字样,或者有其他表明一般委托记载之时,持票人可以行使此汇票上的一切权利,但只能以代理的名义进行背书。

在上述情形,汇票债务人只能以对背书人的各种抗辩事由对抗持票人。代理背书中所包含的委托,不因委托人死亡或丧失行为能力而终止。

背书记载“担保票据”“质押票据”字样,或者有任何其他表明质权的记载时,持票人可以行使汇票上的一切权利,但该持票人所作的背书仅有代理人背书的效力。

汇票债务人不得以其与背书人之间的个人事由作为抗辩事由对抗持票人，除非持票人取得汇票时有故意损害债务人的行为。

第 L511-14 条　到期日之后的背书与到期日之前的背书具有相同效力。但是，在作成拒付证书之后或者在作成拒绝证书的规定期限届满之后所作的背书，仅具有一般转让的效力。

除非有相反证据，未记载日期的背书，视为在作成拒绝证书的规定期限届满之前作出。

禁止以伪造方式倒填背书日期。

第四节　承　　兑

第 L511-15 条　持票人或者单纯的占有人可以在汇票到期日之前在付款人住所，向付款人提示承兑。

在任何汇票上，出票人均可规定汇票应提示承兑，并规定或不规定提示期限。

持票人可在汇票上载明禁止提示承兑，但在第三人处或付款人住所以外的其他地点付款的汇票，或者见票后定期付款的汇票不在此限。

出票人也可规定不得在指定日期之前提示承兑。

任何背书人均可规定汇票应提示承兑，并规定或不规定提示期限，但出票人已规定不得提示承兑的除外。

见票后定期付款的汇票应自出票日起 1 年内提示承兑。

出票人可以缩短或延长前款规定的 1 年期限。

背书人可以缩短上述各规定期限。

如果出具汇票是为了履行商人之间签订的有关供货协议，并且出票人已经履行协议所定义务的，只要在验货方面符合一般商业惯例的期限届满，付款人不得拒绝承兑。

拒绝承兑必然导致汇票规定的到期日失效，其费用由付款人承担。

第 L511-16 条 付款人可以请求在第一次提示承兑的次日向其作第二次提示。有利益关系的当事人不得以此项请求未得到满足为由主张其权利，但此项请求已在拒绝证书上载明的除外。

持票人无义务将提示承兑的汇票放弃给付款人。

第 L511-17 条 承兑应在汇票上作出书面记载。承兑应记载“已承兑”或其他同义的字样，并由付款人签名。仅付款人在汇票正面的签名视为承兑。

见票后定期付款的汇票，或者应在根据特别记载而确定的期限内提示承兑的汇票，必须载明承兑日期，但持票人要求记载提示日期的除外。如果未记载承兑日期的，持票人为保留其对背书人和出票人的追索权，应在有效期内作成拒绝证书以确认承兑日期未记载。

承兑必须无条件，但付款人可以限制仅承兑部分的汇票金额。

承兑时对汇票记载事项作出其他任何变更的，视为拒绝承兑，但承兑人仍依承兑条款负有义务。

第 L511-18 条 出票人在汇票上指明以付款人住所之外的地点为付款地，但未指明应在该处进行付款的第三人时，付款人得在承兑时指明该第三人。未指明第三人的，视为承兑人自己承担在付款地进行付款的责任。

汇票得在付款人住所付款的，付款人可在承兑时指明应予付款的地址。

第 L511-19 条 付款人同意承兑的，则负有到期支付汇票的责任。

如果汇票到期未获支付的，即使持票人是出票人，其也可就第 L511-45 条和第 L511-46 条所规定的一切金额，向承兑人直接提起诉讼。

第 L511-20 条　如果付款人已承兑汇票，但在交还汇票之前涂销其承兑的，则视为拒绝承兑。涂销视为在票据交还之前作出，但有相反证据的除外。

但是，如果付款人已书面向持票人或任何汇票上的签名人告知承兑的，则其依承兑条款对持票人或签名人负有义务。

第五节　保　证

第 L511-21 条　全部或部分的汇票金额可以通过保证担保付款。

保证可以由第三人或者已在汇票上的签名人提供。

保证必须在汇票或其粘单上作出，或者通过另一份指明保证出具地的文书作出。

保证以“用于担保”的字样或者其他同义的形式表示，并由保证人签名。

保证人仅在汇票正面签名的，视为保证成立，但票面上仅有付款人或出票人签名的除外。

保证应载明被保证人；未载明被保证人的，视其为出票人提供保证。

票据的保证人与被保证人负相同的责任。

即使被保证人的债务由于任何原因而无效，保证人的担保仍然有效，但因保证形式存在瑕疵的除外。

保证人支付汇票后，对被保证人以及依据汇票对被保证人负有义务的人，取得汇票上的一切权利。

第六节　到　期　日

第 L511-22 条　一、汇票可以按照下列方式出具：

1．见票即付；

2．见票后定期付款；

3. 出票日后定期付款；

4. 定日付款。

二、在其他到期日付款的汇票或者到期日连续的汇票均属无效。

第 L511-23 条 见票即付的汇票应在提示时付款。见票即付的汇票应在出票日起 1 年内进行付款提示。出票人可以缩短或者延长该期限。背书人可以缩短该期限。

见票即付汇票的出票人可以规定，不得在指定日之前提示付款。在此情况下，提示期限从指定日开始计算。

第 L511-24 条 见票后定期付款的汇票按照承兑日或者拒绝证书作成日确定其到期日。

在无拒绝证书的情况下，对于承兑人而言，未记载日期的承兑视为在预定的提示承兑期限的最后一日作出。

出票日或者见票后 1 个月或数月内付款的汇票，以应付款月的相应日期为到期日；如果应付款月没有相应的日期，则以该月的最后一日为到期日。

出票日或者见票后一月半或数月半付款的汇票，应先计算整月。

如果汇票到期日定为月初、月中或者月底的，其到期日是指该月的第 1 日、第 15 日或者最后一日。

“8 天”或“15 天”表示的期限，并非指一个星期或两个星期，而是指 8 个或 15 个实际天数。

“半月”表示的期限为 15 天。

第 L511-25 条 如果定日付款汇票的付款地日历与出票地日历有时差的，则其到期日应依付款地日历确定。

出票后的定期付款汇票，在日历上的日期有时差的两地之间签发时，其出票日依付款地日历的相应日期计算，并据此确定到期日。

汇票的提示期限，按上述规定计算。

如果汇票条款或票据上的简单表述事项表明当事人意在采用其他规定的，则不适用上述规定。

第七节　付　款

第 L511-26 条　定日付款、出票日后定期付款或者见票后定期付款的汇票持票人，应在到期日或者其后两个工作日中的一日提示付款。

向票据交换所提示汇票，与提示付款具有相同的效力。

第 L511-27 条　付款人付款时可以要求持票人交出汇票并在汇票上记载金额“收讫”字样。

持票人不得拒绝部分付款。

部分付款时，付款人可以要求持票人在汇票上记载所收金额并出具收据。

对于已经分期付款的汇票金额，出票人和背书人的责任解除。

对于仅存有剩余金额的汇票，持票人有义务请求拒绝支付。

第 L511-28 条　不得强迫汇票持票人在汇票到期日前受领支付。

付款人在到期日前付款的，自担风险。

付款人到期付款的，可有效解除其责任，但付款人有欺诈行为或重大过失的除外。付款人应负责审查连续背书是否符合规定，但不负责审查背书人签名的真伪。

第 L511-29 条　如果汇票规定以付款地非通用货币支付的，则其票面金额可按到期日的汇率，以付款地国家的货币支付。如果债务人延迟付款的，则持票人可以选择要求按到期日或者付款日的汇率，以付款地国家的货币支付。

外币价值应按付款地的惯例确定。但是，出票人可以在汇票上规定待付金额按确定的汇率进行计算。

出票人规定以外币作为实际支付货币的条款中指明以该种货币付款的，不适用前述规则。

如果汇票金额是用出票地国家和付款地国家名称相同但价值不

同的货币表示的，则推定应以付款地国家的货币支付。

第 L511-30 条 持票人在汇票到期日或其后两个工作日中的一日未提示付款的，则任何票据债务人有权将汇票金额交付信托银行，其费用与风险由持票人负担。

第 L511-31 条 只有在持票人遗失汇票，或者实行司法保护或司法重整或司法清算的情形下，才允许止付汇票。

第 L511-32 条 如果未经承兑的汇票遗失，则权利人可以任何复本请求付款。

第 L511-33 条 如果遗失的汇票已经承兑，仅在经法官裁定并提供保证的情况下，才能以任何复本请求付款。

第 L511-34 条 如果汇票的遗失人不能出示任何复本的，无论该汇票是否承兑，其均可请求支付已丧失汇票的金额，并通过账册证明其所有权且提供保证之后，经法官裁定获得付款。

第 L511-35 条 如果遗失汇票的所有权人根据前述两条规定遭拒付的，则其可依拒付证书而保留其一切权利。拒付证书应于遗失汇票的到期日之次日作成。第 L511-42 条规定的通知，应在该条规定的期限内送达出票人和背书人。

第 L511-36 条 为取得第二份复本，遗失汇票的所有权人应向其直接的前手背书人提出请求，后者应再向其前手背书人请求，并依次直至出票人。相关费用由遗失汇票的所有权人负担。

第 L511-37 条 如果 3 年内无人提出请求或提起诉讼的，则第 L511-33 条和第 L511-34 条所规定的保证义务消灭。

第八节 未获承兑及未获付款时的追索权

第 L511-38 条 一、有下列情形之一的，持票人可以对背书人、出票人和其他债务人行使追索权：

1. 汇票到期，如果未付款的；

2. 即使在汇票到期日前：

A. 全部或部分遭拒绝承兑的；

B. 无论付款人是否承兑，实行司法重整或司法清算的；或者即使未经判决确认的情况下停止支付的；或者对其财产实施扣押但无效果的；

C. 尚未承兑汇票的出票人被实行司法保护、司法重整或司法清算的。

二、但是，在前款第 2 项 B 目和 C 目规定的情形下，被追索的保证人可在被追索起 3 日内向其住所地的商事法庭庭长提出延期申请；如果其请求理由获证实，则法庭庭长作出的裁定应确定要求保证人支付有关商业票据的期限，但该期限不得超过到期日。对该法庭裁定不得提出异议或上诉。

第 L511-39 条　拒绝承兑或者拒绝付款的，必须以称作"拒绝证书"的公证文书确认。

拒绝承兑证书必须在确定的提示承兑期限内作成。如果在第 L511-16 条第一款规定的情形下，则第一次提示是在该期限最后一日，拒绝承兑证书也可于次日作成。

定日付款或者出票后或见票后定期付款的汇票，其拒绝付款证书应于汇票付款日后的 2 个工作日内作成。如果涉及见票即付汇票，其拒绝证书应按照上述有关拒绝承兑证书规定的条件作成。

作成拒绝承兑证书的，则无须提示付款及拒绝付款证书。

无论付款人是否承兑，在其停止支付或者其财产遭扣押而无效果的情况下，持票人只有在向付款人提示付款并作成拒绝付款证书之后，才能行使追索权。

无论付款人是否承兑，在其经宣告实行司法重整或司法清算时，或者未获承兑汇票的出票人经宣告实行司法重整或司法清算时，一旦法院作出此类宣告性的司法裁判，持票人即可行使追索权。

第 L511-40 条　持票人同意用普通支票、法兰西银行转账通知或者邮政支票付款的，支票或转账通知必须载明以这种方式支付的票据的数目与到期日；但对银行间结算时以票据交换抵销后的余额签发的支票或转账通知，无须作此记载。

如果以普通支票结算但未获付款的，应于旨在统一支票和支付卡的 1935 年 10 月 30 日法令第 41 条规定的期限内，向汇票的付款住所发出未获付款的拒绝证书的通知。支票未获付款的拒绝证书与通知均由同一执达员文书送达，但由于领土管辖权的原因，必须由两名司法助理人员参与的除外。

以转账通知结算而被法兰西银行拒绝的，或者以邮政支票结算而被持有借记账户的邮政支票中心拒绝的，应在该转账通知或支票的签发人的住所，自签发之日起 8 日内作成拒绝履行的通知书。该通知书由一名执达员或者一名公证员制作。

第 L511-41 条 如果为制作拒绝履行转账通知或邮政支票的通知书而规定的期限最后一日是法定节假日，该期限顺延至随后的第一个工作日。中间的节假日仍计算在期限内。凡是依现行法不得请求支付或作成拒绝证书的日子，视同法定节假日。

付款人在收到通知后，如果不支付汇票和通知的费用以及拒付证书费用的，则必须将汇票返还制作文书的司法助理人员。司法助理人员应立即作成拒绝付款证书。

如果付款人不返还汇票的，拒绝证书应立即作成，并记载确认拒绝返还汇票之事实。在此情形下，持票第三人无须再遵从本法第 L511-33 条和第 L511-34 条的规定。

不返还汇票的，则构成犯罪，应处《刑法典》第 314-1 条与第 314-10 条规定的刑罚。

第 L511-42 条 持票人应在拒绝证书作成后 4 个工作日内，或者在载明“退票时不承担费用”条款情形下，在提示之日后 4 个工作日内，向背书人通知未获承兑或未获付款。

在票据载明出票人的姓名和住址的情况下，公证人与执达员有义务在登记后48小时内，用挂号信向出票人通知拒付的理由，否则其应负损害赔偿责任。公证人或执达员邮寄信件，除邮资和挂号费用之外，还可获取由条例规定数额的酬金。

背书人必须在收到通知后的2个工作日内，将其收到的通知告知其前手背书人，并载明各前手通知人的姓名和住址，依次通知，直至出票人。

上述各期限，均自收到前一通知起开始计算。

按照上述规定，对汇票的签名人作通知时，应在同一期限内向其保证人作同样的通知。

如果某一背书人对其住址未作记载或者记载不明的，通知其前手背书人即可。

应作通知的人可以采取任何方式，即使仅将汇票退回亦可。

应作通知的人必须证明其在规定期限内进行了通知。

在规定期限内将发出通知的信件送交邮局，视为遵守了通知期限。

在上述期限内未作通知的人，并不因此丧失追索权；如有必要，应对其怠于通知所致损失负赔偿责任，但损害赔偿数额以汇票金额为限。

第L511-43条　出票人、背书人或票据保证人，可在票据上记载“退票时不承担费用”“免作拒绝证书”条款或其他同义文字并经签名，免除持票人在行使追索权时提供拒绝承兑证书或拒绝付款证书的义务。

上述条款记载，并不免除持票人在规定期限内作票据提示或作通知的义务。

抗辩持票人未遵守期限的人，承担持票人未遵守期限的举证责任。

如果上述条款由出票人记载的，其对票据上所有的签名人均发生效力；如果其由背书人或票据保证人记载的，则仅对该背书人或该保证人发生效力。

即使出票人已作上述条款记载,持票人仍然作成拒绝证书的,由持票人自担费用。如果背书人或票据保证人已作上述条款记载,并已作成拒绝证书的,则持票人可以向汇票上所有的签名人追偿制作拒绝证书的费用。

第 L511-44 条 汇票的出票人、承兑人、背书人或者保证人,对持票人负连带责任。

持票人有权对前述主体的一人或全体提起诉讼,且不受他们负担债务的先后顺序的限制。

已清偿票款的任何签名人,与持票人享有相同权利。

持票人对债务人之一提起诉讼,不影响对其他债务人提起诉讼,即使向第一个被诉人的后手提起诉讼。

第 L511-45 条 一、持票人可以向被追索人要求支付:

1. 未获承兑或未获付款的汇票金额,如果约定了利息,加其利息;

2. 自到期日起按法定利率计算的利息;

3. 作成拒绝证书与通知的费用及其他费用。

二、如果在到期日之前行使追索权的,应从汇票金额上扣除提前贴现的那部分利息。应扣除的折息按照持票人行使追索权之日其住所地的(法兰西银行利率)确定的贴现利率计算。

第 L511-46 条 已经清偿汇票金额的人可以向其他债务人要求支付:

1. 其已支付的全部款项;

2. 自该款项支付之日起按法定利率计算的利息;

3. 所支付的其他费用。

第 L511-47 条 已被或者可能被追索的任何债务人,在进行清偿之后,可以要求交还汇票、拒绝证书以及收款清单。

已清偿票款的任何背书人,可以涂销其本人及其后手背书人的背书。

第 L511-48 条　如果仅获得部分承兑之后行使追偿权的，清偿未获承兑部分金额的人可以要求持票人在汇票上记载其已为之清偿，并要求向其出具清偿收据。持票人还须向清偿人交付一份经核证与原票相符的副本及拒绝证书，以便其以后行使追索权。

第 L511-49 条　一、下列期限届满之后，持票人丧失对背书人、出票人以及除承兑人外其他债务人的追索权：

1．见票即付或见票后定期付款的汇票的提示期限；

2．未获承兑或未获付款的拒绝证书的作成期限；

3．汇票上记载“退票时不承担费用”时，付款提示期限。

二、但是，当出票人能证明其在汇票到期日有足够保证金的，则持票人丧失对出票人的追索权。此时，持票人仅对该汇票的付款人保有诉权。

三、在出票人记载的期限内汇票未提示承兑的，持票人丧失对未获付款及未获承兑的追索权，但如果出票人记载的条款表明其仅仅是免除承兑担保的除外。

四、如果在背书中记载提示期限的，仅有该背书人可以主张此项记载。

第 L511-50 条　因不可克服的障碍，如某国的法定时效或者其他不可抗力事由，持票人不能在规定的期限内提示汇票或作成拒绝证书的，该期限应予延长。

持票人应立即将不可抗力事由通知背书人，并将通知在汇票或其粘单上记载，注明日期并签名；其他事项，则适用第 L511-42 条的规定。

不可抗力事由终止后，持票人必须立即提示承兑或提示付款，必要时作成拒绝证书。

如果不可抗力事由持续至汇票到期日以后超过 30 日的，持票人无须作提示或者作成拒绝证书即可行使追索权。但根据第 L511-61 条的规定，追索权处于更长的中止期间的情形除外。

对于见票即付或者见票后定期付款的汇票，即使在提示期限届满之前，前款规定的 30 日期限自持票人向其背书人通知不可抗力事由之日起算；如果是见票后定期付款的汇票，在汇票记载的见票后期限之上增加 30 日期限。

纯属持票人的个人行为，或者受持票人委托作汇票提示或作成拒绝证书之人的个人行为，不应视为构成不可抗力事由。

第 L511-51 条 除行使担保诉权规定的各项手续外，被拒付的持票人经法官准许，可以对出票人、承兑人和背书人的动产实行保全扣押。

第九节 拒 绝 证 书

第一小节 拒绝证书的形式

第 L511-52 条 拒绝承兑证书或者拒绝付款证书应由一名公证人或者一名执达员制作。

拒绝证书必须在下列地点用单一文书制作：

1. 付款人的住所或其已知的最后住所；
2. 汇票上载明的预备付款人的住所；
3. 参加承兑的第三人的住所。

在住所记载有错误的情况下，作成拒绝证书之前应先制作住所检查证书。

第 L511-53 条 拒绝证书应抄录汇票、承兑、背书、规定事项以及汇票金额的付款催告等各项文字记载。拒绝证书应记明付款人是否在场、拒付理由、无权签名或者拒绝签名。

第 L511-54 条 除第 L511-32 条至第 L511-37 条、第 L511-40 条以及第 L511-41 条所规定的情况外，持票人的其他任何文书均不能取代拒绝证书。

第 L511-55 条 公证人与执达员有义务向当事人提供拒绝证书

的正确副本，否则，将受到免职、承担费用以及损害赔偿的处罚。公证人或执达员也有义务将汇票与本票因未获付款而作成的拒绝证书的正确副本，送交债务人住所地的商事法庭或者能进行商事裁决之法庭的书记员，并要求出具收据，或通过要求回执的挂号信邮寄给该书记员，否则，将受到与前述相同的处罚。该手续必须在拒绝证书作成之日起 15 日内完成。

第二小节　公　　示

第 L511-56 条　商事法庭的书记员应按照公证人与执达员向其通知的情况，逐日制作有关已获承兑但未获支付的汇票、本票与支票的拒绝证书以及由邮政支票中心向其通知的邮政支票未获支付的证明书的名单。清单上应当公布的每一事项，均由法令确定。

第 L511-57 条　自拒绝证书或者邮政支票未获支付的证明书作成之日起经过 1 个月且在作成之日起 1 年内，任何请求人均可自担费用，要求上述法院的书记员提交一份第 L511-56 条规定的清单的节录。

第 L511-58 条　按照债务人交存并取得回证的邮政支票的票据与拒绝证书以及未获支付的证明书或者收据，确认支票已经支付时，商事法庭的书记员在按照第 L511-56 条制作的清单上注销有关拒绝证书的通知或者未付款证明书，费用由债务人承担。

交存的各项材料在第 L511-57 条规定的 1 年期限经过之后可以取回。此期限经过之后，书记员的义务解除。

第 L511-59 条　禁止以其他任何形式公示根据本小节规定制作的清单，否则应负损害赔偿责任。

第 L511-60 条　咨询最高行政法院后颁布的法令，具体规定适用本小节条款的条件。法令尤应确定制作拒绝证书的公证人或执达员，以及办理其负责的各项手续的法院书记员的报酬数额。

第三小节　期限的延长

第 L511-61 条　在实行武装力量总动员、发生自然灾害或公共灾害，或者受国家或地方行政机关管理或监督的公共服务被中断的情形下，部长会议颁布的法令可以规定，在全国或部分地区，作成拒绝证书和旨在保全可转让有价证券的追索权而须作成的其他任何文书的期限均应延长。

在上述相同情势及条件下，可转让有价证券的到期日应延长。

第十节　重 开 汇 票

第 L511-62 条　除另有规定外，为了获得清偿，任何追索权人可以对某一债务人开出一份在该债务人住所地付款的见票即付的新汇票，此种新汇票称为重开汇票。

重开汇票的金额，除第 L511-45 条及第 L511-46 条规定的数额外，还包含手续费与印花税。

如果重开汇票由持票人开出的，其金额按原汇票付款地汇往前手住所地的见票即付汇票的汇率确定。如果重开汇票由背书人开出的，其金额按其自住所汇往前手住所地的见票即付汇票的汇率确定。

第 L511-63 条　在法国本土，重开汇票均按下列比例结算：省府所在地为 0.25%，区首府所在地为 0.50%，其他地方为 0.75%。

任何情况下，在同一省内均不得开立重开汇票。

第 L511-64 条　所有的重开汇票均不得并合。

每一背书人或出票人仅对一张重开汇票负责。

第十一节　参　　加

第 L511-65 条　出票人、背书人或者票据保证人可以指定一人在需要时承兑或付款。

汇票可以按照以下规定的条件，由一参加人为被追索的任何债务人进行承兑或付款。

参加人可以是第三人，甚至是付款人，或者是承兑人以外的汇票债务人。

参加人应在2个工作日内将其参加事由通知被参加人。参加人未遵守该期限的，对因其疏忽所致损害负赔偿责任，但赔偿额以汇票金额为限。

第一小节　参加承兑

第L511-66条　在可承兑汇票的持票人到期日前可以行使追索权的所有情形，均可参加承兑。

如果汇票上已指定某人在需要时进行承兑或者在付款地进行付款，持票人不得在汇票到期日之前对指定的该承兑人或付款人及其后手签名人行使追索权，但持票人向指定的人提示承兑而被该人拒绝并以拒绝证书确认的除外。

其他参加情形下参加承兑，持票人可以拒绝。

但是，如果持票人已同意参加承兑，则丧失追索权，因而不得在汇票到期日前对指定的该承兑人或付款人及其后手签名人行使追索权。

参加承兑应在汇票上载明，并由参加人签名；记载被参加人的姓名；未作此记载的，视其为出票人参加承兑。

参加承兑人以与被参加人相同的方式，对持票人和被参加人的后手背书人承担责任。

被参加人及其前手在清偿第L511-45条规定的金额后，可以要求持票人交出汇票及拒绝证书；有收款清单的，也可要求一并交出。

第二小节　参加付款

第L511-67条　到期日或者到期日之前，在持票人可以行使追索权的所有情形，均可参加付款。

参加付款的金额，必须是被参加付款人应付金额的全部。

参加付款，最迟须在因未获付款而作成拒绝付款证书的期限的最后一日的次日提出。

第L511-68条　如果汇票为居住在付款地的数人参加承兑，或者居住在付款地的数人已被指定为预备付款人，则持票人必须向这些人的全体作付款提示；必要时，拒绝付款证书最迟应在作成拒绝证书期限的最后一日的次日作成。

如果在此期限内没有作成拒绝证书，则预备付款人的指定人、被参加承兑人及其后手背书人被免除债务。

第 L511-69 条 拒绝参加付款的持票人，丧失其对可能被免除债务之人的追索权。

第 L511-70 条 参加付款必须有汇票上记载的收讫字样为证，并记载被参加人；未作此记载的，视其为出票人付款。

汇票应交付给参加付款人；如果有拒绝证书，则应一并交付。

第 L511-71 条 参加付款人对被参加付款人以及依据汇票对该被参加付款人负有债务的人取得汇票上的一切权利，但不得再背书转让汇票。

被参加付款人的后手背书人应被免除债务。

数人参加付款时，付款清偿债务最多的人享有优先权。故意违反此规定而参加付款的人，丧失其对已被免除债务之人的追索权。

第十二节 复本及抄本

第一小节 复 本

第 L511-72 条 汇票可以开立一式数份的复本。

复本在票据上应编号；未编号的，每一份复本视为一张独立的汇票。

汇票未指明其为唯一单份的，任何持票人均可自担费用，请求提交数份复本。为此，持票人应向其直接前手背书人提出请求，持票人的直接前手背书人再向其本人的前手提出请求，依次直至出票人。

所有背书人均应在新的复本上重作背书。

第 L511-73 条 就一份复本付款的，即使未记载其他复本因此付款而失效,仍有解除债务的效力。但是,付款人对其已经承兑而未收回的复本仍应承担责任。

背书人将复本分别转让给数人的,该背书人及其后手背书人应对所有经其签名而未收回的复本承担责任。

第 L511-74 条　将某一复本送交承兑的人,必须在其他所有复本上写明该复本持有人的姓名。该复本持有人有义务将此复本交给另一复本的合法持票人。如果该人拒绝交付,持票人仅在作成拒绝证书确认下列事项后,才能行使追索权:

1. 未依其请求向其交付送交承兑的复本;
2. 按另一复本作承兑或付款提示而未获承兑或付款。

第二小节　抄　本

第 L511-75 条　汇票持票人有权作成汇票抄本。

抄本必须正确抄录原本上的背书及其他一切记载事项。抄本必须注明抄录的终止地点。

背书和保证可以与原本的相同方式在抄本上作出,并与在原本上作出具有同等效力。

第 L511-76 条　抄本必须载明原本的持有人。原本持有人对抄本合法持有人负有交还原本的义务。

原本持有人拒绝交还时,抄本持有人仅在作成拒绝证书证明虽经其请求交还原本但遭拒绝之后,才能对抄本上的背书人或保证人行使追索权。

抄本作成之前,原本的最后一次背书之后记载“此后限于抄本上的背书有效”字样或其他同义文句的,其后在原本上所作的背书无效。

第十三节　变　造

第 L511-77 条　汇票文本发生变造时,在变造之后签名的人,对变造后的记载事项负责;变造之前签名的人,对原记载事项负责。

第十四节 时 效

第 L511-78 条 对承兑人提起因汇票所致的任何诉讼,时效期间为 3 年,自汇票到期日起算。

持票人对背书人和出票人的诉讼,时效期间为 1 年,自适时作成拒绝证书之日起算;汇票记载"退票时不承担费用"的,则自汇票到期日起算。

背书人之间以及背书人对出票人的诉讼,时效期间为 6 个月,自背书人清偿票款之日或者背书人本人被起诉之日起算。

在已向法院起诉的情况下,上述诉讼时效期间仅从最后一次起诉之日起计算。已进行处罚或债务已获得单独文书确认的,则不适用上述诉讼时效期间。

时效中断,仅对受中断事由影响的人有效。

但是,所有债务人在被要求清偿债务时,应宣誓证明其不再负有债务;其在世配偶、法定继承人或权利继受人被要求清偿债务的,也应宣誓确认真诚地认为自己不再负有任何债务。

第十五节 一 般 规 定

第 L511-79 条 汇票到期日为法定节假日的,只能在其后第 1 个工作日请求付款。同样,汇票的其他行为,特别是提示承兑和作成拒绝证书,只能在工作日进行。

上述票据行为必须在特定期限内完成,但该期限的最后一日为法定节假日的,则该期限延长至其届满后第一个工作日。期限中间的节假日,在计算期限时包括在内。

第 L511-80 条 根据现行法律不可以请求支付或者不得作成拒绝证书的期日,视同法定节假日。

第 L511-81 条 法定或约定的期限不包括期限开始的当天。

任何法律上的或者司法上的宽限日，均不予认可，但符合第L511-38条和第L511-50条规定情形的除外。

第二章　本　　票

第L512-1条　一、本票应记载下列事项：

1. 用制作该票据所使用的文字在票面上记载其为本票；
2. 无条件支付确定金额的承诺；
3. 付款日；
4. 付款地；
5. 收款人或其指定人的姓名；
6. 出票日和出票地；
7. 出票人签名。

二、本票未载明到期日的，视为见票即付。

三、本票未特别记载付款地的，本票的出票地视为付款地，同时视为出票人的住所地。

四、本票未记载出票地的，记载在出票人姓名旁边的地点视为出票地。

第L512-2条　票据欠缺第L512-1条规定的应记载事项之一的，不能视为本票，但符合第L512-1条第二款至第四款规定的情形除外。

第L512-3条　下列有关汇票的规定，凡不与本票性质相抵触的，均适用于本票：第L511-2条至第L511-5条，第L511-8条至第L511-14条，第L511-18条，第L511-22条至第L511-47条，第L511-49条至第L511-55条，第L511-62条至第L511-65条，第L511-67条至第L511-71条，第L511-75条至第L511-81条。

第L512-4条　第L511-21条有关票据保证的规定，也适用于本票。在该条第六款规定的情形，票据保证未载明被保证人的，视其为本票的出票人提供保证。

第 L512-5 条 第 L511-56 条至第 L511-61 条有关公示与延长拒绝证书作成期限的规定,适用于本票的拒绝付款证书。

第 L512-6 条 本票出票人的责任,与汇票承兑人相同。

第 L512-7 条 见票后定期付款的本票,必须在第 L511-15 条规定的期限内,向出票人作提示。付款期限自出票人在本票上见票签证之日起算。出票人拒绝见票签证的,应作成拒绝证书予以证明;拒绝证书作成日即为见票后期限的开始之日。

第 L512-8 条 本票的条款须经当事人明确约定并在票据上载明,才能适用于债务人。即使在此情况下,本票在开立后 30 日内未送达债权人的,债权人可签发一张汇票,其债务人应按第 L511-15 条最后两款的规定承兑该汇票。与此相反的任何条款,视为未作记载。

《法国商法典》第五卷第一编　商业票据——实施法令

第一章　汇　　票

第一节　付　　款

第 R511-1 条　根据第 L511-30 条的规定，存款契据应包含汇票的日期、到期日以及最初为其利益而存款之人的姓名。

根据第 L511-30 条的规定，如果在存款后持票人交付有关汇票的，则债务人应交出存款契据以交换汇票。

交存的汇票金额应通过信托银行向出示存款契据的人汇出。

第二节　拒 绝 证 书

第 R511-2 条　公证人和执达员按照第 L511-55 条和《货币与金融法典》第 L131-64 条的规定，对于已获承兑但未获付款的汇票或本票应提供 2 份拒绝证书的副本，对于未付款的银行支票应提供 3 份拒绝证书的副本；或者通过挂号信发出，以每个单独的信封，对于已获承兑但未获付款的汇票或本票应邮寄 1 份拒绝证书的副本，对于未支付的支票应邮寄 2 份拒绝证书的副本，给汇票承兑人住所地、本票或支票出票人住所地的辖内商事法庭书记员。

第 R511-3 条　在拒绝证书副本上，汇票承兑人、本票或支票的出票人的姓名应以大写字母记载。

公证人或执达员也可以根据获取的有关信息，在拒绝证书副本上注明前款有关当事人的住所地；如果适用，注明其名称。

第 R511-4 条 每位公证员应当建立登记簿，将接收的拒绝证书按日期排序进行登记。

该登记簿应按照下列 9 个栏目建档：

第 1 栏：编号，公证员也应在拒绝证书副本上注明该编号；

第 2 栏：拒绝证书的日期；

第 3 栏：本票出票人、支票出票人或汇票承兑人的姓、名、公司或企业名称；如果适用，应填写有关当事人的职业、住所；

第 4 栏：已开立的票据或支票的受益人或者汇票出票人的姓、名、公司或企业名称；如果适用，应填写有关当事人的职业、地址；

第 5 栏：如果适用，应填写到期日；

第 6 栏：票据金额；

第 7 栏：对拒绝证书的回复；

第 8 栏：制作拒绝证书的公职人员或者管理人员的姓名、身份、地址；

第 9 栏：执行注销的日期，执行注销所依据的文件性质以及撤回这些文件的日期。

如果拒绝证书副本上未记载前款有关内容的某一项，书记员应在相应栏目中指出自己并未收集到该信息。

第 R511-5 条 第 R511-4 条所述登记簿在建档之前，应在第一页和最后一页上注明日期并签名，并由商事法庭庭长在所有页上编号并签名。

第 R511-6 条 对于收到的每份拒绝证书的副本，书记员也应制作一份包含以下信息的文件（卡片）：大写字母书写的姓、名、公司或企业名称；如果适用，汇票承兑人、本票或支票出票人的职业和住所；作成拒绝证书的日期以及第 R511-4 条所述按时间顺序排列的登记簿编号。

当送交给书记员的拒绝证书副本提及所用姓名时，应制作一张包含姓氏和常用名的卡片。

每张卡片都由书记员按字母顺序分类，该卡片也作为第 L511-56 条规定的拒绝证书清单的一部分。

第 R511-7 条　第 R511-6 条所述每张卡片应包含以下内容：

1. 拒绝证书的日期；

2. 已开立的票据或支票的受益人或者汇票出票人的姓、名、职业和住所；

3. 本票出票人、支票出票人或汇票承兑人的姓、名、公司或企业名称、职业和住所；

4. 如果适用，应填写到期日；

5. 票据金额；

6. 对拒绝证书的回复。

第 R511-8 条　书记员在记明日期并签字后，应将其中一份副本交给提交拒绝证书副本的执达员或公证人，并取得收据。

第 R511-9 条　第 R511-4 条所述登记簿的摘录应根据申请人的书面申请而发放，并由申请人注明日期和签名。摘录具体说明：用大写字母书写的申请人姓氏，姓、名、公司或企业名称、职业和住所；可能是主体的人的姓、名、公司或企业名称；以及可能成为登记对象的人的职业和住所。如果申请人证明其不知道有关该人的任何其他信息，则可只说明该人的姓名和地址。在后一种情况下，只有在申请人所提供的信息足以识别查询对象为债务人时，书记员才会发放所要求的摘录。

所发放的摘录应载明第 R511-4 条规定的有关登记簿第 1—7 栏所述的内容。

第 R511-10 条　如果不存在与所报告债务人身份相对应的条目，或者如果以债务人名义登记的条目涉及拒绝证书，其日期在向书记员提交申请之日或特别要求提供摘录之日前的一年以上或不到一个月，书记员应向申请人签发一份证书，抄录申请人提供的资料，并说明在拒绝证书的登记簿中没有发现任何条目。

如果存在多个条目可能与被请求查询的人的身份相符，书记员应签发可能与该人有关的所有摘录。

第 R511-11 条 在提交第 L511-58 条所述文件后，书记员应删除登记簿的有关条目，并在登记簿第 9 栏中输入第 R511-4 条规定的注销条目。

第二章 本 票

第 R512-1 条 第 R511-1 条至第 R511-11 条的规定也适用于本票，只要其不与本票的性质相抵触。

《法国货币与金融法典》第一卷第三编第一章 银行和邮政支票——立法部分

第一节 一般规定

第 L131-1 条 在本章中，“银行”一词是指信贷机构和被授权持有可提取支票的账户的机构、部门或个人。

第 L131-1-1 条 以欧元计价的支票付款交易的计价日与存入存款账户或支付账户的记账日相差不得超过一个营业日。

第二节 支票的签发和形式

第 L131-2 条 支票应记载下列事项：

1. 用制作票据所使用的文字在支票正面载明“支票”字样；
2. 无条件支付确定金额的委托；
3. 应当付款的人(称为付款人)的姓名；
4. 付款地；
5. 出票日和出票地；
6. 支票签发人(称为出票人)的签名。

第 L131-3 条 支票上未记载第 L131-2 条规定事项之一的，不能视为支票，但符合以下情况的除外。

未特别记载付款地的，付款人姓名旁指示的地点，视为付款地。如果付款人姓名旁指示数个地点的，支票应当在指示的第一个地点付款。

未特别记载或无任何其他指示的，支票应当在付款人主要营业场所付款。

未记载出票地的，出票人姓名旁指示的地点视为出票地。

第 L131-4 条 支票只能向信贷机构、资产管理公司以外的投资服务提供者、国家财政部、储蓄与信托银行、法兰西银行签发。支票签发时，出票人应当具有足够支配的资金，并按照明示或默示的规定，出票人有权凭借支票使用这笔资金。

支票的资金应当由出票人或代开支票的人解款，而代开支票的人不对出票人或持票人承担个人责任。

在拒付支票时，出票人本人应当证明，签发支票时付款人确有存款；否则，即使拒绝证书在规定期限之后作出，出票人仍有义务保证支票的支付。

在法国，以支票形式向除本条第一款规定主体外的人签发和支付的所有票据，不能视为支票。

第 L131-5 条 支票不能承兑。支票上的承兑批注，视为未作记载。

但是，付款人有权签注支票；签注具有确认支票签发之日存在资金的效力。

第 L131-6 条 支票可以规定支付给下列人：

——指名的人，无论是否有“由指定人收款”的明示条款；

——指名的人，有“非由指定人收款”或类似的条款；

——持票人。

受益人为指名的人并记载“无记名”字样或类似条款的支票，是无记名支票。

未记载收款人的支票，视为无记名支票。

第 L131-7 条 支票的出票人本人可以为收款人。

支票可以为第三人的利益签发。

支票不能由出票人本人支付，除非是同一出票人在不同机构之间签发的支票，并且该支票不是无记名支票。

第 L131-8 条　支票中的任何利息条款均视为未作记载。

第 L131-9 条　支票可以在第三人住所付款，或者在付款人的住所或者其他地点付款，但第三人必须是银行或邮政支票中心。

此外，不得违背持票人的意愿选择付款地，除非支票是划线支票，并且选择的付款地是当地的法兰西银行。

第 L131-10 条　支票金额同时用文字和数字填写，两者存在差异的，则以文字填写的金额为准。

支票金额经过多次采用文字或者数字填写的，如果存在差异，应以最小金额为准。

第 L131-11 条　如果支票上的签名人无能力对支票承担义务，或者签名是伪造或虚构的，或由于其他任何原因不能使支票上的签名人或在签署支票时同意以自己名义负责的人承担义务的，其他签名人的义务仍然有效。

第 L131-12 条　无代理权而以代理人名义在支票上签名的，该签名人应对支票承担责任；如果其已付款，则取得与所谓的被代理人本可享有权利的相同权利。超越代理权限的代理人，也适用前述规定。

第 L131-13 条　出票人保证付款。任何免除出票人保证责任的条款，均视为未作记载。

第 L131-14 条　当出票人或持票人提出要求时，付款人必须证明支票签发时出票人具备相应的资金，但根据第 L131-7 条第三款签发支票替换该支票的除外。

在第 L131-32 条规定的提示期限届满前，保付支票的资金应由付款人负责为持票人冻结。

第 L131-15 条　任何人在兑现支票时，应当出示附有本人照片的正式证件证明其身份。

第三节 转　　让

第 L131-16 条　指明付给某人的支票，无论支票上有无“由指定人收款”的明示条款，均可以背书转让。

指明付给某人的支票，带有“非由指定人收款”或类似条款的，只能以一般转让的形式转让，并仅具有一般转让的效力。

第 L131-17 条　支票可以付款人为被背书人，或者以出票人或其他任何承担义务的人为被背书人。被背书人可将支票再背书。

第 L131-18 条　背书禁止附加条件。背书附加的任何条件，视为未作记载。

部分背书无效。

付款人所作背书无效。

来人背书，视为空白背书。

签给付款人的背书只能当作收据，除非该付款人有几个机构而该背书的受益机构不是支票的签发机构。

第 L131-19 条　背书必须在支票或其粘单上记载。背书须由背书人签名。背书人的签名可以采用手书或者任何非手书方式。

背书可以不指定受益人，或者作仅有背书人签名的空白背书。在空白背书的情形，背书必须在支票背面或其粘单上记载，才能有效。

第 L131-20 条　背书转移依支票产生的，特别是资金所有权在内的一切权利。

如果背书为空白背书，则持票人可以：

1. 在空白处填写自己的姓名或者他人的姓名；

2. 再次将支票作空白背书，或者记名背书给他人；

3. 既不作空白背书，也不作记名背书，而将支票交付第三人。

第 L131-21 条　背书人保证付款，但有相反规定的除外。

背书人可以禁止再背书；在此情况下，背书人对此后支票的被背书人不负担保责任。

第 L131-22 条　可背书支票的持有人，如果能证明其因无间断的连续背书而享有权利的，即使最后一次背书为空白背书，仍视其为合法持票人。被涂销的背书，视为未曾作出。在空白背书之后继续有另一背书的，后一背书的签名人视为通过空白背书取得支票。

第 L131-23 条　无记名支票背书后，背书人按照关于追索权的规定承担责任；此外，背书不具有将无记名支票变为记名支票的效力。

第 L131-24 条　任何人因任何原因丧失其持有的记名支票，按照第 L131-22 条规定方式证明其对支票享有所有权的支票收款人，无义务放弃该支票，但收款人恶意取得该支票或在取得该支票时具有重大过失的除外。

第 L131-25 条　因支票而被起诉的人，不得以其与出票人或与持票人前手之间的个人关系向持票人提出抗辩，但持票人在取得支票时故意损害债务人利益的除外。

第 L131-26 条　背书上记载“收款”“托收”“代理”或者有其他表明普通委托记载的，则持票人可以行使由此支票产生的一切权利，但只能以代理的名义对该支票进行背书。

在此情况下，支票债务人只能对持票人主张可以对抗背书人的各种抗辩事由。

委托代理背书中所包含的委托，不因委托人死亡或丧失行为能力而终止。

第 L131-27 条　在拒绝证书作成之后或在提示期限届满之后作出的背书，仅具有一般转让的效力。

未记载日期的背书，视为在拒绝证书作成之前或提示期限届满之前作出，但有相反证据证明的除外。

禁止以伪造方式倒填背书日期。

第四节 保 证

第 L131-28 条 支票金额的全部或部分可以通过保证担保支付。

此种保证可以由第三人或者支票上的签名人提供，但出票人除外。

第 L131-29 条 出具保证，应在支票或其粘单上记载，或者通过另一份指明保证出具地的文书作出。

保证以“用于担保”的字样或者其他同义的形式作出表示，并由保证人签名。

保证人仅在支票正面签名的，视为保证成立，但票面上仅有付款人签名的除外。

保证应载明被保证人；未写明被保证人的，视其为出票人提供保证。

第 L131-30 条 票据保证人与被保证人负相同的责任。

即使被保证人的债务由于任何原因而无效，保证人的担保仍然有效，但因保证形式存在瑕疵的除外。

保证人支付支票后，对被保证人以及依据支票对被保证人负有义务的人，取得支票上的一切权利。

第五节 提示与付款

第 L131-31 条 支票应见票即付。任何相反的批注，视为未作记载。

支票在注明的出票日之前提示付款的，可以在提示日支付。

第 L131-32 条 在法国本土签发和支付的支票，必须在 8 日内提示付款。

在法国本土以外签发但在法国本土内付款的支票，应当在 20 日或 70 日内提示付款，根据出票地是在欧洲或欧洲以外而定。

为前款目的，在地中海沿岸国家签发的支票应视为在欧洲签发。

第二款所规定的期限，以支票上记载的签发日期为起算日。

第 L131-33 条　如果在法国付款的支票是在不使用公历的国家签发的，则其签发日期应当换算至公历的相应日期。

第 L131-34 条　向票据交换所提交支票等同于提示付款。

第 L131-35 条　付款人的付款责任不因提示期限届满而免除。即使支票的签发违反第 L131-73 条或第 L163-6 条第二款的禁止性条款，付款人仍应当承担付款责任。

在支票遗失、被盗窃或被欺诈性地使用时，或者持票人处于司法保护或司法重组或清算程序中，才允许出票人止付支票。出票人必须立即以书面形式确认其止付，而无论使用何种媒介都要以书面形式确认。

所有银行应当以书面形式通知其账户持有人，因本条规定以外的原因而止付的，将受到处罚。

如果出票人违反本条规定以其他理由申请止付的，即使主诉讼已经进行，负责紧急审理的法官应当根据持票人的请求撤销止付申请。

第 L131-36 条　付款人在支票签发后死亡或丧失行为能力的，不影响支票的效力。

第 L131-37 条　付款人在支付支票时，可以要求持票人签收支票并交给付款人。

持票人不得拒绝支票的部分付款。

支票账户中的存款资金低于支票金额时，持票人有权要求支付支票账户中全部的存款资金。

支票部分付款时，付款人可以要求在支票上记载所付金额，并取得相应收据。

该收据作为单独的文件签发，享有与支票的收据相同的印花税减免。

支票金额的部分付款，可以解除出票人和背书人的责任。

持票人可以对超过支票上的金额进行拒付。

第 L131-38 条 支付支票没有受到异议的,视为债务有效清偿。

可背书支票的付款人应当核实连续背书的有效性,但无须核实背书人的签名。

第 L131-39 条 如果支票规定以付款地非通用货币支付时,则其票面金额可按到期日的汇率,以付款地国家的货币支付。如果债务人延迟付款的,则持票人可以选择要求按到期日或者付款日的汇率,以付款地国家的货币支付。

外币价值应按付款地的惯例确定。但是,出票人可以明确待付金额按支票上确定的汇率进行计算。

出票人规定以外币作为实际支付货币的条款中指明以该种货币付款的,不适用前述规则。

如果支票金额是用出票地国家和付款地国家名称相同但价值不同的货币表示的,则推定应以付款地国家的货币支付。

第 L131-40 条 如果支票遗失,权利人可以任何后来的复本请求付款。

如果支票的遗失人不能出示任何复本的,其可请求支付已丧失支票的金额,并通过账册证明其所有权且提供保证之后,经法官裁定获得付款。

本章关于支票遗失的规定,同样适用于被盗窃的支票。

第 L131-41 条 如果遗失支票的所有权人根据第 L131-40 条的规定提出的付款请求被拒绝的,则其可依拒付证书而保留其一切权利。拒绝证书应当在提示期限到期后的第一个营业日内作出。第 L131-49 条规定的通知,应在该条规定的期限内送达出票人和背书人。

第 L131-42 条 为取得第二份复本,遗失支票的所有权人应向其直接的前手背书人提出请求,后者应再向其前手背书人请求,并依次直至出票人。相关费用由遗失支票的所有权人负担。

第 L131-43 条　如果 6 个月内无人提出请求或提起诉讼的，则第 L131-40 条所规定的保证义务消灭。

第六节　划线支票

第 L131-44 条　支票的出票人或持票人可以在支票上划线，并产生以下条款的效力。

划线的形式是在支票正面划两道平行线。划线支票包含普通划线支票和特别划线支票。

普通划线支票是两道平行线之间未记载任何名称或未注明“银行”等类似字样的支票；特别划线支票是两道平行线之间记载银行名称的支票。

普通划线支票可以改为特别划线支票，但特别划线支票不能改为普通划线支票。

涂销划线或银行名称的，视为未涂销。

第 L131-45 条　普通划线支票只能由付款人支付给一家银行、电子货币机构、支付机构、邮政支票办事处或付款人的客户。

特别划线支票只能由付款人支付给指定的银行、电子货币机构或支付机构。银行是付款人的，只能支付给其客户。但是，指定的银行、电子货币机构或支付机构可以委托其他银行收款。

禁止电子货币机构以发行电子货币为目的兑现任何支票，但其本身是收款人的除外。

银行、电子货币机构或支付机构只能从其一个客户、邮政支票办事处、另一家银行、电子货币机构或支付机构获得划线支票。该银行、电子货币机构或支付机构不能代表这些主体以外的人收款。

如果一张支票有几行特别划线的，付款人只有在两道划线的情况下，向票据交换所付款。

付款人、银行、电子货币机构或支付机构未遵守上述规定的，对由此所致任何损害承担赔偿责任，但其赔偿范围不得超过支票金额。

第 L131-46 条 在国外签发并在法国境内支付的支票，视为划线支票。

第七节 未付款时的追索权

第 L131-47 条 如果付款人未支付及时提示的支票，并且拒绝付款有公证文件（拒绝证书）证明时，则持票人可以对背书人、出票人和其他债务人行使追索权。

第 L131-48 条 拒绝证书必须在提示期限届满前作出。

提示发生在付款期限的最后一日的，则拒绝证书可以在其后的第一个营业日作出。

第 L131-49 条 持票人应当在拒绝证书作出后的 4 个营业日内将拒付事项通知背书人和出票人；存在"退票时不承担费用"条款的，持票人应当在提示日通知背书人和出票人。

支票上记载出票人姓名和地址的，公证人和执达员有义务在出票人登记后 48 小时内经邮局以挂号信的形式通知出票人拒付的理由，否则应承担损害赔偿责任。公证人和执达员可以收取挂号信费用。

每个背书人应当在收到通知之日起 4 个营业日内，将收到的拒付通知和之前发出通知的人的姓名及地址通知其前手背书人，依次直至出票人为止。上述通知的期限从收到通知后起算。

按照上一款规定，向支票的签名人发出通知时，应当在同一期限内向其保证人发出同一通知。

背书人未记载地址或记载地址不明的，通知只需发给其前手背书人。

应作通知的人可以任何形式发出通知，即使只是简单地退回支票。

应作通知的人必须证明其在规定期限内发出通知。如果发出通知的信件在规定期限内已经寄出，则视为在规定期限内发出通知。

未在上述规定期限内发出通知的人，不丧失其权利；如有必要，应对怠于通知所致损失承担赔偿责任，但赔偿范围不得超过支票金额。

第 L131-50 条　出票人、背书人或票据保证人，可在票据上记载“退票时不承担费用”“免作拒绝证书”条款或其他同义文字并经签名，免除持票人在行使追索权时提供拒绝证书的义务。

上述条款记载，并不免除持票人在规定期限内提示支票与发出通知的义务。未遵守期限的证据，应由以未遵守期限为由对抗持票人的人提出。

如果上述条款是由出票人记载，则该条款记载对票据上所有的签名人均发生效力；如果其是由背书人或票据保证人记载的，则仅对该背书人或该保证人发生效力。即使出票人已作该条款记载，持票人仍然作成拒绝证书的，费用由持票人负担。如果该条款是由背书人或票据保证人记载，并且已作成拒绝证书的，则持票人可以向支票上所有的签名人追偿制作拒绝证书的费用。

第 L131-51 条　支票的所有债务人对持票人承担连带责任。

持票人有权对前述主体的一人或全体提起诉讼，且不受他们负担债务的先后顺序的限制。

已清偿票款的任何签名人，与持票人享有相同权利。

持票人对债务人之一提起诉讼，不影响对其他债务人提起诉讼，即使向第一个被诉人的后手提起诉讼。

第 L131-52 条　持票人可以向被追索人要求支付：

1. 未获付款的支票金额；

2. 自提示日起按法定利率计算的利息；

3. 作出拒绝证书以及进行通知的费用及其他费用。

第 L131-53 条　已经清偿支票金额的人可以向其他债务人要求

支付：

1. 其已支付的全部款项；

2. 自该款项支付之日起按法定利率计算的利息；

3. 其已支付的费用。

第 L131-54 条 已被或者可能被追索的任何债务人，在进行清偿之后，可以要求交还支票、拒绝证书以及收款清单。

已清偿支票票款的任何背书人，可以涂销其本人及后手背书人所作的背书。

第 L131-55 条 因不可克服的障碍，如某国的法定时效或者其他不可抗力事由，持票人不能在规定的期限内提示支票或不能作出拒绝证书的，该期限应予延长。

持票人应立即将不可抗力事由通知背书人，并将通知在支票或其粘单上记载，注明日期并签名；其他事项，则适用第 L131-49 条的规定。

不可抗力事由终止后，持票人必须立即提示付款，必要时作成拒绝证书。

如果不可抗力事由持续至支票到期日以后超过 15 日的，持票人无须作提示或者作成拒绝证书即可行使追索权。但根据《商法典》第 L511-61 条的规定，追索权处于更长的中止期间的情形除外。

纯属持票人的个人行为，或者受持票人委托作支票提示或作成拒绝证书之人的个人行为，不应视为构成不可抗力。

第八节　一式多份支票

第 L131-56 条 除无记名支票外，任何在一个国家签发并在另一国家或同一国家的海外地区支付（反之亦然），或在同一国家的海外同一地区或同一国家的海外不同地区签发和支付的支票，均可以同一样式签发多份。支票以一式多份签发时，每份支票必须在票面上编号，否则均被视为一张单独的支票。

第 L131-57 条　对一式多份支票中的一份支票支付的，支票债务消灭，即使没有约定此种支付可以取消其他各份支票的效力。

背书人将各份支票分别转给数人的，该背书人及其后手背书人应对所有经其签名而未收回的各份支票承担责任。

第九节　变　造

第 L131-58 条　支票文本发生变造的，变造后的签名人对变造后的记载事项负责；变造前的签名人对原记载事项负责。

第十节　时　效

第 L131-59 条　持票人对背书人、出票人和其他债务人因追索权提起的诉讼，时效为提示期限届满之日起 6 个月。

支付支票的债务人因追索权提起的诉讼，时效为债务人支付支票之日或被起诉之日起 6 个月。持票人对付款人提起的诉讼，时效为提示期限届满之日起 1 年。

丧失权利或时效届满的，对无存款资金的出票人或其他不当得利的债务人，仍可以提起诉讼。

第 L131-60 条　在已向法院起诉的情况下，上述诉讼时效期间仅从最后一次起诉之日起计算。已进行处罚或债务已获得单独文书确认的，则不适用上述诉讼时效期间。

时效中断，仅对受中断事由影响的人有效。

但是，所有债务人在被要求清偿债务时，应宣誓证明其不再负有债务；其在世配偶、法定继承人或权利继受人被要求清偿债务的，也应宣誓确认真诚地认为自己不再负有任何债务。

第十一节 拒绝证书

第 L131-61 条 拒绝证书必须由公证人或执达员在付款人的住所或其最后已知的住所制作。在住所记载有错误的情况下，则应当在作出拒绝证书之前制作住所检查证书。

第 L131-62 条 拒绝证书的内容包括支票和背书等各项记载文字，以及要求支付支票金额的催告。拒绝证书还应记明应付款的人是否在场、拒付理由以及无权签名或拒绝签名；部分付款的，还应当记载已支付的金额。

公证人和执达员应当在其签名下面，说明开立的拒绝证书并记载日期，否则应当承担赔偿责任。

第 L131-63 条 除第 L131-40 条至第 L131-43 条规定的有关支票遗失的情形外，支票持票人的任何文书均不能取代拒绝证书。

第 L131-64 条 公证人与执达员有义务向当事人提供拒绝证书的正确副本，否则，将受到免职、承担费用以及损害赔偿的处罚。公证人或执达员也有义务将支票因未获付款而作成的拒绝证书的正确副本，送交债务人住所地的商事法庭或能进行商事裁决之法庭的书记员，或通过要求回执的挂号信邮寄给该书记员，两份拒绝证书的正确复本，其中一份交付给检察官，否则，将受到与前述相同的处罚；该手续必须在作出拒绝证书后的 15 日内完成。

第 L131-65 条 《商法典》第 L511-56 条至第 511-61 条的规定适用于因未支付支票而作出的拒绝证书。

第 L131-66 条 除《商法典》第 L511-61 条规定的情况外，法律上或司法上的期限延长均不予认可。

第 L131-67 条 债权人同意延期支付支票的，不引起债的更新。因此，原始债务及其附带的担保依然存在，直到支付支票为止。

第 L131-68 条 除行使担保诉权规定的各项手续外，被拒付支票的持票人经法官准许，可以对背书人的动产实行保全扣押。

第十二节　付款纠纷与处罚

第 L131-69 条　出票人签发未记载出票地或出票日的支票，签发虚假日期的支票，或者向银行以外的人签发支票的，最高可处支票金额的 6%的罚款，但该罚款不能低于 0.75 欧元。

第 L131-70 条　任何银行向债权人提供在本行支付的空白支票表格时，必须在每张表格上记载表格领取人的姓名。违反以上规定的，应当处以 7.5 欧元的罚款。

任何银行拒绝支付客户在其柜台上正确出示的支票，且该客户在该银行存有足够的资金而银行不提出异议的，该银行应当对不执行付款指示和对出票人信誉造成的损害承担责任。

第 L131-71 条　银行可以基于合理的理由拒绝向账户持有人签发支票表格，但因出票人向付款人提款或因保付而签发的支票表格除外。银行可以随时要求退回之前签发的支票表格，但必须在账户持有人的账户关闭时退回。

签发支票时，账户持有人可以免费获得支票表格。

可以签发预划线支票表格，并由银行明文记载，不得通过背书转让，但为信贷机构等类似机构、金融公司、电子货币机构或支付机构的利益除外。税务机关可以随时要求获得不符合以上条件而领取支票表格的人的身份和支票表格编号。

支票表格中应当记载支付支票的银行分行或代理银行的电话号码。

支票表格还应当记载账户持有人的地址。

第 L131-72 条　除第 L131-78 条的规定和本条规定的条件外，不属于因出票人向付款人提款或因保付而交付的支票表格，当账户持有人未履行第 L131-73 条第二款至第四款规定的义务造成账户资金不足而引起付款纠纷的,则银行不得向账户持有人或其代理人交付支票表格。

因资金不足而拒付支票的银行、已知悉付款纠纷的银行,特别是执行第 L131-85 条的法兰西银行,均应当遵守本条款的规定。

第 L131-73 条 支付支票的银行通过任何适当的方式将账户资金不足的情况通知账户持有人后,可以拒付账户资金不足的支票。该银行必须要求账户持有人及其代理人将持有的支票表格退回给他们作为客户的所有银行,并不再签发除因出票人向付款人提款或因保付而签发的支票表格。该银行应同时通知其客户的代理人。

但是,账户持有人证明在收到付款纠纷中的禁令后,已经清偿了未付支票的金额,或者已经由付款人提供了足够和可用的资金的,则账户持有人可以恢复签发支票的权利。

未付支票第二次被提示而未支付的,或者未准备资金使支票能在同一时间内支付的,则根据持票人的要求,在首次提示未付支票后 30 日内签发未付款证明,以便在同一期限内付款。30 日后的再次提示仍未支付的,则该付款人签发未付款证明。

在发出有效通知或者没有通知的情况下,执达员送达给付款人的未付款证明,即为付款令。

司法执达员收到上述通知或未付款证明已送达的通知后 15 日内未收到支票金额和执达费用的支付证明的,可以发出执行证,而无须其他的诉讼或者费用。

无论任何原因,因拒收未付支票而产生的一切费用应由出票人承担。付款人收取的费用不得超过法令规定的金额。

第 L131-74 条 出票人向未支付支票的账户支付的任何款项应当优先分配给全额支付的资金。

第 L131-75 条 (废除)

第 L131-76 条 (废除)

第 L131-77 条 (废除)

第 L131-78 条　收到签发支票的禁令的账户持有人按照第 L131-73 条规定的条件进行补救后，立即恢复其权利。没有进行补救的，账户持有人只有在禁令发出之日起 5 年后才能恢复签发支票的权利。

第 L131-79 条　有关禁止签发支票的争议交由民事法院管辖。

向民事法院提起的诉讼不具有中止效力。但是，即使在简易程序中，受理法院也可以命令在紧急情况下中止签发支票的禁令的效力。

第 L131-80 条　付款纠纷是由一名共有账户持有人引起的，无论其是否承担连带责任，双方就该账户及其单独持有的任何其他账户达成的协议指定的持有人适用第 L131-72 条和第 L131-73 条的规定。该账户的其他持有人同样适用上述条款。

当支票因资金不足而被拒付时，并且付款人发现没有按照前款规定条件指定账户持有人的，则该账户以及可能单独持有的任何其他账户的所有账户持有人当然适用第 L131-72 条和第 L131-73 条的规定。

第 L131-81 条　一、即使资金不存在、不足或者不可用，付款人都必须支付下列任何支票：

1. 签发的支票表格未按照第 L131-73 条规定的条件退回，除非付款人能够证明已经实施该条规定的措施；

2. 违反第 L131-72 条和第 L163-6 条第三款的规定签发的支票表格；或者被签发支票表格的新客户属于根据第 L163-6 条第二款或第 L131-73 条第一款规定的禁令的对象，并且其姓名因禁令被列入法兰西银行的付款纠纷集中登记册中。

二、拒付第一款中所述支票的付款人，除支付与支票金额相等的款项外，还应对持票人因不支付支票而遭受的任何损失承担连带责任。

拒付支票的付款人必须证明其遵守了有关签发账户和支票表格的法律和监管的规定，以及因付款纠纷而产生的法律和监管的义务，特别是关于应当退回支票表格的禁令的义务。

第 L131-82 条 即使资金不存在、不足或者不可用，付款人应当支付由其签发的票面金额等于或少于 15 欧元的任何支票；在这种情况下，账户持有人和付款人在法律上被视为在支票表格发出时签订了信用不可撤销的协议。

付款人因本条规定而产生的义务不受第 L131-59 条规定的限制；该义务在支票签发之日起 1 个月后终止。付款人因资金不存在或不足以外的任何原因而不必或不能支付支票的，则其不一定需要履行此项义务。

本条的规定属于公共秩序。

第 L131-83 条 即使资金不存在、不足或者不可用，但付款人已支付支票的，除第 L131-81 条第二款第 1 句规定的情况外，可代位行使持票人的权利，其金额可达已经垫付的程度；为此目的，付款人可以通过拒绝证书形式的文件来证明资金不存在或不足。

如不能按照行政的规定在账户上提款的，在不影响任何其他法律补救措施的情况下，付款人可以通过司法执达员要求账户持有人必须根据前款规定支付应付金额。

第 L131-84 条 付款人如因资金不足而拒付支票，或者关闭已签发支票表格的账户，或者因支票或支票表格遗失或被盗而登记止付令的，应当通知法兰西银行。

第 L131-85 条 法兰西银行应当将支票付款纠纷、依据第 L163-6 条实施的禁令以及取消签发支票的禁令等信息，通知可以签发支票的机构和个人、金融公司、第 L511-6 条第五款规定的机构、电子货币机构、支付机构，并应检察官的要求而通知检察官。

前款规定的信息集中，只能由法兰西银行负责处理。

就第一款而言，税务机关应当根据《税务总法》第 1649A 条的规定，向法兰西银行发送其持有的信息。该信息使银行能够识别第 L131-72 条和第 L163-6 条第二款所述自然人和法人签发的所有可以开具支票的账户。仅出于本章的目的，税务机关还可以发送识别以上账户持有人所需的信息。

税务机关还向检察官发送关于第 L163-2 条第三款、第四款以及第 L163-7 条第一款、第二款所述应受惩罚的罪行信息。

第 L163-11 条的规定不妨碍信贷机构、金融公司、第 L511-6 条第五款所述机构、电子货币机构和支付机构在提供融资、信贷或支付手段之前使用这些信息作为评估依据。

第 L131-86 条　法兰西银行应当向任何希望根据本章核实为支付商品或服务而签发的支票的合法性的人提供信息。此类信息请求的来源应当予以登记。

第 L131-86-1 条　如果账户持有人是承担有限责任的个体经营者，则本节适用于：

——与未分配资产相关的账户，而付款纠纷是由其中一个账户签发的支票引起的；

——与分配给专业活动的资产有关的账户，而付款纠纷是由其中一个账户签发的支票引起的，但如适用，不包括分配给另一个专业活动的资产有关的账户。

第 L131-87 条　如有必要，本章的实施办法将由国务委员会发布的法令决定。该法令特别规定向账户持有人通知禁令的方式，并规定账户持有人的权利、义务及其救济的条件。该法令还规定法兰西银行履行第 L131-85 条和第 L131-86 条所述义务的条件。

《法国货币与金融法典》第一卷第三编第一章　银行支票——实施法令

第一节　一 般 规 定

第 R131-1 条　就本章而言，“银行”一词是指信贷机构和被授权持有可提取支票的账户的机构、部门或个人。

第 R131-1-1 条　法兰西银行和针对每一类付款机构的监管机构应当根据现行法律规定，确保银行遵守本章的规定。

第二节　支票的签发和形式

第 R131-2 条　出票人在支票上附上一份表格，除签名外，还应当记载与证明有关的详细信息及签发日期、支票金额和签发机构名称。这些信息必须以不可磨灭的标记或印刷工艺进行记载，以保证信息的安全。

在要求交付保付支票的情况下，可以交付依第 L131-7 条第三款所述条件签发的支票而有效地满足该项要求。

第三节　转　　让

本节不包括监管规定。

第四节　保　证

本节不包括监管规定。

第五节　提示与付款

第一小节　提示和付款的期限

第 R131-3 条　本章规定的期限不包括起算日当日。

第 R131-4 条　支票的提示和拒付只能在营业日作出。

为完成与支票有关的行为,特别是作出提示或作成拒付证书的期限的最后一日是法定节假日的,则该期限延长至到期后的第 1 个营业日。计算期限时,应当包括期限内的节假日。

法定节假日是指根据现行规定,不得要求付款和作成拒付证书的日期。

第二小节　法兰西银行的核查程序

第 R131-5 条　任何人收到支付商品或服务的支票的,可以直接或通过代理人向法兰西银行核查该支票是否被宣布为被盗或遗失,是否已经从已关闭的账户中提取或者是否由受法律或银行禁令约束的人签发。

以这种方式提供的服务会产生报酬。

第 R131-6 条　法兰西银行应当向希望执行或由代理人执行第 R131-5 条规定的核查程序的任何人,分配一个为此目的创建的文件的访问代码。

第 R131-7 条　文件的查询人会指出分配给他的访问代码。如果是代理人查询的,则代理人应当说明自己的访问代码和支票受益人的访问代码。

查询包括所出示支票上的以下信息:

a)支票表格编号;

b)所准确识别的付款人；

c)出票人的银行详细信息。

第 R131-8 条 法兰西银行的答复应当立即发送给文件的查询人。如果是代理人查询的，则代理人应当立即通知其委托人。

当法兰西银行发现由于第 R131-5 条第一款所述原因之一导致支票签发异常的，则其应当通知文件的查询人，但不对异常的原因进行说明，同时记录第 R131-7 条所述所有身份资料并至少保存两个月。

第 R131-9 条 法兰西银行应当明确告知根据本小节规定进行核查的任何人，禁止传播和存储所获得的信息，否则将受到《刑法典》第 226-21 条规定的处罚。

第六节 划线支票

本节不包括监管规定。

第七节 未付款时的追索权

本节不包括监管规定。

第八节 一式多份支票

本节不包括监管规定。

第九节 变造

本节不包括监管规定。

第十节 时效

本节不包括监管规定。

第十一节　拒绝证书

第 R131-10 条　《商法典》第 R511-2 条至第 R511-11 条的规定适用于因支票未获付款而作成的拒绝证书。

第十二节　付款纠纷与处罚

第一小节　银行记录因资金不足而发生的付款纠纷

第 R131-11 条　因资金不足而拒绝支付全部或部分支票的付款人，应当在拒绝付款后的第 2 个营业日前登记该付款纠纷。如果账户持有人无视仍然有效的禁令而签发支票的，则该期限在拒绝付款后的第 5 个营业日到期。

支票的付款因其他原因而被拒绝，而且存款资金不足以支付支票的，则付款人在同样的条件下进行登记。

已经登记的支票，出现新的拒付的，不再登记。

第 R131-12 条　因资金不足导致付款纠纷的支票的签发银行应就每项付款纠纷，记录以下信息：

1. 账号、个人账户或集合账户的标识，以及允许准确识别付款人的信息；

2. 账户持有人的姓名、名称或公司名称、地址，以及：

a）如果是自然人的，在付款人知道的情况下，他的名字、出生日期和住所，以及（如果适用）常用名；

b）如果是法人的，其法律形式；

c）此外，如果是个人独资企业或法人，现行监管法规定的国家企业识别号码；

3. 支票编号；

4. 以欧元表示的支票金额，以及（如果适用）账户持有人无视拒付时仍然有效的禁令签发支票时的开票日期；

5. 拒绝支付支票的日期；

6. 拒绝支付的原因和存款资金不足的数额；

7. 如有必要，说明支票的签发无视根据第 L131-73 条规定或第 L163-6 条规定发出的禁令；

8. 如有必要，说明在拒绝付款时签发支票的账户已关闭。

登记应当在付款纠纷发生后，立即于正规化日期之前完成。

第 R131-13 条 收到法兰西银行根据第 R131-42 条规定的关于禁止在其机构向账户持有人签发支票的通知的任何银行，应当在收到该通知后的第 3 个营业日前登记该通知。银行还应当记载该通知的日期，并在上述相同条件下登记禁令的解除。

第 R131-14 条 付款纠纷按时间顺序记录，每个付款纠纷都有一个连续的年度序列号。第 R131-12 条和第 R131-13 条规定的记录应当予以保存，并且必须在正规化之日起 1 年内能提供证明，否则，自禁令发出之日起 5 年内保持正规化。

第二小节 禁令和正规化

第 R131-15 条 因资金不足而拒付全部或部分支票的付款人，应当通过挂号信向账户持有人发送第 L131-73 条规定的禁令，并要求对方发送收到的通知。

付款人应当具体说明无法保证付款的支票的编号和金额，以及拒付之日的账户状况。

付款人应当指示持有人及其代理人将持有的支票表格退回给其作为客户的所有银行。在根据第 R131-20 条至第 R131-22 条规定的条件进行正规化之前或者在不满足该规定的条件的情况下，自禁令发出之日起 5 年内不能签发支票，但出票人向付款人提款或因保付而签发的支票除外。

付款人应其要求以任何方式通知其持有该账户可用支票的所有代理人，在正规化之前不能对该账户签发支票。

在新的提示期限内拒付同一张支票的，付款人不得发出禁令。

第 R131-16 条　禁令应当规定行使正规化权利的方式。

第 R131-17 条　同一账户之前的付款纠纷未正规化而又发生拒付的，则应当通过一封简单的信函发送新的禁令，向持票人告知在所有未付支票结清之前，现行禁令继续有效。

第 R131-18 条　即使已经签发支票的账户已被关闭，本小节规定的禁令仍应当由付款人发送给账户持有人。该义务在账户关闭之日起 1 年后消灭。

第 R131-19 条　**（废除）**

第 R131-20 条　当账户持有人已向受益人支付未付支票的金额时，他必须通过交付支票给出票人来证明付款的合理性。

第 R131-21 条　在新的提示期限内支付被拒付支票的，出票人应当将此情况报告付款人。

第 R131-21-1 条　根据《消费者法典》第 L733-18 条和第 L743-1 条的规定，取消与未付支票金额相对应的债务即为纠纷正规化。出票人应当通过提交《消费者法典》第 R733-18 条和第 R743-1 条所述证书向付款人证明取消的合理性。

第 R131-22 条　除第 R131-20 条、第 R131-21 条和第 R131-21-1 条规定的情况以外，当应出票人请求而为支票的有效付款提供了被冻结的资金时，则该纠纷就得到了正规化。

第一款中所述资金，因重新提示未付支票而没有使用的，或者账户持有人立即通过交付支票给付款人来证明合理性的，应当在 1 年期限结束时再次提供。

正规化涉及已经关闭账户的付款纠纷时，则只有付款人可以记录该付款纠纷并履行第 R131-23 条和第 R131-31 条规定的手续。

根据第 R131-20 条、第 R131-21 条和第 R131-21-1 条以及本条进行正规化的事由，由付款人保存 1 年。

第 R131-23 条　按照本小节规定的程序，账户上的所有付款纠纷都正规化时，付款人应当向账户持有人交付或发送一份证明正规化的文件。

账户持有人也应被告知其在适用预防和惩治支票犯罪规定方面的情况。

账户持有人应被明确告知，只有在其不受法院或银行在另一账户发生付款纠纷后通知其的禁令约束的情况下，才能恢复签发支票的权利。

第 R131-24 条 本小节规定的禁令、通知和其他文件必须包含的具体信息，由司法部长和经济部长联合签署的命令规定。

本小节的规定分别适用于当事人持有的每个账户。

第 R131-25 条 付款人因资金不存在或不足而拒付支票所收取的银行手续费，不论其金额的面额和理由如何，均应包括付款人向账户持有人签发支票收取的所有金额。

特别是，根据第 L131-73 条的规定，出票人有义务通知账户持有人资金不足而产生的费用，包括在第一款所述的费用中。发送禁令、通知付款纠纷或拒付等费用，也包括在这些费用中。

付款人因拒付支票而收取的银行手续费，对金额小于或等于 50 欧元的支票，不得超过 30 欧元；对金额大于 50 欧元的支票，不得超过 50 欧元。

一次付款纠纷是指支票在第一次拒绝后 30 日内多次被拒绝付款的。

第三小节 向法兰西银行报告付款纠纷和正规化

第 R131-26 条 根据第 L131-84 条发出的因资金不足而未付款的通知，必须包括第 R131-12 条第 1、2、4、5、6、8 项下规定的所有信息，以及付款人的纠纷登记号。

该通知应当在拒付支票后的第 2 个营业日内发送至法兰西银行。如果账户持有人违反仍然有效的禁令而签发支票的，则该期限最迟应在拒绝付款后的第5个营业日到期。

第 R131-27 条　在下列情形中,法兰西银行应当根据付款人的要求取消付款纠纷通知:

1. 因付款人的过错,而拒绝付款或发出未付款通知的;

2. 账户持有人已经确定,不可归责于有权从账户中提取支票的人的原因导致存款资金消失的。

在这些情形中,付款人执行的禁止签发支票的措施不再有效。

法兰西银行应当通知付款人取消付款纠纷。付款人必须通知其委托人,并在第 R131-12 项下的登记中记载取消及其原因。

如果账户持有人要求付款人执行本条规定的程序,则其应当在提出要求后的第10个营业日内,提交给法兰西银行。付款人应当在同一期限内通知其客户。付款人在期限届满时保持沉默的,视为拒绝。

第 R131-28 条　1985年12月27日第85-1388号法令第103-1条中规定的有关公司司法重组和司法清算的决定,应当在通知法兰西银行后的2个营业日内,由法兰西银行转交已经报告支票付款纠纷的每个银行。

禁止签发支票的措施的效力中止的,付款人应当在收到法院裁决后的第2个营业日前,向法兰西银行申请撤销该裁决中所涉的每份支票付款纠纷声明。

根据《商法典》第 L621-82 条宣布的计划被撤销的,付款人应当在相同期限内,按照本法第 R131-12 条规定的程序,重新记录依本条第二款规定的条件申请撤销的付款纠纷。付款人应当将此种纠纷中的每个新声明都提交给法兰西银行。签发支票的禁令自其初始日期起恢复生效。

第 R131-29 条　根据《商法典》第 L643-12 条采取的禁止签发支票的措施的效力被中止的,则付款人应当在债务人交付结案判决并附上付款纠纷声明后的第2个营业日内,向法兰西银行提交申请,要求撤销在启动程序的判决前签发的支票的每个纠纷声明。

第 R131-30 条 根据《商法典》第 L643-12 条暂停签发支票的措施恢复效力的，则 1985 年 12 月 27 日第 85-1388 号法令第 154 条第二款所述关于公司的司法重组和司法清算的决定，应当在通知法兰西银行后的 2 个营业日内，由法兰西银行附上法院书记员提供的纠纷声明，转交已经报告支票付款纠纷的每个银行。

付款人应当在收到决定和纠纷声明后的第 2 个营业日前，重新记录依第 R131-29 条规定的条件申请撤销的付款纠纷。付款人应当将这些纠纷中的每个新声明都提交给法兰西银行。禁止签发支票的措施，在《商法典》第 L622-32 条第四款所述强制执行令签发后的剩余期限内继续有效。

第 R131-31 条 付款人应当在证明理由后的第 2 个营业日之前，通知法兰西银行付款纠纷的正规化。

如果账户持有人多次收到未付款通知的，则付款人可以一次性通知法兰西银行所有付款纠纷的正规化。

第四小节 向法兰西银行报告账户已关闭和支票表格被盗或遗失的情况

第 R131-32 条 银行应当尽快在账户关闭或付款异议后第 1 个营业日前通知法兰西银行关闭账户，但因向其机构转账而导致的账户关闭以及第 L131-84 条中规定的付款异议除外。为此，付款人应当提供第 R131-12 条第一款规定的信息，以及（如果付款人知道的话）被盗或遗失的支票表格的编号。

银行应当记录上述事实和信息。银行应当在收到通知后将此记录保存 1 年。

第五小节 禁止签发刑事法官宣判的支票

第 R131-33 条 在根据第 L163-6 条规定的禁令宣布后，检察院应当立即将可执行的决定通知法兰西银行，该银行应确认收到该决定。该通知应包括以下信息：

1. 所涉检察院;

2. 罪犯完整的公民身份、最后所知的地址,以及(如果适用)常用名;

3. 宣布禁令的法院和决定日期;

4. 措施的期限、生效日和到期日。

第六小节　向法兰西银行报告违反禁令签发支票的行为

第 R131-34 条　被提示付款的付款人必须在被提示后的第 5 个营业日前,向法兰西银行申报其持有人在受先前付款纠纷而实施禁令约束的账户上签发的支票。

第 R131-35 条　被提示付款的付款人在持有人受到根据第 L163-6 条规定的禁令约束的账户上签发支票的,当支票的提示期限在本措施的适用期限内时,必须在提示支票后的第 5 个营业日前向法兰西银行进行申报。

第 R131-36 条　第 R131-34 条和第 R131-35 条规定的申报,必须包括第 R131-12 条第 1、2、4、6、8 项规定的所有信息。

第 R131-37 条　当提示付款的支票根据第 R131-34 条和第 R131-35 条的规定必须向法兰西银行申报,且其付款因资金不足而被拒绝时,则该申报应当在根据第 R131-26 条规定的未付款通知中专门记载支票的签发违反了第 L131-73 条或第 L163-6 条。

第七小节　法兰西银行向司法机关提供的信息

第 R131-38 条　应检察官的要求,法兰西银行可以向检察官提供有关签发支票的信息,而这些信息中的支票已经被宣布违反了第 L131-73 条或第 L163-6 条规定的禁令。

第 R131-39 条　当法兰西银行收到检察院关于根据第 L163-6 条对在执行过程中已受到相同措施的人实施禁令的通知时,其应通知最后扣押该人的检察院,退回通知并提供所有相关信息,但第二项禁令的生效日为第一项禁令的到期日后一日的除外。

第 R131-40 条 法兰西银行应当根据检察官的指示或者调查委托书，向任何法官和司法警官提供以账户持有人名义记录的付款纠纷的声明。

第 R131-41 条 根据第 R131-40 条提交的请求必须说明：

1. 涉及自然人的，其姓、名、出生日和出生地，以及(如果适用)常用名；

2. 涉及法人的，其名称或公司名称，国家企业编号(如果有)，注册地址和法律形式。

如果适用，法兰西银行应在答复中说明未付支票的签发被报告违反了第 L131-73 条或第 L163-6 条的规定，并说明根据以上规定的其中一条禁止被申请人签发支票，以及该禁令的特征。

第八小节 法兰西银行向银行、金融公司、电子货币机构和支付机构提供的信息

第 R131-42 条 法兰西银行应当在收到税务管理部门根据第 L131-85 条发出的通知后的第 2 个营业日前，将根据第 L131-73 条或第 L163-6 条而禁止签发支票的情况通知给任何有关的银行。

在同一期限内，法兰西银行应当将根据第 L131-73 条发出的禁令、根据第 R131-27 条和第 R131-28 条有关付款纠纷的取消与新声明，以及根据第 R131-27 条有关的取消，均通知给任何有关的银行。

银行在收到上述信息后的第 3 日，视为知道上述的信息。

在登记前两款所述信息之前，银行应当确认该信息与其掌握的身份资料一致，特别是自然人的账号、姓氏、名字、出生日和出生地，以及法人的名称、法律形式、(如果有)国家企业编号和地址。银行应在第三款规定的期限届满后最多 3 个营业日内，将登记或信息不一致的情况通知法兰西银行。

第 R131-43 条 法兰西银行应当根据银行、金融公司、电子货币机构和支付机构的申请，向其提供以申请人指定的任何人的名义记录

在中央档案中的支票付款纠纷信息。

第 R131-44 条　所有银行都必须在向新账户持有人首次签发支票表格前,询问法兰西银行。

法兰西银行的答复,必须保存 2 年。

第 R131-45 条　法兰西银行至少每月一次,向所有银行发出基于新的司法决定而解除禁令的信息。

接收的银行视为在法兰西银行发出该信息后的第 16 天之内知道禁令的解除。

第九小节　其他规定

第 R131-46 条　因资金不足而全部或部分拒付支票的付款人,必须为受益人签发拒绝该支票的证明。

该证明应当说明出票人被剥夺了签发支票的权利,并且只有其在 5 年内支付支票金额才能恢复签发支票的权利。

根据第 L131-81 条第一款第 1、2 项以及第 L131-82 条的规定,该证明表明付款人没有义务支付支票。如果支票的签发无视根据第 L131-73 条发出的禁令或者违反根据第 L163-6 条宣布的禁令,则付款人还应当在该证明上说明根据第 L131-81 条第一款规定的理由。

最后,该证明还应当说明,在第一次提示后的 30 日内未付款或者未筹集资金的,则按照受益人的要求,可根据第 L131-73 条规定的条件签发未付款证明。该证明应当在支票退回给出票人时附在支票上。

交付给受益人的文件应当包括第 R131-12 条中列出的信息。

第 R131-47 条　付款人以资金不存在或不足以外的原因拒付支票的,而且资金不足以支付支票的,付款人必须向受益人发出通知,说明拒付的具体理由以及资金不足。

该通知应当在支票退回给出票人时附在支票上。

第 R131-48 条　根据第 L131-73 条规定的未付款证明,必须符合司法部长和经济部长联合签署的命令规定的格式。该格式必须包括所有能够识别出票人和付款人的信息，以及被拒付支票的编号及其金额。付款人应当在持票人提出要求后 15 日内签发该证明。

如果重新提示后仍然未付款，并且超过第 L131-73 条规定的 30 日期限的，则开证银行应当自动将未付款证明交付给持票人（如有必要，通过后者的银行）。对持票人而言，该交付是免费的。

第 R131-49 条 如果账户持有人有义务在商业和公司登记册或贸易目录中登记，并且未付支票的金额超过由司法部长和经济部长联合签署的命令规定的金额的，则付款人应当通知商事法庭的书记员，或者如有必要，而又存在根据第 L131-73 条规定的未付款证明的，通知账户持有人住所地的商事法庭。

未付款证明由法院书记员根据《商法典》第 L511-56 条至第 L511-60 条及其适用的监管规定，以及根据《商法典》第 R511-2 条至第 R511-11 条规定的条件予以公布。

第 R131-50 条 付款人必须在 2 年内证明其已经向账户持有人交付或寄送支票表格的日期。

第 R131-51 条 当付款人收到异议，而该异议并非基于第 L131-35 条第二款所述理由之一，或者收到此类异议的书面确认时，则其应向账户持有人发出信函，说明不能接受该异议的理由。

德　国

《德国票据法》

（1933 年 6 月 21 日发布，经 2015 年 8 月 31 日法令第 201 条修订）

第一章　汇　　票

第一节　汇票的签发和形式

第 1 条　汇票应记载下列内容：

1. 票据文句中表明其为汇票的字样，并使用与签发汇票同样的文字；

2. 无条件支付一定金额的指示；

3. 付款人的姓名；

4. 到期日；

5. 付款地；

6. 收款人或者其指定人的姓名；

7. 出票日及出票地；

8. 出票人签名。

第 2 条　(1) 票据上未记载前条规定内容之一的，不应视为汇票，但下列各款所述情形除外。

(2) 未记载到期日的，汇票视为到期即付。

(3) 未记载付款地的，写于出票人姓名旁边的地点视为付款地和付款人的住所地。

（4）未记载出票地的，写于出票人姓名旁边的地点视为出票地。

第3条 （1）汇票可以出票人本人为收款人。

（2）汇票可以指定由出票人本人为付款人。

（3）汇票可以指定由第三人为付款人。

第4条 汇票可以在第三人处、在付款人住所地或者其他地点进行支付。

第5条 （1）见票即付或者见票后定期付款的汇票，出票人可载明按票据金额支付利息。其他汇票上的计息条款，视为无记载。

（2）汇票应载明利率；未载明利率的计息条款，视为无记载。

（3）利息应从汇票出票日起算，除非另有指定日期。

第6条 （1）如果以文字和数字记载汇票金额而两者不一致的，则以文字金额为准。

（2）如果多次以文字或多次以数字记载汇票金额而不一致的，则以最小金额为准。

第7条 如果汇票上有不能承担汇票义务的人的签名、伪造的签名、虚构的人的签名，或者出于其他任何原因，汇票上有对签名的人或被签名的人不构成任何义务的签名，所有这些均不影响其他签名的有效性。

第8条 （1）任何人未经授权而作为他人的代理人在汇票上签名的，则一切汇票责任由其自己承担。如果该人支付汇票，其享有与被代理人相同的权利。

（2）前款规定同样适用于超越代理权的代理人。

第9条 （1）出票人负有保证汇票承兑和付款的责任。

（2）出票人可以免除保证汇票承兑的责任；但汇票上免除付款责任的条款，视为无记载。

第10条 如果将在签发时尚不完全的汇票以违反已达成协议的方式填写完全的，则不能以不遵守该协议为理由对抗持票人，但持票人在取得汇票时有恶意或者重大过失的除外。

第二节 背 书

第11条 (1)任何汇票均可以通过背书转让,即使该汇票未明确载明可付指定人。

(2)如果出票人在汇票上写明“不可付指定人”的字样或者与其相似含义的记载,则只能按通常的转让形式转让该汇票并具有通常转让的效力。

(3)背书可以付款人为被背书人,无论其是否已经承兑汇票,也可以出票人或者对汇票负有责任的任何人为被背书人。上述人可以在汇票上继续背书。

第12条 (1)背书必须是无条件的。对背书的限制条件,视为无记载。

(2)部分背书无效。

(3)以持票人为被背书人的背书,视为空白背书。

第13条 (1)背书必须写在汇票背面或者汇票的附单(粘单)上。背书必须由背书人签名。

(2)背书无须指明被背书人,可以仅由背书人的签名构成(空白背书)。在后一种情况下,须背书写在汇票背面或者附单(粘单)上才有效。

第14条 (1)背书转让汇票上的一切权利。

(2)如果为空白背书,则持票人可以:

1. 在背书上填写本人或者他人的姓名;

2. 在汇票上再作空白背书或者记名背书;

3. 不填写空白和不再作背书,而继续转让汇票。

第15条 (1)如果无相反规定,背书人负有保证承兑和付款的责任。

(2) 背书人可以禁止汇票再作背书;在此种情况下,背书人对汇票再作背书后的被背书人不再承担责任。

第 16 条 (1) 汇票持有人如果能通过一系列连续背书证明其权利,即使最后一次背书为空白背书,则其也被视为合法持票人。涂抹的背书视为无记载。在空白背书后接着背书的,则该背书人被推定为通过空白背书而取得汇票。

(2) 如果汇票的前持票人无论在何种情况下遗失汇票,现持票人可根据上款规定证明其权利,而仅在其取得汇票时有恶意或者重大过失的,才有义务交出汇票。

第 17 条 任何被凭票要求付款的人,不得以自己与出票人或者与前持票人有直接关系为理由向持票人提出抗辩。但是,持票人在取得汇票时知晓该交易不利于债务人的除外。

第 18 条 (1) 如果背书记载有"为收款""托收""委托代理"字样或者其他明确表示仅授予委托的记载,则持票人可以要求行使汇票上的一切权利;但持票人仅在通过再次委托背书后,才可以继续转让汇票。

(2) 在此种情况下,汇票债务人仅可以向持票人提出其有权向背书人提出的抗辩。

(3) 委托背书中所称的委托,既不因委托人的死亡,也不因委托人丧失行为能力而失效。

第 19 条 (1) 如果背书记载有"为担保""为质押"字样或者其他明确表示担保的记载,则持票人可以要求行使汇票上的一切权利;但持票人所作的背书只有委托背书的效力。

(2) 汇票债务人不能以本人与背书人有直接关系为理由向持票人提出抗辩,但持票人在取得汇票时知晓该交易不利于债务人的除外。

第 20 条 (1) 到期后的背书,与到期前的背书具有相同的效力。但如果在拒付通知书发出后或者在作成拒绝证书的期限届满后才在汇票上背书的,则该背书仅具有通常转让的效力。

(2) 如果无相反证明,背书未载明日期的,则其在汇票上的作成时间推定为作成拒绝证书的规定期限届满前。

第三节　承　兑

第 21 条　持票人或者任何汇票持有人,可以在汇票到期前在付款人的住所地向付款人提示承兑。

第 22 条　(1) 出票人可以在每张汇票上规定汇票必须提示承兑,而无论其是否载明承兑期限。

(2) 汇票如果不在第三人处付款或者在与付款人住所地不同的地点付款,或者汇票为非见票后定期付款的汇票,则出票人可以在汇票上禁止提示承兑。

(3) 出票人也可以规定汇票在某日前不准提示承兑。

(4) 如果出票人未禁止汇票提示承兑,则每一背书人可以规定汇票必须提示承兑,而无论是否载明承兑期限。

第 23 条　(1) 见票后定期付款的汇票必须在出票日后 1 年内提示承兑。

(2) 出票人可以确定更短或者更长的提示期限。

(3) 背书人可以缩短提示期限。

第 24 条　(1) 付款人可以要求在第一次提示后的次日再次向其提示汇票。仅在该要求被记载在拒绝证书上时,有关当事人才可以提及该要求未得到满足。

(2) 持票人无义务把为承兑而提示的汇票留给付款人。

第 25 条　(1) 汇票上应记载承兑的声明。它由"承兑"或者具有类似含义的字样表示;并且必须由付款人签名。付款人在汇票正面的单纯签名,视为承兑。

(2) 如果汇票是见票后定期付款或者特别记载必须在一定期限

内提示承兑的，除持票人不要求注明提示日期外，承兑声明必须明确记载提示承兑的日期。如果未明确记载日期，则为维护持票人对背书人和出票人的追索权，持票人必须及时作成拒绝证书来证明此项遗漏。

第 26 条 （1）承兑必须是无条件的；但付款人可以仅承兑部分的汇票金额。

（2）如果承兑声明与汇票规定有任何不一致的，视为拒绝接受承兑。但承兑人对其承兑声明的内容仍应负责。

第 27 条 （1）如果出票人在汇票上记载的付款地不同于付款人的住所地，但未指定付款的第三人的，则付款人可以在承兑声明中指定第三人。如果未指定，则付款人本人被视为有义务在付款地付款。

（2）如果汇票应在付款人本人处所付款，则该付款人可以在承兑声明中记载一个在付款地办理付款的地点，并在该地点办理付款。

第 28 条 （1）付款人通过承兑，则有义务在到期时支付汇票金额。

（2）如果持票人被拒绝付款，即使其为出票人，也有权凭汇票直接向付款人提出按照第 48 条和第 49 条规定的一切请求权。

第 29 条 （1）如果付款人在汇票交还前涂销写在汇票上的承兑声明，则视为拒绝承兑。除有相反证明外，推定涂销行为发生在交还汇票之前。

（2）但如果付款人已将承兑书面通知持票人或者在汇票上签名的人，则付款人应对该人就承兑声明中的内容承担责任。

第四节 汇票的担保

第 30 条 （1）汇票可以担保方式保证全部或者部分汇票金额的支付。

（2）此种保证可以由第三人或者已在汇票上签名的人提供。

第 31 条　（1）担保声明应记载在汇票或者其粘单上。

（2）担保声明以“作为担保人”或者一项具有类似含义的记载表示，并必须由汇票担保人签名。

（3）汇票正面的单纯签名，视为担保声明，但付款人或出票人的签名除外。

（4）担保声明中必须记载被担保人；如果未记载，则视其为出票人担保。

第 32 条　（1）汇票担保人承担的责任，与被担保人承担的责任相同。

（2）除担保人担保的债务因形式瑕疵而无效外，担保人承担义务的声明应属有效。

（3）汇票担保人在支付汇票票款后，取得对被担保人以及所有对汇票负有责任的人在汇票上的一切权利。

第五节　到　　期

第 33 条　（1）汇票可以为：

见票即付；

见票后定期付款；

出票后定期付款；

定日付款。

（2）记载有另一到期日或者连续数个到期日的汇票无效。

第 34 条　（1）见票即付汇票在提示时即为到期。见票即付汇票必须在出票后 1 年内提示付款。出票人可以确定缩短或者延长该提示期限。背书人可以缩短该提示期限。

（2）出票人可以规定，在某日前不得将见票即付的汇票提示要求付款。在此种情况下，提示期限从该日起算。

第 35 条　（1）见票后定期付款汇票的到期日，以承兑声明中记载的日期或者作成拒绝证书的日期为准。

(2) 如果承兑声明中未记载日期,也未作成拒绝证书的,则汇票被视为由承兑人在规定的提示承兑期限的最后一日承兑。

第36条 (1) 出票后或者见票后一个月或者数月付款的汇票,在付款月相应的日期到期。如果没有相应日期的,则汇票在该月的最后一日到期。

(2) 如果为出票后或者见票后一个半月或者数月后的半个月后付款的汇票,应首先计算整月数。

(3) 如果规定的到期日是月初、月中或者月底,则应解释为该月的第1日、第15日或者最后一日。

(4) 词语"8日"或者"15日"并不解释为一星期或者两星期,而解释为8日整或15日整。

(5) 词语"半个月"解释为15日。

第37条 (1) 如果汇票应在某日某地付款,而该地的日历与出票地的日历不同,则以付款地日历上的到期日为准。

(2) 出票后定期付款的汇票如果发生两地日历不同,则应将出票日换算成与付款地日历相应的日期,然后确定到期日。

(3) 提示汇票期限的计算,适用上款规定的方法。

(4) 如果汇票上的记载或者汇票的内容表明有其他意图的,则不适用本条规定。

第六节 付 款

第38条 (1) 出票后或者见票后定日或者定期付款的汇票持票人,必须在付款日或者付款日后两个营业日中的任何一日将汇票提示付款。

(2) 向结算机构递交汇票,视为将汇票提示付款。

(3) 何类机构可视为结算机构和具备何种要件才可以办理交付

手续,由联邦司法和消费者保护部决定。

第39条 (1) 付款人可以在付款时要求持票人交付已付讫的汇票。

(2) 持票人不得拒绝部分付款。

(3) 在部分付款的情况下,付款人可以要求在汇票上载明已部分付款,并要求持票人向其出具收据。

第40条 (1) 持票人无义务在汇票到期前接受付款。

(2) 付款人在汇票到期前付款的,自担风险。

(3) 除有恶意或者重大过失外,任何在到期时付款的人即解除其债务。付款人有义务检查一系列背书的连续性,但无义务检查背书人签名。

第41条 (1) 如果汇票使用非付款地通行的货币,汇票金额可以当地货币按到期日的汇率支付。如果债务人迟延付款,持票人可以选择按到期日的汇率或者按付款日的汇率将汇票金额换算成当地货币。

(2) 外币价值按付款地的交易习惯确定。但出票人可以在汇票上规定应付金额的换算汇率。

(3) 如果出票人已规定用某种货币付款(有效记载),则前两款的规定均不适用。

(4) 如果汇票使用的货币在出票地和付款地同名而不同值,则应推定为付款地的货币。

第42条 如果汇票未在第38条规定的期限内提示付款,则债务人可以将汇票金额交存主管部门,其风险和费用由持票人承担。

第七节　拒绝承兑和拒绝付款的追索权

第43条 (1) 如果汇票到期时未获付款的,则持票人可以向背书人、出票人和其他汇票债务人追索。

(2) 在下列情况中,即使在汇票到期之前,持票人也应享有与上款同样的权利：

1. 在承兑被全部或者部分拒绝时；

2. 就付款人的财产已开始进行破产程序而无论其是否承兑汇票，或者付款人仅停止付款，或者强制执行付款人的财产而无效果时；

3. 对被禁止提示承兑的汇票出票人的财产已开始进行破产程序时。

第 44 条 (1) 拒绝承兑或者拒绝付款必须通过公开的文书(拒绝承兑证书或拒绝付款证书)证明。

(2) 拒绝承兑证书必须在提示承兑汇票的期限内作成。如果在第 24 条第 1 款规定的情况下，在期限的最后一日提示汇票的，则该拒绝证书可以在次日作成。

(3) 出票后或者见票后定日或者定期付款的汇票的拒绝付款证书，必须在付款日后的两个营业日中的其中一日作成。见票即付汇票的拒绝付款证书必须在规定期限内作成，该期限与本条第 2 款规定作成拒绝承兑证书的期限相同。

(4) 如果已作成拒绝承兑证书，则无需提示付款，也无需作成拒绝付款证书。

(5) 如果付款人，不论其是否已承兑汇票，停止付款或者强制执行其财产而无效果的，则持票人只有在将汇票向付款人提示付款和作成拒绝证书后，才可以行使追索权。

(6) 如果对付款人的财产已开始进行破产程序，不论其是否已承兑汇票，或者对被禁止提示承兑的汇票出票人的财产已开始进行破产程序，持票人为行使追索权，仅需提示法院关于开始破产程序的决定。依据《破产法》第 9 条第 2 款第 1 项，在互联网或者公开场合出示法院裁决通知的，等同于提示了法院裁决。

第 45 条 (1) 持票人必须将拒绝承兑或拒绝付款的事实，在作成拒绝证书后的 4 个营业日，或者在记载“不负担费用”时在提示后的次日，通知其直接前手和出票人。每个背书人必须在收到通知后的两个营业日内将所获悉的通知内容告知其直接前手，并告知其前手通知人的姓名和地址；且继续依次通知，直至出票人。该期限从收到上述通知时起算。

(2) 如果按上款规定的办法通知一名在汇票上签名的人，则必须将同样的通知内容在同一期限内通知其保证人。

(3) 如果背书人未写明其地址或者其地址无法辨认的，则仅需通知该背书人的直接前手。

(4) 通知可以任何形式作出，也可仅将汇票退回。

(5) 有通知义务的人必须证明其已在上述规定的期限内发出通知；将有关通知的信件在规定的期限内投邮的，则视为已经遵守该期限。

(6) 任何迟延发出通知的人，不丧失追索权；该人应对因其过失所致损失负责，但以汇票金额为限。

第 46 条　(1) 出票人、任何背书人或者汇票保证人在汇票上记载"不负担费用""免于作成拒绝证书"或有类似含义的记载，并予签名的，可以免除持票人为行使追索权而须作成拒绝承兑证书或者拒绝付款证书的义务。

(2) 上述记载并不免除持票人应及时提示汇票和及时发出必要通知的义务。如果有逾期情况，则应由对持票人提出逾期抗辩的人负举证责任。

(3) 如果该记载由出票人作出，则其可对抗所有的汇票债务人；如果该记载由背书人或者汇票保证人作出，则其仅对该背书人或汇票保证人有效。如果持票人不顾出票人所作记载而作成拒绝证书，则该费用由持票人负担。如果该记载由背书人或者汇票保证人作出，则所有汇票债务人有义务负担作成拒绝证书的费用。

第 47 条　(1) 汇票的出票人、承兑人、背书人或者作出保证声明的人，均对持票人负连带责任。

(2) 持票人可以不按照上述主体承担义务的顺序，而向其中任何一人或者数人或者全体行使追索权。

（3）每个汇票债务人在支付汇票票款后享有同样的权利。

（4）持票人不因已向一个汇票债务人行使追索权而丧失其对其他汇票债务人的追索权，也不丧失其对被追索人的各后手汇票债务人的追索权。

第48条 （1）在行使追索权时，持票人可以请求：

1. 如果汇票未被承兑或付款，汇票金额以及已约定的应付利息；

2. 从到期日按6%计算利息。如果汇票是在德国发行和支付的，根据《民法典》第247条，利率应比各自的基准利率高2%，但不低于6%；

3. 拒绝证书和通知的费用，以及其他费用；

4. 酬金，在无特别约定的情况下为汇票金额的3%，并在任何情况下均不得超过该比例。

（2）如果在汇票到期前行使追索权，则必须从汇票金额中扣除利息。该利息按持票人住所地行使追索权之日公布的有效的贴现率（中央发行银行的利率）计算。

第49条 任何支付汇票票款的人可以向其前手请求：

1. 已支付的全部金额；

2. 从支付之日起，按6%的利率计算已付金额的利息。如果汇票是在德国发行和支付的，根据《民法典》第247条，利率应比各自的基准利率高2%，但不低于6%。

3. 支付的费用；

4. 按第48条第1款第4项规定计算的酬金。

第50条 （1）每个已被或者可被追索的汇票债务人，在支付被追索金额时，有权要求向其交付汇票、拒绝证书以及付讫收据。

（2）每个支付汇票票款的背书人，可以涂销其背书及其后手背书人的背书。

第51条 在对部分承兑进行追索时，每个支付未被承兑的部分汇票金额的人，可以要求在汇票上载明其部分支付和向其出具部分支付的收据。持票人必须将经证实的汇票副本及拒绝证书交付部分付款人，以便其继续追索。

第 52 条　(1) 任何有追索权的人，在没有相反规定的情况下，可以通过开立新的由其前手汇票债务人付款的汇票（重开汇票）以行使追索权。该汇票为见票即付的，并在该汇票债务人的住所地付款。

(2) 除第 48 条和第 49 条所规定的费用外，重开汇票的金额还包括经纪费用和印花税。

(3) 如果重开汇票由持票人开立，则其汇票金额根据从原汇票付款地至汇票债务人住所地的见票即付汇票的汇率确定；如果重开汇票由背书人开立，则其汇票金额根据汇票出票人住所地至汇票债务人住所地的见票即付汇票的汇率确定。

第 53 条　(1) 如果持票人未在规定的期限内：

完成见票即付汇票或见票后定期付款汇票的提示；

作成拒绝承兑证书或者拒绝付款证书；

完成记载"不负担费用"汇票的提示；

则其丧失对背书人、出票人和除承兑人以外所有其他汇票债务人的权利。

(2) 如果持票人未在出票人规定的提示承兑期限内提示，除出票人载明愿意免除承兑责任外，则在汇票被拒绝承兑或者拒绝付款时，持票人丧失追索权。

(3) 如果背书中载有提示期限，该期限仅对该背书人有效。

第 54 条　(1) 如果因无法克服的障碍（国家的法律规定或者其他不可抗力事由）妨碍及时提示汇票或者及时作成拒绝证书，则应延长规定的期限。

(2) 持票人有义务及时将该不可抗力事由通知其直接前手持票人，并在汇票或其粘单上载明通知的日期、地点且签名；除此以外，适用第 45 条的规定。

（3）如果该不可抗力事由消除，持票人必须及时提示承兑或者提示付款，并在必要的情况下作成拒绝证书。

（4）如果该不可抗力事由在期限届满后持续 30 日以上，则可不必提示汇票或者作成拒绝证书而直接行使追索权。

（5）见票即付汇票或者见票后定期付款汇票的 30 日期限，从持票人通知其前手有关不可抗力事由之日起算；该通知可以在提示期限届满前发出。见票后定期付款汇票的 30 日期限，延长至汇票上载明的见票后的付款期限。

（6）持票人本人或者受持票人委托提示汇票的人或者作成拒绝证书的人的个人原因，不得视为不可抗力事由。

第八节　参　　加

1. 一般规定

第 55 条　（1）出票人、所有背书人或者汇票保证人，可以指定一人在紧急情况下承兑或者付款。

（2）在符合下述条件的情况下，每个被追索的汇票债务人可以参加承兑或参加付款。

（3）任何第三人，包括付款人，以及所有已对汇票承担义务的人，但承兑人除外，都可以参加承兑或者参加付款。

（4）任何参加承兑或者参加付款的人，有义务在两个营业日内将参加情况通知被参加人。如果没有遵守期限，则应对因其过失所致损失负责，但以汇票金额为限。

2. 参加承兑

第 56 条　（1）在任何情况下，只要持票人可以在汇票到期前行使追索权，均允许参加承兑，除非该汇票是被禁止提示承兑的。

（2）如果汇票上指定了紧急情况下在付款地承兑或者付款的人，则持票人只有在向紧急通讯地址上指定的该人提示汇票和中止参加承兑并作成拒绝证书确认中止参加承兑以后，才可以在到期前对加注紧急通讯地址的人及其后手行使追索权。

（3）在其他参加承兑的情况下，持票人可以拒绝参加承兑。如果其允许参加承兑，即丧失在到期前对被参加承兑人及其后手的追索权。

第57条　参加承兑应在汇票上载明，并必须由参加承兑人签名。参加承兑声明中应记载被参加承兑人名称；如果无该项记载，则视出票人为被参加承兑人。

第58条　（1）所有参加承兑人，对持票人和被参加承兑人的后手承担与被参加承兑人相同的责任。

（2）即使有参加承兑，被参加承兑人及其前手在清偿第48条规定的款项时，可以要求持票人交付汇票和在必要时要求持票人交付作成的拒绝证书和向其出具收款收据。

3. 参加付款

第59条　（1）在任何情况下，只要持票人可以在汇票到期时或者到期前行使追索权，均允许参加付款。

（2）参加付款必须包括参加付款所担保的汇票债务人应支付的全部金额。

（3）参加付款最迟必须在作成拒绝付款证书的期限届满后的次日办理。

第60条　（1）如果在付款地有住所的人或者载明住在付款地被指定为在紧急情况下应付款的人参加承兑，则持票人最迟必须在作成拒绝付款证书的期限届满之日向所有上述人提示汇票，并在必要时作成中止参加付款的拒绝证书。

（2）如果未及时作成拒绝证书，则被指定紧急通讯地址的人或者参加承兑人及其后手不再承担责任。

第61条　如果持票人拒绝参加付款，则其对不应再承担责任的人丧失追索权。

第 62 条 （1）参加付款必须开立一张附在汇票上的收据，载明为谁付款；如果无该项记载，则视为为出票人付款。

（2）必须将汇票和已作成的拒绝证书交付参加付款人。

第 63 条 （1）参加付款人获得在汇票上对被参加付款人和应对被参加付款人负有汇票义务的人的权利。但是，参加付款人不得在汇票上继续背书。

（2）因参加付款而受益的汇票债务人的后手不再负有责任。

（3）如果有数人参加付款，则应首先考虑能使较多汇票债务人免除责任的人。任何知道该事实情况却违反本规定而参加付款的人，丧失其对应被免除责任的人的追索权。

第九节　一式多份汇票，汇票副本

1. 复本

第 64 条 （1）汇票可以一式多份的方式签发。

（2）一式多份的汇票必须在票据本文中载有编号；否则，每一复本汇票应被视为是单独的汇票。

（3）除汇票上显示该汇票是单独开立的单本汇票外，汇票的任何持票人均可自担费用而要求交付若干复本。为此，持票人必须向其直接前手持票人提出要求，而该直接前手持票人必须再向其前手持票人提出要求，依此顺序直至出票人。背书人有义务在新的复本上再行背书。

第 65 条 （1）如果某一复本已被付款，则所有复本的权利均消灭，即使复本上未载明在某一复本已被付款时其他各复本均告失效。但是，付款人对已予承兑但尚未交还的其他复本仍负有义务。

（2）如果背书人向数人转让一式多份汇票，则背书人及其后手对所有经其签名而尚未收回的复本均应负责。

第 66 条 （1）任何发出复本要求承兑的人，必须在汇票其他各复本注明已发出的该复本持有人的名称。该人有义务将该复本交付另一复本的合法持票人。

(2) 如果拒绝交付,则持票人仅在通过作成拒绝证书证实下列事项后,才可以行使追索权:

1. 被要求承兑汇票的人在持票人提出要求后仍不交付;

2. 以另一复本要求承兑或者付款,但都被拒绝。

2. 副本

第 67 条 (1) 任何汇票持票人均有权签发汇票副本。

(2) 副本应正确地再现正本以及正本上的背书和其他一切记载事项。副本必须载明其使用范围。

(3) 可以与正本同样的方式办理副本的背书和担保声明,其背书与正本的背书具有相同的效力。

第 68 条 (1) 副本上必须载明正本的保管人。该保管人有义务向副本的合法持有人交付正本。

(2) 如果交付被拒绝,则持票人仅在作成拒绝证书证实正本在其提出要求后仍未交付时,才可以对副本的背书人和在副本上作担保声明的人行使追索权。

(3) 如果在副本开立前,正本的最后一次背书中记载"从现在起,只有副本上的背书有效"或者类似含义字样的,则此后写在正本上的背书无效。

第十节　变　　造

第 69 条 如果汇票文义被变造,则在变造之后签名的人,按变造之后的文义承担责任;在变造之前签名的人,按原有文义承担责任。

第十一节　时　　效

第 70 条 (1) 对承兑人的汇票合法请求权从到期日起 3 年内

有效。

(2) 持票人对背书人和出票人的请求权,从及时作成拒绝证书之日起,或者在载明“不负担费用”的情况下从到期日起,1 年内有效。

(3) 背书人对其他背书人和出票人的请求权,从该背书人支付票款之日起,或者从该背书人在法院被起诉之日起,6 个月内有效。

第 71 条 根据《民法典》第 204 条,时效中断只对与导致该中断事由有事实关系的汇票债务人有效。

第十二节 一般规定

第 72 条 (1) 如果汇票在法定假日或者星期六到期,只能在下一营业日要求付款。同样,所有其他涉及汇票的事项,特别是提示承兑和作成拒绝证书,只能在营业日而不得在星期六办理。

(2) 如果某一事项必须在期限内办理,但期限的最后一日是法定假日或者星期六,则该期限顺延至下一营业日。计算期限时,期限中的假日计算在内。

第 73 条 在计算法定的或者汇票上规定的期限时,期限的起始日不计算在内。

第 74 条 法定的或者司法上的宽限日,均不予认可。

第二章 本票

第 75 条 本票应记载下列内容:

1. 票据文句中表明其为本票的字样,并使用与开立本票同样的文字;

2. 无条件支付一定金额的承诺;

3. 到期日;

4. 付款地;

5. 收款人或者其指定人的姓名；

6. 出票日及出票地；

7. 出票人签名。

第 76 条　(1) 票据上未记载前条规定内容之一的，不应视为本票，但下列各款所述情形除外。

(2) 未记载到期日期的，本票视为见票即付。

(3) 未记载特定付款地的，出票地视为付款地和付款人的住所地。

(4) 未记载出票地的，写于出票人姓名旁边的地点视为出票地。

第 77 条　(1) 在不与本票性质相冲突的情况下，下述关于汇票的规则也适用于本票：

背书(第 11 条至第 20 条)；

到期(第 33 条至第 37 条)；

付款(第 38 条至第 42 条)；

拒绝付款的追索权(第 43 条至第 50 条，第 52 条至第 54 条)；

参加付款(第 55 条、第 59 条至第 63 条)；

副本(第 67 条和第 68 条)；

变造(第 69 条)；

时效(第 70 条和第 71 条)；

假期、期限的计算和禁止宽限日(第 72 条至第 74 条)。

(2) 此外，关于可以在第三人处付款或者在与付款人住所地不同的地点付款的汇票的规定(第 4 条和第 27 条)、关于利息的规定(第 5 条)、关于票据金额记载差异的规定(第 6 条)、关于无效签名的规定(第 7 条)、关于无代理权或超越代理权之人的签名的后果规定(第 8 条)以及关于空白票据的规定(第 10 条)，也适用于本票。

(3) 关于汇票担保的规定(第 30 条至第 32 条)也适用于本票；在第 31 条第 4 款的情况下，如果担保声明未记载被担保人，则汇票担保应适用于本票出票人。

第 78 条 (1) 本票出票人以与汇票承兑人相同的方式承担责任。

(2) 见票后定期付款的本票,必须在第 23 条中规定的期限内向出票人提示。提示必须由出票人在本票上证实并注明日期和签名。见票后的期限,从载明见票的该日起算。如果出票人拒绝注明日期证实提示,则应作成拒绝证书证实(第 25 条);此时,见票后的期限,从作成拒绝证书之日起算。

第三章 补 充 规 定

第一节 拒 绝 证 书

第 79 条 (1) 每份拒绝证书必须由公证人或者法院官员作成。

(2)(废除)

第 80 条 (1) 拒绝证书中必须载明:

1. 抗辩人的姓名,以及被抗辩人的姓名;

2. 要求被抗辩人履行票据义务但无效果的说明,或者未找到被抗辩人的说明,或者无法确定被抗辩人的营业场所或者住所的说明;

3. 提出要求或者作尝试但无效果的地点和日期的说明。

(2) 如果提示票据要求承兑,而被付款人要求第二日再行提示的,则此种情况必须在拒绝证书中载明。

(3) 拒绝证书必须由经办拒绝证书的官员签名并加盖官印或者公章。

第 81 条 (1) 拒绝证书必须作在票据上或者票据的粘单上。

(2) 拒绝证书应紧接在票据背面最后一项记载之后。如果无此类记载,则作在票据背面的边缘上。

(3) 如果拒绝证书作在票据的粘单上,则联结处应加盖官印或者公章。经如此办理以后,则拒绝证书经办官员的签名旁无需再加盖官印或者公章。

(4) 如果拒绝证书作成于被提示的一式多份票据上或者被提示的正本和副本上，则仅需在一式多份票据的某一复本或者正本上作成。在一式多份票据的其他复本上或者副本上，必须载明拒绝证书作在某一复本上或者正本上。第 2 款及第 3 款第 1 句的规定也适用于记载内容。拒绝证书经办官员必须为记载内容签名。

第 82 条　(1) 副本持票人根据第 68 条第 2 款针对正本保管人作的拒绝证书，必须作在副本上或者副本的粘单上。

(2) 如果因承兑只限于部分票据金额而作成拒绝证书的，则应开立票据的副本，并将拒绝证书作在该副本上或者副本的粘单上。副本上也应载明票据上已有的背书和其他记载内容。

(3) 第 81 条第 2 款和第 3 款的规定也予适用。

第 83 条　如果数人或者同一人多次请求合法的票据支付，则对于此类多次请求仅需作成一份拒绝证书。

第 84 条　票据可以在拒绝证书经办官员处支付。不得排除拒绝证书经办官员接受付款的权力。

第 85 条　(1) 拒绝证书中的书写错误、遗漏和其他欠缺，必须在交与抗辩人之前由拒绝证书经办官员更正。更正必须附上可识别的签名。

(2) 必须保存一份经证实的拒绝证书副本。必须对票据或者票据副本的内容作记载。记载的内容应包括：

1. 票据金额；

2. 到期日；

3. 出票地和出票日；

4. 出票人的姓名，收款人或者其指定人的姓名，以及付款人的姓名；

5. 如果付款人或者本票出票人指定一名其他付款人从而付款应在该人处办理，则该人的姓名以及任何紧急通讯地址和已参加承兑票据的人的姓名。

(3) 应妥善保存副本及其记载。

第 86 条 拒绝证书应在上午 9 点至下午 6 点这段时间内作成；在该段时间之外，仅在被抗辩人明确表示同意时，才可以作成拒绝证书。

第 87 条 (1) 提示承兑或者提示付款、作成拒绝证书、索取票据复本以及所有其他必须在某人处办理的事务，必须在该人的营业场所办理；若其营业场所无法确定的，则必须在该人的住所办理。仅在双方同意的情况下，才可以在其他地点，特别是在交易所办理。

(2) 如果拒绝证书中载明营业场所或者住所无法确定的，则拒绝证书不因该场所有待确定而无效。

(3) 未进行适当调查的拒绝证书经办官员的责任，不受第 2 款规定的影响。如果向当地警察局查询后无结果的，则拒绝证书经办官员无责任进一步调查。

第 88 条 —

第二节 不当得利

第 89 条 (1) 如果出票人或者承兑人的票据债务，因时效届满而消灭，或者因持票人怠于进行为维护票据权利所必不可少的处理而免除，则其仍然对持票人负有义务，但以其从持票人的损失中获得利益为限。返还不当得利的请求权在票据债务消灭的 3 年后失效。

(2) 此项请求权不适用于已被免除票据债务的背书人。

第三节 遗失的票据和拒绝证书

第 90 条 (1) 遗失或者毁损的票据，可以通过公示催告程序宣告无效。如果合法权利人在宣告无效前提供担保，在该程序开始后，该人可以在票据到期时要求汇票的承兑人或者本票的出票人付款。

(2) 遗失或毁损的拒绝证书，可由一份关于作成拒绝证书的证明替代,但必须由经证实的原始证书的副本保管部门出具证明。该证明中必须载明拒绝证书的内容和根据第85条第2款规定的记载内容。

第四章　法律适用范围

第91条　(1)一个人承担票据债务的能力,依照其所属的州法律确定。如果该州的法律宣布以另一州的法律为准,则必须适用后者的法律。

(2)根据上述法律为无票据行为能力的人,但是如果依照其他州的法律,该人具有票据行为能力并在该州领域内签名的,则其签名仍然有效。本规定不适用于在国外承担票据债务的本国人。

第92条　(1)票据记载的形式,以记载签名地所在州的法律为准。

(2)如果汇票上的一个记载根据前款的规定是无效的,但第二个记载依照该记载签名地所在州的法律是有效的,则第一个记载的形式缺陷不影响第二个记载的效力。

(3)如果票据记载符合本国法律的形式要求,则一名本国人在国外所作的票据记载在国内对其他本国人有效。

第93条　(1)汇票承兑人和本票出票人的义务记载事项的效力,由付款地的法律确定。

(2)其他票据记载事项的效力,由该记载签名地所在州的法律确定。

第94条　就所有票据债务人而言,行使追索权的期限由出票地的法律确定。

第95条　汇票持票人是否可以获得开立汇票所依据的基础债权,由出票地的法律确定。

第96条　(1)是否可以仅承兑汇票的部分金额,以及持票人是否有义务接受部分付款，由付款地的法律确定。

(2) 付款地的法律也适用于本票的付款。

第 97 条 拒绝证书的形式、作成拒绝证书的期限以及行使或者维护票据权利所需的其他处理形式，由必须作成拒绝证书或者进行处理的地点所在州的法律确定。

第 98 条 票据遗失或被盗时所必须采取的措施，由付款地的法律确定。

《德国支票法》

（1933 年 8 月 14 日发布，经 2015 年 8 月 31 日法令第 200 条修订）

第一章　支票的签发和形式

第 1 条　支票应记载下列内容：

1. 票据文句中表明其为支票的字样，并使用与签发支票同样的文字；

2. 无条件支付一定金额的指示；

3. 付款人的名称；

4. 付款地；

5. 出票日及出票地；

6. 出票人的签名。

第 2 条　(1) 票据上未记载前条规定内容之一的，不应视为支票，但下列各款所述情形除外。

(2) 未载明付款地的，写于付款人姓名旁边的地点应视为付款地。如果付款人的姓名旁边标明了多个地点，则支票应在标明的第一个地点付款。

(3) 如果无此类记载和任何其他记载，支票应在出票人的主要营业地支付。

(4) 未载明出票地的，写于出票人姓名旁边的地点应视为出票地。

第 3 条 支票只能在出票人有存款的银行付款,并根据明确或者默示的协议,出票人有权将该存款以支票的方式支付。但不遵守此项规定的,不影响票据作为支票的有效性。

第 4 条 不能承兑支票。写在支票上的承兑说明,视为无记载。

第 5 条 (1) 支票可指定支付给:

某人,无论是否有“指定人”的明确记载;

某人,载明“不可付指定人”或者有类似含义的记载;

持票人。

(2) 如果支票指定某一个人作为收款人,并载明“或者持票人”或者有类似含义的记载,则该支票应被视为指定付款给持票人。

(3) 未载明收款人的支票应被视为付款给持票人。

第 6 条 (1) 支票可以出票人本人为收款人。

(2) 可指定支票用于与第三人的结算。

(3) 支票不得由出票人本人支付,但出票人的一个分行要求另一分行付款的支票不在此限。

第 7 条 写在支票上的利息条款,视为无记载。

第 8 条 凡第三人是银行的,支票可被指定在第三人处付款,在付款人住所地付款或者在其他地点付款。

第 9 条 (1) 如果以文字和数字记载支票金额而两者不一致的,则以文字金额为准。

(2) 如果多次以文字或多次以数字记载支票金额而不一致的,则以最小金额为准。

第 10 条 如果支票上有不能承担支票义务的人的签名、伪造的签名、虚构的人的签名,或者出于其他任何原因,支票上有对签名人或者被签名的人不构成任何义务的签名,所有这些均不影响其他签名的有效性。

第 11 条 任何人未经授权而作为他人的代理人在支票上签名

的，则一切支票责任由其自己承担。如果其支付了支票，就享有与据称被代理人相同的权利。该规定同样适用于超越代理权的代理人。

第 12 条　出票人负有保证支票付款的责任。任何不承担付款责任的条款，视为无记载。

第 13 条　如果将在签发时尚不完全的支票以违反已达成协议的方式填写完全的，则不能以不遵守该协议为由对抗持票人，但持票人在取得支票时有恶意或者重大过失的除外。

第二章　转　让

第 14 条　(1) 指定支付给某人的支票，无论其是否载明“或者其指定人”的，均可在背书后转让。

(2) 指定支付给某人的支票，如果载明了“不可付指定人”或者有类似含义记载的，则仅可按通常转让的形式和效果进行转让。

(3) 背书可以出票人或者其他支票债务人为被背书人。上述人可在支票上继续背书。

第 15 条　(1) 背书必须是无条件的。对背书的限制条件，视为无记载。

(2) 部分背书无效。

(3) 同样地，付款人的背书无效。

(4) 以持票人为被背书人的背书，视为空白背书。

(5) 以付款人为被背书人的背书，仅视为一张收据，除非付款人有数个营业地，而背书的所在地与支票的付款地不同。

第 16 条　(1) 背书必须写在支票背面或者支票的附单(粘单)上。背书必须由背书人签名。

(2) 背书无须指定被背书人，可以仅由背书人的签名构成(空白背书)。在后一种情况下，须背书写在支票背面或者粘单上才有效。

第 17 条 (1) 背书转让支票上的一切权利。

(2) 如果为空白背书,持票人可以:

1. 在背书上填写本人或者他人的姓名;

2. 在支票上再作空白背书或者记名背书;

3. 不填写空白和不再作背书,而继续转让支票。

第 18 条 (1) 如果无相反规定,背书人负有保证付款的责任。

(2) 背书人可禁止支票再行背书。在此种情况下,背书人对支票再行背书后的被背书人不承担责任。

第 19 条 背书转让支票的持有人都应被视为合法持票人,只要持票人能通过一系列连续背书证明其权利,即使最后一次背书为空白背书。涂抹的背书视为无记载。在空白背书后接着背书的,则该背书人被推定通过空白背书而取得支票。

第 20 条 在无记名支票上的背书使背书人根据追索规则承担责任,但不因此使票据转化为记名支票。

第 21 条 如果支票的前持票人丧失支票,不论其如何丧失,也无论是无记名支票还是可通过背书转让的支票,只要持票人能根据第 19 条证明其权利,则无义务交出支票。但持票人在取得支票时有恶意或者重大过失的除外。

第 22 条 任何凭支票被要求付款的人,不得以其与出票人或者前持票人的直接关系为由,对支票持票人提出任何抗辩。但是,持票人在取得汇票时故意损害债务人利益的除外。

第 23 条 (1) 如果背书中含有“为收款”“托收”“代理”或者任何仅表示委托说明的,则持票人可以要求行使支票上的一切权利。但是,持票人只能通过再次委托背书来转让支票。

(2) 在这种情况下,支票的债务人只能对持票人提出其有权对背书人提出的抗辩。

(3) 委托背书中所称的委托,既不因委托人死亡也不因委托人丧失行为能力而失效。

第 24 条　(1) 在作成拒绝证书或者具有类似含义的证明后，或者在提示期限届满后，在支票上所作的背书，只具有通常的债权转让的效力。

(2) 如果无相反证明，背书未载明日期的，则其在支票上的作成时间推定为在作成拒绝证书或者具有类似含义的证明之前，或者在提示期限届满之前。

第三章　支票的担保

第 25 条　(1) 支票可以担保方式保证全部或者部分支票金额的支付。

(2) 此种保证可由付款人以外的第三人或者由已在支票上签名的人提供。

第 26 条　(1) 担保声明应记载在支票或者其粘单上。

(2) 担保声明以"作为担保人"或者一项具有类似含义的记载表示，并必须由支票担保人签名。

(3) 支票正面的单纯签名，视为担保声明，只要其不是出票人的签名。

(4) 担保声明中应记载被担保人；如果未记载，则视其为出票人担保。

第 27 条　(1) 支票的担保人应与其被担保人承担相同的责任。

(2) 如果担保人所担保的债务因形式瑕疵以外的任何原因而无效的，担保人承担义务的声明应属有效。

(3) 支票的担保人在支付支票后，取得支票上对被担保人以及根据支票对其负有责任的人的一切权利。

第四章　提示和付款

第 28 条　(1) 支票应为见票即付。任何与此相反的说明,均视为无记载。

(2) 如果支票在其载明的出票日之前被提示要求付款的,则应在提示之日支付。

第 29 条　(1) 应在出票国支付的支票,必须在 8 日内提示付款。

(2) 在出票国以外的国家支付的支票,如果出票地与付款地在同一洲,则必须在 20 日内提示付款;如果出票地和付款地不在同一洲,则必须在 70 日内提示付款。

(3) 然而,在欧洲国家出票并在地中海沿岸国家支付的支票,以及在地中海沿岸国家出票并在欧洲国家支付的支票,均应被视为在同一洲出票并支付的支票。

(4) 上述期限从支票上载明的出票日开始起算。

第 30 条　如果支票的付款地与出票地的日历不同,则应将出票日换算成与付款地日历相应的日期。

第 31 条　(1) 向结算机构递交支票,视为将支票提示付款。

(2) 何类机构可视为结算机构和具备何种要件可办理交付手续,由联邦司法和消费者保护部决定。

第 32 条　(1) 支票的撤销,仅在提示期限届满后才有效。

(2) 如果支票未被撤销,则付款人在提示期限届满后仍得付款。

第 33 条　出票人在签发支票后死亡或者丧失行为能力的,不影响该支票的有效性。

第 34 条　(1) 付款人可以在付款时要求持票人交付已付讫的支票。

(2) 持票人不得拒绝部分付款。

(3) 在部分付款的情况下，付款人可以要求在支票上载明已部分付款，并要求持票人向其出具收据。

第35条　在支付通过背书转让的支票时，付款人有义务检查一系列背书的连续性，但无须检查背书人的签名。

第36条　(1) 如果支票使用非付款地通行的货币，支票金额可以当地货币按提示日的汇率支付。如果提示后未获付款，持票人可选择将支票金额按照提示日的汇率或者按照付款日的汇率换算成当地货币。

(2) 外币价值应根据付款地的交易习惯确定。但是，出票人可在支票上规定应付金额的换算汇率。

(3) 如果出票人已规定用特定货币付款(有效记载)，则前两款的规定均不适用。

(4) 如果支票使用的货币在出票地和付款地同名而不同值，则应推定为付款地的货币。

第五章　划线支票和转账支票

第37条　—

第38条　—

第38a条　国外签发的划线支票，在国内被视为转账支票。

第39条　(1) 支票出票人以及任何持有人可以通过在支票正面载明“仅转账”或者类似含义的记载，禁止用现金支付票款。

(2) 在此种情况下，付款人只能用贷记的方式支付票款(结算、转账、补偿)。贷记应被视为付款。

(3) 涂销“仅转账”记载的，视为未涂销。

(4) 违反上述规定办理业务的付款人应对因此所致损失承担责任，但其责任以支票金额为限。

第六章　拒绝付款的追索权

第 40 条　如果及时提示的支票未获付款并且拒绝付款的情况被证实的，则持票人可以下列方法向背书人、出票人和其他支票债务人追索：

1. 作成公开证明（拒绝证书）；或者

2. 由付款人在支票上作成载明日期的书面声明，并载明提示日期；或者

3. 由结算机构作成载明日期的声明，证明支票已及时提示但未获付款。

第 41 条　（1）拒绝证书或者具有类似含义的证明，必须在提示期限届满前作成。

（2）如果提示发生在提示期限的最后一日，则拒绝证书或者具有类似含义的证明可以在下一个营业日作成。

第 42 条　（1）持票人必须在作成拒绝证书或者具有类似含义的证明后的 4 个营业日内，或者在载明“不负担费用”的情况下于提示后的次日，将拒绝付款的事实通知其直接前手和出票人；每个背书人必须在接到通知后的 2 个营业日内将所获悉的通知内容告知其直接前手，并向其提供通知人的姓名和地址；且继续依次通知，直至出票人。该期限从收到上述通知时起算。

（2）如果按前款规定向在支票上签名的人发出通知，则必须在同一期限内向其保证人发出同样的通知。

（3）如果背书人未写明其地址或者其地址无法辨认的，则仅需通知该背书人的直接前手。

（4）通知内容可以任何形式发出，也可仅将支票退回。

（5）有通知义务的人必须证明其在上述规定的期限内发出通知；

将有关通知的信件在规定的期限内投邮的，则视为已经遵守该期限。

(6) 任何延迟发出通知的人，不丧失追索权；该人应对因其过失所致损失负责，但以支票金额为限。

第 43 条　(1) 出票人及任何背书人或者支票保证人在支票上载明“不负担费用”“免于作成拒绝证书”或者有类似含义的记载，并予签名的，可以免除持票人为行使追索权而须作成拒绝证书或者具有类似含义的证明的义务。

(2) 上述记载不免除持票人应及时提示支票和及时发出必要通知的义务。如果有逾期情况，则应由对持票人提出逾期抗辩的人负举证责任。

(3) 如果该记载由出票人作出，则其可对抗所有的支票债务人；如果该记载由背书人或者支票保证人作出，则其仅对该背书人或者支票保证人有效。如果持票人不顾出票人所作的记载而作成拒绝证书或者具有类似含义的证明，则该费用由持票人负担。如果该记载由背书人或者支票保证人作出，则所有的支票债务人有义务负担作成拒绝证书或者具有类似含义的证明的费用。

第 44 条　(1) 所有支票债务人对持票人负连带责任。

(2) 持票人可以不按照上述主体承担义务的顺序，而向其中任何一人或者数人或者全体行使追索权。

(3) 每个支票债务人在支付票款后享有同样权利。

(4) 持票人不因已向一个支票债务人行使追索权而丧失其向其他支票债务人的追索权，也不丧失其对被追索人的各后手支票债务人的追索权。

第 45 条　在行使追索权时，持票人可以请求：

1. 支票金额，如果支票未获付款。

2. 从提交之日起，按 6%的利率计算利息。如果是在德国签发和支付的支票，根据《民法典》第 247 条，利率应比各自的基准利率高出 2%，但不低于 6%。

3. 拒绝证书或者具有类似含义的证明和通知的费用，以及其他费用。

4. 酬金，在无特别约定的情况为支票金额的 3‰，并在任何情况下都不得超过该比例。

第 46 条 任何支付支票票款的人可以向其前手持票人请求：

1. 已支付的全部金额。

2. 从支付支票票款日起算的已付金额的 6%的利息。如果是在德国签发和支付的支票，根据《民法典》第 247 条，利率应比各自的基准利率高出 2%，但不低于 6%。

3. 支付的费用。

4. 按第 45 条第 4 项规定计算的酬金。

第 47 条 （1）每个被追索或者可能被追索的支票债务人，在支付被追索金额时，有权要求向其交付支票、拒绝证书或者具有类似含义的证明以及付讫收据。

（2）每个支付支票票款的背书人，可以涂销其背书及其后手背书人的背书。

第 48 条 （1）如果因无法克服的障碍（国家的法律规定或者其他不可抗力事由）妨碍及时提示支票或者及时作成拒绝证书或者具有类似含义的证明，则应延长规定的期限。

（2）持票人有义务及时地将该不可抗力事由通知其直接前手持票人，并在支票或者附单（粘单）上载明通知的日期、地点且签名；除此以外，适用第 42 条的规定。

（3）如果该不可抗力事由消除，持票人必须及时提示付款，并在必要的情况下作成拒绝证书或者具有类似含义的证明。

（4）如果从持票人在提示期限届满前将该不可抗力事由通知其前手背书人的该日起，该不可抗力事由延续时间超过 15 日，则可不必提示支票、作成拒绝证书或者具有类似含义的证明而直接行使追索权。

（5）仅涉及持票人本人或者涉及受持票人委托提示支票、作成拒绝证书或者具有类似含义的证明的人的个人原因，不得视为不可抗力事由。

第七章　一式多份支票

第 49 条　所有不是签发给持票人的支票和不是在出票国付款的支票，在出票国海外领地付款的支票和国外或者海外领地签发而在国内付款的支票，在一国海外领地签发和付款的支票或者在一国海外领地签发而在同一国家另一海外领地付款的支票，可以一式多份的形式签发。这些复本必须在票据本文中载有编号；否则，每一复本支票将被视为是单独的支票。

第 50 条　（1）如果某一复本已被付款，则所有复本的权利均消灭，即使复本上未载明在某一复本已被付款时其他各复本均告失效。

（2）如果背书人向数人转让一式多份支票，则背书人及其后手对所有经其签名而尚未收回的复本负责。

第八章　变　造

第 51 条　如果支票文义被变造，则在变造之后签名的人，按变造之后的文义承担责任；在变造之前签名的人，按原有文义承担责任。

第九章　时　效

第 52 条　（1）持票人对背书人、出票人和其他支票债务人的追索权，从提示期限届满之日起 6 个月内有效。

（2）支票债务人对另一支票债务人的追索权，从该支票债务人支付票款之日起，或者从该支票债务人在法院被起诉之日起，6 个月内有效。

第 53 条 根据《民法典》第 204 条，时效中断只对与导致该中断事由有事实关系的支票债务人有效。

第十章 一 般 规 定

第 54 条 就本法而言，银行是指：

1. 根据各有关商业活动的正式规章从事吸收资金并为他人结算付款提供服务的公共机构、受国家监督的机构和在信用合作社登记注册的信用合作社，以及在官方监督下的储蓄所，这些储蓄所须遵守根据州法律为其制定的有效的监督规定。

2. 在商业登记处注册的专门从事银行业务活动的公司。

第 55 条 (1) 支票提示付款和作成拒绝证书只能在营业日进行，而不能在星期六进行。

(2) 凡涉及支票的事项，特别是提示支票、作成拒绝证书或者具有类似含义的证明，必须在期限内办理，但期限的最后一日是法定假日或者星期六的，则该期限延长至下一营业日。计算期限时，期限中的假日计算在内。

(3) 此外，《票据法》第 79 条至第 87 条的规定同样适用于支票的提示和作成拒绝证书。

第 56 条 在计算本法规定的期限时，期限的起始日不计算在内。

第 57 条 法定的或者司法上的宽限日，均不予认可。

第十一章 补 充 规 定

第 58 条 (1) 如果出票人被追索的债务因支票未及时提示或者

超过时效而免除，只要出票人有可能从持票人的损失中获得利益，则其仍然对持票人负有义务。

(2) 此项请求权在支票签发后1年内有效。

第59条 (1) 遗失或者毁损的支票，可以通过公示催告程序宣告无效。公告期限至少须2个月。如果合法权利人在宣告无效前提供担保，在该程序开始后，该人可以在支票到期时要求出票人付款。

(2) 遗失或毁损的拒绝证书，可由一份关于作成拒绝证书的证明替代，但必须由经证实的原始证书的副本保管部门出具证明。该证明中必须载明拒绝证书的内容和根据《票据法》第55条第3款和第85条第2款规定的记载内容。

第十二章　法律适用范围

第60条 (1) 一个人承担支票债务的能力，依照其所属的州法律确定。如果该州的法律宣布以另一州的法律为准，则应适用另一州的法律。

(2) 根据上述法律不能承担支票债务的人，但是如果依照其他州的法律，该人具有票据行为能力并在该州领域内签名的，则其签名仍然有效并应承担责任。本规定不适用于在国外承担支票债务的本国人。

第61条 (1) 依照支票付款地所在国的法律确定具有支付支票票款能力的人。

(2) 如果根据该法律，由于付款人的个人原因而使支票无效，则在其他法律未规定此类原因将导致无效的国家，支票上的签名人所应承担的义务仍然有效。

第62条 (1) 支票记载的形式，由记载签名地所在州的法律确定。但是，也须遵守付款地法律所规定的形式。

（2）如果支票上的一个记载根据前款的规定是无效的，但第二个记载依照该记载所在地的法律是有效的，则第一个记载的形式缺陷不影响第二个记载的效力。

（3）如果支票记载符合本国法律的形式要求，则一名本国人在国外所作的支票记载在国内对其他本国人有效。

第 63 条 支票记载的效力，由该记载签名地所在州的法律确定。

第 64 条 就所有支票债务人而言，行使追索权的期限由出票地的法律确定。

第 65 条 支票付款地所在州的法律须规定：

1. 支票是否应见票即付或者可以见票后定期付款，以及支票上注明的迟于实际出票日的签发日期有何作用；

2. 提示期限；

3. 支票是否可以被承兑、保付、保付支票或者签证，以及该类记载有何作用；

4. 持票人是否可以请求部分付款，以及持票人是否必须接受部分付款；

5. 在支票上是否可以划线，或者记载“只可转账”或具有类似含义的词语，以及划线、转账或者具有类似含义的词语有何作用；

6. 持票人是否有要求担保的特别权利，以及该项权利有何内容；

7. 出票人是否可以撤销支票或者在付款时提出撤销要求；

8. 在支票遗失或者被盗时所应采取的措施；

9. 为维护对背书人、出票人和其他支票债务人的追索权，是否有必要作成拒绝证书或者具有类似含义的证明。

第 66 条 拒绝证书的形式、作成拒绝证书的期限以及行使或者维护支票权利所需的其他处理形式，由必须作成拒绝证书或者进行处理的地点所在州的法律确定。

日　本

《日本票据法》

施行：1934 年 1 月 1 日。

修改：1947 年法律第 195 号、1952 年法律第 268 号、1981 年法律第 61 号、1999 年法律第 151 号、2002 年法律第 100 号、2004 年法律第 76 号及第 147 号、2006 年法律第 78 号、2017 年法律第 45 号、2023 年法律第 53 号。

第一编　汇　　票

第一章　汇票的出票及方式

第一条　汇票须记载下列事项：

一、以作成该证券的语言，在证券文句中记载表明其为汇票的文字；

二、支付一定金额的单纯委托；

三、支付者（付款人）的名称；

四、到期日；

五、付款地；

六、收款人或其指定人的名称；

七、汇票的出票日和出票地；

八、签发汇票者（出票人）的署名。

第二条 欠缺前条规定事项之一的证券不具有汇票效力，但下列各款规定的情形不在此限。

汇票未记载到期日的，视为见票即付。

付款人名称中所附记的地址无特别表示的，视为付款地和付款人的住所地。

汇票未记载出票地的，出票人名称中所附记的地址视为出票地。

第三条 汇票可以出票人本人为收款人签发。

汇票可以出票人本人为付款人签发。

汇票可为第三人利益签发。

第四条 汇票可以在第三人住所地付款，无论该住所地是付款人的住所地或者任何其他地点。

第五条 见票即付或见票后定期付款的汇票上，出票人可以记载根据票据金额产生利息的约定；其他类型的汇票作此约定的，视为无记载。

利率须在票据上表明；无此表示的，其利息约定的记载视为无记载。

利息从出票日起计算，但另有约定的除外。

第六条 汇票金额以文字和数字记载时，金额有差异的，则以文字记载的金额为票据金额。

汇票金额以文字或数字重复记载时，金额有差异的，则以最小金额为票据金额。

第七条 汇票上虽有无承担票据债务行为能力人的署名、伪造的署名、假设人的署名或者因其他事由不能使汇票署名人或其本人承担义务的署名，不影响其他署名人的债务效力。

第八条 没有代理权的人以代理人名义在汇票上署名的，应当自行承担票据义务；其付款后，享有与被代理人相同的权利。此规则也适用于超越代理权限的代理人。

第九条 出票人担保汇票的承兑和付款。

出票人可以记载不担保承兑的旨意。记载不担保付款旨意的一切文句，均视为无记载。

第十条　对出票时填写不完全的汇票，如不按事先达成的合意进行补充，不得以违反合意为由对抗持票人。但持票人取得汇票时有恶意或重大过失的，不在此限。

第二章　背　书

第十一条　汇票即使不是以指示方式签发，仍可以背书转让。

出票人在汇票上载明“禁止指示”或与此相同含义文句的，则该证券应依据《民法》(1896 年法律第八十九号)第三编第一章第四节规定的债权转让的方式进行转让，且仅产生该债权转让的效力。

背书的对象可以是承兑或未承兑的付款人、出票人或其他债务人。这些人可以再次将票据背书。

第十二条　背书必须是单纯的。背书中所附的条件，视为无记载。

部分背书无效。

付款给来人的背书与空白背书具有相同效力。

第十三条　背书须记载在汇票或与之结合的纸片(粘单)上，并由背书人署名。

背书可以不指定被背书人，也可以只由背书人署名(空白背书)。在后者的场合，背书须写于汇票背面或其粘单上，否则不具有效力。

第十四条　背书转移由汇票产生的一切权利。

背书为空白背书时，持票人可以：

一、在空白处补充自己或他人的名称；

二、将票据再作空白背书或者记载他人名称后再次背书；

三、在不补充空白且不背书的情况下将票据转让给第三人。

第十五条 背书人担保汇票的承兑和付款，但记载相反文句的除外。

背书人可以禁止再背书。在此场合，该背书人对后来的票据被背书人不负担保责任。

第十六条 汇票占有人通过背书连续来证明其权利时，应被视为合法持票人。最后背书虽为空白背书的场合，同样适用此规定。在此情形下，已涂销的背书视为无记载。空白背书后有其他背书的，该背书人视为因空白背书而取得票据。

当一个人不论因何种原因丧失对汇票的占有之时，如果持票人能依据前款规定证明其权利，则不负担票据返还义务。但持票人因恶意或重大过失取得汇票的，不在此限。

第十七条 依据汇票接受请求的人，不得以其与出票人或者与持票人的其他前手之间个人关系产生的抗辩对抗持票人。但持票人在取得票据时明知会损害债务人的，不在此限。

第十八条 当背书上有“为收款”“为托收”“为代理”或其他仅表示委任的文句时，持票人可以行使由汇票产生的一切权利，但持票人仅能为代理而背书。

在前款场合，债务人仅得依据对背书人的抗辩对抗持票人。

代理背书所作的委任，不因委任人的死亡或其行为能力受限而终止。

第十九条 当背书上有“为担保”“为质押” 或其他表示设定质权的文句时，持票人可以行使由汇票产生的一切权利，但是持票人所作的背书只有代理背书的效力。

债务人不得基于与背书人之间个人关系产生的抗辩对抗持票人。但持票人在取得票据时明知会损害债务人的，不在此限。

第二十条 到期后的背书与到期前的背书具有相同效力。但拒绝付款证书作成后或拒绝付款证书作成期限届满后的背书，依据《民法》第三编第一章第四节的规定，仅有债权转让的效力。

没有记载日期的背书，推定为在拒绝付款证书作成期限届满前作出。

第三章　承　兑

第二十一条　汇票的持票人或者单纯占有人在汇票到期前，可在付款人住所向其提示承兑。

第二十二条　出票人可以在汇票上载明于指定期限内提示承兑或者不指定期限而提示承兑。

出票人可以在票据上载明禁止提示承兑。但票据应于第三人住所或付款人住所以外的地方付款的，或者票据是见票后定期付款的，不在此限。

出票人可以载明在一定日期前不得提示承兑。

各背书人可以载明于指定期限内提示承兑或不指定期限而提示承兑。但出票人载明禁止提示承兑的，不在此限。

第二十三条　见票后定期付款的汇票必须在出票日起一年内提示承兑。

出票人可以缩短或延长前款所述期限。

背书人可以缩短前两款的期限。

第二十四条　付款人可以请求在第一次提示承兑后的次日作第二次提示承兑。只有该请求在拒绝证书中载明时，利害关系人才可主张没有相应的提示承兑。

持票人无须将提示承兑的票据交付付款人。

第二十五条　承兑应记载在汇票上，以“承兑”或其他具有相同含义的文字表示，并由付款人署名。付款人仅在票据正面署名的，视为承兑。

见票后定期付款的票据或者特别载明在一定期限内提示承兑的

票据，除非持票人请求记载提示日期，否则承兑时应当记载承兑日期。如未载明日期，持票人为保全其对背书人和出票人的追索权，应当在合法期限内作出拒绝证书以证明该记载缺失。

第二十六条 承兑应是单纯的，但付款人可以将承兑限制为票据金额的一部分。

承兑时对汇票记载事项进行其他变更的，具有拒绝承兑的效力，但承兑人应按其承兑文句承担责任。

第二十七条 出票人在汇票上载明的付款地与付款人的住所地不同且未指定第三人付款时，付款人进行承兑时可以指定第三人付款。如果未指定，则视为承兑人自行承担在付款地付款的义务。

票据在付款人住所付款时，付款人可以在承兑时指定付款地内的付款场所。

第二十八条 付款人承兑后，负有在到期日支付汇票的义务。

未获得付款的情形下，持票人就依据第四十八条和第四十九条规定可请求的全部金额，对承兑人享有由汇票产生的直接请求权。持票人虽为出票人，也同样适用此规定。

第二十九条 在汇票上载明承兑的付款人在返还票据之前涂销承兑的，视为拒绝承兑，并推定涂销是在返还证券之前所为。

如果付款人不顾前款规定，仍以书面形式将承兑通知持票人或票据上的署名人，则应按照其承兑的内容对这些人负责。

第四章 保　　证

第三十条 汇票的全部或部分金额可依保证的方式担保付款。

上述保证可以由第三人或票据上的署名人作出。

第三十一条 保证必须在汇票或其粘单上作出。

保证应以“保证”或其他具有相同意义的文字表示，并由保证人署名。

仅在汇票票面上署名将被视为保证,但付款人或出票人的署名不在此限。

保证需要表示为何人所作。未表示时,视为为出票人保证。

第三十二条　保证人与被保证人负有相同责任。

被保证债务除存在形式上的瑕疵外,在其因任何其他事由而无效时,该保证仍为有效。

保证人为汇票付款后,取得被保证人及其对票据上债务人的由汇票产生的权利。

第五章　到　期　日

第三十三条　汇票可以下列方式出票:

一、见票即付;

二、见票后定期付款;

三、出票后定期付款;

四、定日付款。

与前款到期日不同的或者分期付款的汇票,均为无效。

第三十四条　见票即付的汇票应在提示时付款。此种票据应在出票后一年内提示付款。出票人可以缩短或延长该期限。背书人可以缩短该期限。

出票人可以规定,见票即付的汇票在一定日期前不得提示付款。此种情形下,提示期限从该日期开始。

第三十五条　见票后定期付款的汇票,依据其承兑日或拒绝证书的日期确定到期日。

无拒绝证书时,未载明日期的承兑视为由承兑人于提示期限的最后一日作出。

第三十六条 出票后或见票后一月或数月付款的汇票,以应付款月份的相应日期为到期日。如无相应日期,则以该月的最后一天为到期日。

出票后或见票后一个半月或数月半付款的汇票,先按整月计算。

到期日为月初、月中(如一月中、二月中等)或月末的,指该月的一日、十五日或最后一日。

“八日”或“十五日”并非指一周或两周,而是指满八天或满十五天。

“半月”是指十五天的期限。

第三十七条 定日付款的汇票,如出票地与付款地使用的日历不同,则将付款地日历确定的日期视为到期日。

出票后定期付款的汇票,如于日历不同的两地之间出票,出票日应换算为付款地日历的相应日期,并依此确定到期日。

汇票的提示期限依前款规定计算。

依汇票文句或证券的单纯记载可知有其他意思表示的,不适用前三款的规定。

第六章 付 款

第三十八条 定日付款、出票后定期付款或见票后定期付款的汇票持票人,必须在付款日或其后的两个营业日内提示付款。

在票据交换所提示汇票,具有提示付款的效力。

第三十九条 汇票付款人付款后,可以请求持票人在票据上记载签收字样并交付票据。

持票人不得拒绝部分付款。

在部分付款的情形下,付款人可以请求持票人在票据上记载此次付款并交付收据。

第四十条　汇票持票人无须在到期日前接受付款。

到期日前付款的付款人需自行承担风险。

在到期日付款的人，除恶意或重大过失外，免除其责任。此人对背书是否连续、完整负有调查义务，但对背书人的署名不负调查义务。

第四十一条　对于载有以非付款地货币付款约定的汇票，可以根据到期日的价格以该国的货币付款。债务人迟延付款时，持票人可自行选择，根据到期日或付款日的汇率请求以该国的货币支付汇票金额。

外币价格按付款地惯例决定。但出票人可以在票据上记载，按既定换算率计算付款金额。

出票人记载以特定货币支付的情形下（以外币现实支付的文句），不适用前两款规定。

出票国和付款国的货币同名异价时，推定以付款地货币确定汇票金额。

第四十二条　汇票未在第三十八条规定的期限内提示付款时，各债务人可将票据金额提存至主管当局，其费用及风险由持票人承担。

第七章　因拒绝承兑或拒绝付款而追索

第四十三条　到期未获付款时，持票人可以向背书人、出票人及其他债务人行使追索权。有下列情形的，虽在到期前亦可行使追索权：

一、全部或部分拒绝承兑；

二、付款人无论承兑与否，进入破产程序、停止付款或对其财产的强制执行无效；

三、禁止票据提示承兑的出票人进入破产程序。

第四十四条　拒绝承兑或拒绝付款必须依公证书（拒绝承兑证书

或拒绝付款证书)证明。

拒绝承兑证书须在提示承兑期限内作出。如发生第二十四条第一款规定的情形,第一次提示在期限最后一日时,拒绝证书可在其次日作出。

定日付款、出票后定期付款或见票后定期付款的汇票,其拒绝付款证书应当在汇票付款日或其后的两个营业日内作出。见票即付的汇票,其拒绝付款证书应当依前款规定的条件作出。

有拒绝承兑证书时,无须提示付款及拒绝付款证书。

付款人无论承兑与否,停止付款或对其财产强制执行而无效的情形下,持票人在向付款人提示付款及拒绝证书作出前,不得行使追索权。

付款人无论承兑与否进入破产程序,或禁止票据提示承兑的出票人进入破产程序时,持票人可以出示启动破产程序的裁定书来行使追索权。

第四十五条　持票人须在拒绝证书作成之日或者票据上有“退票时不承担费用”文句时的提示日起四个营业日内,将拒绝承兑或拒绝付款的事宜通知自己的背书人和出票人。各背书人须在收到通知后两个营业日内,将收到通知的事宜通知其前手背书人,并载明前述通知者的名称及地址,依次通知,直至出票人。此期限从各自收到通知之日起算。

按前款规定通知汇票署名人时,须在同一期限内将同一内容通知其保证人。

背书人的地址未载明或其记载难以辨认的情形下,通知该背书人的直接前手即可。

应发出通知的人可以任何方式进行通知,也可仅通过返还汇票进行通知。

应发出通知的人须证明其在合法期限内已发出通知。在此期限内,通知以书面形式邮局寄出或使用《关于民间事业者送达书信的法律》(2002年法律第九十九号)第二条第六款规定的一般书信送达事业者或者同条第九款规定的特定书信送达事业者提供的同条第二款规定的书信送达服务寄出时,视为已遵守规定期限。

未在前款期限内发出通知的人不会丧失其权利,但其因过失产生损害的,须在不超出汇票金额的范围内承担赔偿责任。

第四十六条　出票人、背书人或保证人在证券上署名并记载“退票时不承担费用”“免作拒绝证书”或其他具有相同意义的文句的,持票人在行使追索权时可以免于作成拒绝承兑证书或拒绝付款证书。

前款的文句,并不免除持票人在法定期限内提示汇票及通知的义务。持票人不遵守期限的事实,须由援引该事实的人予以证明。

出票人记载第一款的文句时,对所有署名人均产生效力。背书人或保证人作此记载时,只对该背书人或保证人产生效力。如果持票人不顾出票人所记载的文句而作成拒绝证书,其费用由持票人承担。背书人或保证人作此记载的,作成拒绝证书的人可以向所有署名人请求偿还费用。

第四十七条　汇票的出票人、承兑人、背书人或保证人共同对持票人承担责任。

持票人可以不按债务负担的顺序,对前款所述债务人个别或共同行使请求权。

汇票署名人收回票据后,也享有上述相同的权利。

对债务人之一行使请求权,不妨碍对其他债务人行使请求权。对被请求债务人的后手亦同。

第四十八条　持票人可以向被追索人请求下列金额:

一、未获承兑或支付的汇票金额及载明利息时的该利息;

二、到期日后按法定利率(在国内出票和支付的汇票以外其他汇票年利率为6%,下条第二项亦同)计算的利息;

三、拒绝证书的费用、通知的费用以及其他费用。

到期日前行使追索权时，票据金额扣减贴息。贴息按持票人住所地追索之日的官方贴现率（银行利率）计算。

第四十九条 收回票据的人可以向其前手请求下列金额：

一、其支付的总金额；

二、前项金额自付款日后，按法定利率计算的利息；

三、其支出的费用。

第五十条 已被追索或应被追索的债务人在付款后，可请求交付拒绝证书、载明已签收的清单以及汇票。

背书人收回汇票后，可以涂销自己及后手的背书。

第五十一条 在部分承兑后行使追索权的情形，就未承兑汇票金额付款的人可请求在汇票上载明该项付款并交付收据，持票人亦须向其交付汇票的证明誊本和拒绝证书，以便其能进行后续追索。

第五十二条 追索权人可以通过向其前手之一签发见票即付并在该前手住所付款的新汇票（重开汇票）的方式进行追索，但有相反记载的除外。

重开汇票除包含第四十八条及第四十九条所规定的金额外，还包含经纪费及印花税。

持票人签发重开汇票时，其金额依原汇票付款地向前手住所地签发的见票即付汇票的汇率决定。背书人签发重开汇票时，其金额依出票人住所地向前手住所地签发的见票即付汇票的汇率决定。

第五十三条 在下列期限届满后，持票人即丧失对背书人、出票人及其他债务人之权利，但对承兑人的权利不在此限：

一、见票即付或见票后定期付款汇票的提示期限；

二、作成拒绝承兑证书或拒绝付款证书的期限；

三、如有“退票时不承担费用”的文句时，其提示付款期限。

持票人未在出票人记载的期限内提示承兑的，将丧失因拒绝付款和拒绝承兑所产生的追索权，但如记载的文句表明出票人仅是为了免除保证承兑义务的，不在此限。

背书记载提示期限的，仅该背书人能援用该记载。

第五十四条　如因不可避免的障碍（依国家法令而禁止或其他不可抗力）而未在法定期限内提示汇票或作成拒绝证书，则此期限应予延长。

持票人应将不可抗力立即通知其背书人，并将通知记载在汇票或其粘单上，署名并附上日期。其他的有关事项，准用第四十五条的规定。

不可抗力终止后，持票人应立即将汇票提示承兑或提示付款，并在必要时作成拒绝证书。

不可抗力在期限届满之日起三十日后仍延续的，持票人可不提示或不作成拒绝证书而行使追索权。

如为见票即付汇票或见票后定期付款汇票，该三十日期间应自持票人向其背书人发出不可抗力通知之日起算，不论该日是否在提示期限届满前。对于见票后定期付款汇票，该三十日期限应加上汇票上记载的见票后的期限。

持票人的纯个人事由，或者经持票人委托提示或作成拒绝证书之人的纯个人事由，均不构成不可抗力。

第八章　参　加

第一节　通　则

第五十五条　出票人、背书人或保证人可以记载预备付款人。

为被追索的任何债务人而参加的人，可依本章规定的条件进行汇票的承兑或付款。

参加人可以为第三人、付款人或已承担汇票上债务的人，但承兑人不在此限。

参加人须在二个营业日内向被参加人发出参加的通知。若不遵守该期限,参加人应在汇票金额范围内对因其过失产生的损害负赔偿责任。

第二节　参加承兑

第五十六条　不禁止提示承兑汇票的持票人若在到期前有追索权的,均可参加承兑。

若汇票上记载了在付款地的预备付款人,持票人在未向其提示并依据拒绝证书证明该人拒绝承兑的情况下,不得在到期前向作出该记载的人及其后手行使追索权。

在其他参加的情况下,持票人可拒绝参加承兑。如果持票人同意参加承兑,则其丧失在到期前对被参加人及其后手的追索权。

第五十七条　参加承兑须在汇票上记载该旨意,且参加人应署名。参加承兑须载明被参加人,未载明时视为为出票人参加承兑。

第五十八条　参加承兑人对持票人及被参加人的后手背书人承担的义务,与被参加人相同。

被参加人及其前手,可不顾参加承兑的事实,对持票人支付第四十八条所载金额而请求交付汇票;有拒绝证书及记载收讫的清单时,也可请求交付。

第三节　参加付款

第五十九条　如持票人在到期或到期前有追索权的,均可参加付款。

参加付款须就被参加人应支付的金额做出。

参加付款须在作成拒绝付款证书期限最后一日的次日前做出。

第六十条　如果汇票由在付款地有住所的人参加承兑,或载明在付款地有住所的人为预备付款人时,持票人应向上述所有人提示票据;必要时,应在作成拒绝证书期限最后一日的次日前,让其作成拒绝付款证书。

如果未在前款期限内作出拒绝证书，则记载预备付款人的人或被参加承兑人及其后手背书人均可免除义务。

第六十一条　持票人拒绝参加付款时，对因参加付款而免除义务的人丧失追索权。

第六十二条　参加付款须在汇票上表明被参加人，并依记载的收取字样以证实之。当未表明被参加人时，应视为为出票人而参加付款。

汇票须交付参加付款人；有拒绝证书时，也应将其交付。

第六十三条　参加付款人取得被参加人及其汇票债务人的由汇票所产生的权利，但不得再将汇票背书。

被参加人的后手背书人可免除义务。

数人参加付款而产生竞合时，以能使最多人免除义务的优先。知情而违反此规定的参加付款人，丧失对因此可免除义务之人的追索权。

第九章　复本及誊本

第一节　复　本

第六十四条　汇票可签发内容相同的数份复本。

复本须在证券文句中附编号。如无编号，各份复本应视为独立的汇票。

如果汇票上并未记载以一份为限，则持票人可自担费用而请求交付复本。在此情形下，持票人应向自己的直接背书人提出请求，该背书人再向自己的背书人提出请求，依次及于出票人，前手背书人均有协助义务。各背书人须在新的复本中再作背书。

第六十五条　就一份复本付款时，虽然汇票上未记载其他复本因该付款而无效，也免除付款人义务。但付款人须就经其承兑而未收回的复本承担责任。

背书人及其后手背书人将复本分别让与数人时，须就经其署名而未收回的复本承担责任。

第六十六条 为承兑而交付其中一份复本的人，须在其他各份复本上记载持有该复本之人的名称。该持有人须将该复本交付给另一复本的正当持票人。

如该持有人拒绝交付，持票人非依拒绝证书证明下列事实，不得行使追索权：

一、为承兑而送出的复本，虽经请求但未交付；

二、以另一份复本提示，而未获承兑或付款。

第二节 誊本

第六十七条 汇票的持票人有作成其誊本的权利。

誊本须再次正确记载背书及其他在原本上所载一切事项，并注明迄至何处为该原本的事项。

誊本上可以原本同样的方法作背书和保证，且其效力与原本上所作的相同。

第六十八条 誊本上须载明原本的持有人。该持有人应将原本交付给誊本的正当持票人。

如原本持有人拒绝交付，誊本持票人非依拒绝证书证明原本虽经请求而未取得的，不得对誊本上的背书人及保证人行使追索权。

誊本作成前，原本的最后一个背书后记载了“此后仅在誊本上作的背书有效”文句或其他相同意义的文句时，此后在该原本上所作的背书无效。

第十章　变　　造

第六十九条　汇票的文句如有变造的，变造后的署名者依变造后的文句负责，变造前的署名者依原文句负责。

第十一章　时　　效

第七十条　对承兑人的汇票请求权，自到期日起三年后时效届满。

持票人对背书人及出票人的请求权，自在合法期限内作成拒绝证书之日起或在有“退票时不承担费用”的文句时自到期日起一年后时效届满。

背书人对其他背书人及出票人的请求权，自背书人收回票据之日起或被起诉之日起六个月后时效届满。

第七十一条　时效的延期完成或更新，仅对发生该事由的人有效。

第十二章　通　　则

第七十二条　如汇票到期日为法定休假日，不得在休假日后的第一个营业日前请求付款。关于汇票的其他行为，特别是提示承兑及作成拒绝证书，仅得在营业日进行。

如前款行为须在一定期限内完成，而该期限最后一日为法定休假日时，可将期限延长至其届满后的第一个营业日。该期限内的休假日，须计入期限。

第七十三条　法定或约定的期限，不包括该期限的第一日。

第七十四条　无论是法律上的或诉讼上的宽限日，均不予认可。

第二编　本　　票

第七十五条　本票须记载下列事项：

一、以作成该证券的语言，在证券文句中记载表明其为本票的文字；

二、支付一定金额的单纯约定；

三、到期日；

四、付款地；

五、收款人或其指定人的名称；

六、本票的出票日和出票地；

七、签发本票者（出票人）的署名。

第七十六条　欠缺前条规定事项之一的证券不具有本票的效力，但以下各款规定的情形不在此限。

本票未记载到期日的，视为见票即付。

出票地无特别表示的，视为付款地和出票人的住所地。

本票上未记载出票地的，出票人名称中所附记的地址视为出票地。

第七十七条　下列关于汇票的规定，以不违反本票性质为限，准用于本票：

一、背书（第十一条至第二十条）；

二、到期日（第三十三条至第三十七条）；

三、付款（第三十八条至第四十二条）；

四、因拒绝付款的追索（第四十三条至第五十条、第五十二条至第五十四条）；

五、参加付款（第五十五条、第五十九条至第六十三条）；

六、誊本(第六十七条及第六十八条);

七、变造(第六十九条);

八、时效(第七十条及第七十一条);

九、休假日、期限的计算及宽限日的禁止(第七十二条至第七十四条)。

下列关于汇票的规定也准用于本票:汇票在第三人住所或付款人住所以外的地点付款(第四条及第二十七条)、利息的约定(第五条)、关于付款金额记载的差异(第六条)、在第七条规定的条件下署名的效果、无权限或超越权限的人署名的效果(第八条)及空白汇票(第十条)的规定。

关于保证的规定(第三十条至第三十二条)也准用于本票。在第三十一条第四款规定的情形下,如未表示保证是为何人作出的,视为为本票出票人作出。

第七十八条　本票出票人与汇票承兑人负担的义务相同。

见票后定期付款的本票,须在第二十三条规定的期限内向出票人提示见票。见票后的期限,自出票人在本票上记载见票的旨意并进行署名之日起算。出票人拒绝记载附日期的见票旨意时,须作成拒绝证书证明(第二十五条)。作成拒绝证书的日期,即为见票后期限的开始日。

附　　则

第七十九条　本法的施行日期由敕令规定。

第八十条　删除《商法》第四编第一章至第三章及《商法施行法》第一百二十四条至第一百二十六条。但在《商法》或其他法令适用上应依上述各条时,其仍有效力。

第八十一条 本法施行前签发的汇票及本票，仍适用此前的规定。

第八十二条 本法中的署名，包括记名盖章。

第八十三条 第三十八条第二款(包括准用第七十七条第一款的情形)的票据交换所，由法务大臣指定。

第八十四条 作成拒绝证书的有关事项由敕令规定。

第八十五条 由汇票或本票所产生的权利虽因手续欠缺或时效届满而消灭，持票人仍得向出票人、承兑人或背书人请求在其所获利益的限度内偿还。

第八十六条 背书人对其他背书人及出票人的汇票或本票请求权的消灭时效，在后者被诉并对前者进行诉讼告知的情形下，直至诉讼终止(依据确定判决或与确定判决有同一效力的、与该诉有关的权利未确定时诉讼即终止的场合，在该诉终止之日起六个月后)前的这段时间内不完成。

在前款的情形下，依据确定判决或与确定判决有同一效力的、与该诉有关的权利确定时，时效自诉讼终止之时起重新起算。

第八十七条 本法中所谓休假日，系指祭祀日、节日、星期日、其他普通休息日以及政令所规定的日期。

第八十八条 汇票及本票义务人的行为能力，依其本国法律确定。如其本国法律规定依他国法律确定时，适用他国法律。

虽依前款法律为无行为能力人，如在他国领域内署名，根据该他国法律应为有行为能力人时，则其须承担责任。

第八十九条 汇票及本票上的行为方式，依署名地所属国的法律确定。

汇票及本票上的行为虽依前款项定无效，如依此后行为地所属国法律符合形式时，则此前行为的不符合形式不妨碍此后行为的效力。

日本人在外国所为的汇票及本票行为，若符合日本法律规定的方式，则对其他日本人有效。

第九十条　汇票承兑人及本票出票人的义务的效力，依该证券付款地所属国的法律确定。

除前款所述的人外，因汇票或本票债务人的署名而产生的效力，依署名地所属国的法律确定。但行使追索权的期限，对一切署名者均依证券出票地所属国的法律确定。

第九十一条　汇票持票人是否取得作为证券签发原因的债权，依证券出票地所属国的法律确定。

第九十二条　汇票承兑是否可限于票据的部分金额，以及持票人是否有义务接受部分付款，依付款地所属国的法律确定。

前款规定适用于本票的付款。

第九十三条　拒绝证书的方式及作成期限，以及其他行使或保全汇票及本票权利所必要的行为的方式，依应作成拒绝证书地或其行为地所属国的法律确定。

第九十四条　汇票或本票丧失或被盗时应办理的手续，依付款地所属国的法律确定。

《日本支票法》

施行:1934 年 1 月 1 日。

修改:1947 年法律第 195 号、1952 年法律第 268 号、1981 年法律第 61 号、1999 年法律第 151 号、2002 年法律第 100 号、2004 年法律第 147 号、2006 年法律第 78 号、2017 年法律第 45 号。

第一章　支票的出票及方式

第一条　支票须记载下列事项:

一、以作成该证券的语言,在证券文句中记载表明其为支票的文字;

二、支付一定金额的单纯委托;

三、支付者(付款人)的名称;

四、付款地;

五、支票的出票日及出票地;

六、签发支票者(出票人)的署名。

第二条　缺少前条规定事项之一的证券不具有支票效力,但以下各款规定的情形不在此限。

付款人名称中所附记的地址无特别表示的,视为付款地。付款人名称中附有数个地址时,支票应在最初记载的地址付款。

若无前款的记载或其他表示的,支票应在出票地付款。

未记载出票地的,支票视为在出票人名称中所附记的地址签发。

第三条　支票应向在提示支票时有出票人可处分资金的银行签发，且需符合出票人以支票处分资金的明示或默示的契约。但即使未依上述规定签发，也不影响证券作为支票的效力。

第四条　支票不得承兑。支票记载承兑的，视为无记载。

第五条　支票可以下列任何一种方式签发：

一、记名式或指示式；

二、记名式支票上记载“禁止指示”的文字或与其相同意义的文句；

三、付款给来人式。

记名支票上记载“或付款给来人”的文字或与其相同意义的文句的，视为付款给来人式支票。

支票未记载收款人的，视为付款给来人式支票。

第六条　支票可以出票人本人为收款人签发。

支票可为第三人利益签发。

支票可以出票人本人为付款人签发。

第七条　支票上记载了对利息的约定的，视为无记载。

第八条　支票可在第三人的住所地付款，而无论支票是在付款人的住所地或其他地点，但该第三人须为银行。

第九条　支票金额以文字和数字记载时，金额有差异的，则以文字记载的金额为支票金额。

支票金额以文字或数字重复记载时，金额有差异的，则以最小金额为支票金额。

第十条　支票上虽有无承担支票债务行为能力人的署名、伪造的署名、假设人的署名或者因其他事由不能使署名人或其本人承担义务的署名，不影响其他署名人的债务效力。

第十一条　没有代理权的人以代理人名义在支票上署名的，应当自行承担支票义务，其在付款后享有与被代理人相同的权利。此规则也适用于超越代理权限的代理人。

第十二条 出票人担保付款。出票人记载不担保付款旨意的一切文句，均视为无记载。

第十三条 对出票时填写不完全的支票，如不按事先达成的合意进行补充，不得以违反合意为由对抗持票人。但持票人取得汇票时有恶意或重大过失的，不在此限。

第二章 转 让

第十四条 记名式或指示式支票可以通过背书转让。

记名式支票记载了“禁止指示”的文字或与其相同意义的文句的，应依据《民法》(1896年法律第八十九号)第三编第一章第四节规定的债权转让的方式进行转让，且仅产生该债权转让的效力。

背书可以对出票人或其他债务人作出。这些人可将支票再作背书。

第十五条 背书必须是单纯的。背书中所附的条件，视为无记载。

部分背书无效。

付款人的背书也无效。

付款给来人的背书与空白背书具有相同效力。

对付款人所作的背书仅产生受领证书的效力；但付款人有数个营业场所时，对支票应付款营业场所以外的营业场所作的背书，不在此限。

第十六条 背书须记载在支票或与之结合的纸片(粘单)上，并由背书人署名。

背书可以不指定被背书人，也可以只由背书人署名(空白背书)。在后者的场合，背书须写于支票背面或其粘单上，否则不具有效力。

第十七条　背书转移由支票产生的一切权利。

背书为空白背书时，持票人可以：

一、在空白处补充自己或他人的名称；

二、将支票再作空白背书或者记载他人名称后再次背书；

三、在不补充空白且不背书的情况下将支票转让给第三人。

第十八条　背书人担保付款，但记载相反文句的除外。

背书人可以禁止再背书。在此场合，背书人对支票此后的被背书人不负担保责任。

第十九条　支票占有人通过背书连续来证明其权利时，应被视为合法的持票人。最后背书虽为空白背书的场合，同样适用此规定。在此情形下，已涂销的背书视为无记载。空白背书后有其他背书的，该背书人视为因空白背书而取得支票。

第二十条　付款给来人式支票背书时，背书人应根据有关追索的规定承担责任。但是该证券不因此而变为指示式支票。

第二十一条　当一个人不论因何种事由丧失对支票的占有之时，若持票人所持有的支票为付款给来人式支票或可以背书的支票，且该持票人依据第十九条的规定证明了权利，则其对丧失支票占有的人不负返还义务。但其因恶意或重大过失取得支票的，不在此限。

第二十二条　依据支票接受请求的人，不得以其与出票人或者与持票人的其他前手之间个人关系产生的抗辩对抗持票人。但持票人在取得支票时明知会损害债务人的，不在此限。

第二十三条　当背书上有“为收款”“为托收”“为代理”或其他仅表示委任的文句时，持票人可以行使由支票产生的一切权利，但持票人仅能为代理而背书。

在前款场合，债务人仅得依据对背书人的抗辩对抗持票人。

代理背书所作的委任，不因委任人的死亡或其行为能力受限而终止。

第二十四条　拒绝证书或与之效力相同的声明作成之后的背书，

或提示期限届满之后的背书，仅有指名债权转让的效力。

没有记载日期的背书，推定为在拒绝证书或与之效力相同的声明作成之前，或提示期限届满之前作出。

第三章　保　　证

第二十五条　支票的全部或部分金额可依保证的方式担保付款。

上述保证可以由付款人以外的第三人或者支票上的署名人作出。

第二十六条　保证必须在支票或其粘单上作出。

保证应以“保证”或其他具有相同意义的文字表示，并由保证人署名。

仅在支票票面上署名将被视为保证，但出票人的署名不在此限。

保证需要表明为何人所作。未表明时，视为为出票人保证。

第二十七条　保证人与被保证人负有相同责任。

被保证债务除存在形式上的瑕疵外，在其因任何其他事由而无效时，该保证仍为有效。

保证人为支票付款后，取得被保证人及其对票据上债务人的由票据产生的权利。

第四章　提示及付款

第二十八条　支票为见票即付票据，与之相反的一切记载视为未记载。

在出票日记载的日期前为付款提示的支票，视为应在提示日付款的支票。

第二十九条　在国内出票及付款的支票，须在十日内提示付款。

付款国与出票国不同的支票，出票地与付款地为同一洲时应在二十日内提示，出票地与付款地为不同洲时应在七十日内提示。

关于前款，在欧洲的一国出票并在地中海沿岸的一国付款的支票，或者在地中海沿岸的一国出票并在欧洲的一国付款的支票，视为在同一洲内出票及付款。

本条所述期限的起算日，为支票出票日所记载的日期。

第三十条　支票在日历不同的两地之间出票的，出票日应换算为付款地日历的相应日期。

第三十一条　在票据交换所提示支票，具有提示付款的效力。

第三十二条　支票付款委托的取消，仅在提示期限届满后生效。

付款委托未取消的场合，付款人在期限届满后仍应付款。

第三十三条　出票人在出票后死亡、丧失意思能力或行为能力受限制的，不影响支票的效力。

第三十四条　支票付款人在付款时，可以请求持票人在支票上记载签收字样并交付支票。

持票人不得拒绝部分付款。

在部分付款的情形下，付款人可以请求持票人在支票上记载部分付款旨意并交付收据。

第三十五条　支付可背书支票的付款人对背书是否连续有调查义务，但对背书人的署名无调查义务。

第三十六条　对于载有以非付款地货币付款约定的支票，应在提示期内根据付款日的价格以该国的货币支付。在提示而未得到付款时，持票人可自行选择，根据提示日或付款日的汇率请求以该国的货币支付支票金额。

外币价格按付款地惯例决定。但出票人可以在支票上记载，按既定换算率计算付款金额。

出票人记载以特定货币支付的情形下（以外币现实支付的文句），不适用前两款规定。

出票国和付款国的货币同名异价时，推定以付款地货币确定汇票金额。

第五章 划线支票

第三十七条 支票的出票人或持票人可以在支票上划线。划线可产生下条规定的效力。

划线应在支票的正面划两条平行线。划线可分为普通划线和特定划线。

如在两条线内不作任何指定或者记载了“银行”或与之相同意义的文字的，则为普通划线。如在两条线内记载了银行名称的，则为特定划线。

普通划线可以变更为特定划线，但特定划线不可变更为普通划线。

平行线或被指定银行的名称被涂销的，视为未涂销。

第三十八条 普通划线支票的付款人仅能对银行或付款人的客户付款。

特定划线支票的付款人仅能对被指定银行付款，或在被指定银行为付款人时，应对自己的客户付款。但被指定银行可委托其他银行代为收款。

银行仅能从其客户或其他银行处取得划线支票，银行不得委托此人等以外的主体代为收款。

如支票上有多处特定划线，付款人不得付款。但支票上有两处划线，且其中之一系为委托票据交换所代为收款所作的，不在此限。

如付款人或银行不遵守前四款规定，应对由此产生的损害承担赔偿责任，但以支票金额为限。

第六章　因拒绝付款而产生的追索

第三十九条　在合法期限内提示支票但未获付款的，以下列任一方式证明拒绝付款时，持票人可向背书人、出票人及其他债务人行使追索权：

一、公证书（拒绝证书）；

二、支票上记载了提示日期，且附作成日期的付款人声明；

三、票据交换所记载附日期的声明，证明该支票在合法期限内提示但未获付款。

第四十条　拒绝证书或与之效力相同的声明须在提示期限届满前作成。

在提示期限的最后一日提示的，拒绝证书或与之效力相同的声明可在提示日后的第一个营业日作成。

第四十一条　持票人须在拒绝证书或与之效力相同的声明作成之日后四个营业日内，将拒绝付款的事宜通知自己的背书人和出票人；如支票上有"退票时不承担费用"文句的，须在提示日后四个营业日内进行上述通知。各背书人须在收到通知后两个营业日内，将收到通知的事宜通知其前手背书人，并载明前述通知者的名称及地址，依次通知，直至出票人。此期限从各自收到通知之日起算。

按前款规定通知支票署名人时，须在同一期限内将同一内容通知其保证人。

背书人的地址未载明或其记载难以辨认的情形下，通知该背书人的直接前手即可。

应发出通知的人可以任何方式进行通知，也可仅通过返还支票进行通知。

应发出通知的人须证明其在合法期限内已发出通知。在此期限内,通知以书面形式邮局寄出或使用《关于民间事业者送达书信的法律》(2002 年法律第九十九号)第二条第六款规定的一般书信送达事业者或者同条第九款规定的特定书信送达事业者提供的同条第二款规定的书信送达服务寄出时,视为已遵守规定期限。

未在前款期限内发出通知的人不会丧失其权利,但其因过失产生损害的,须在不超出汇票金额的范围内承担赔偿责任。

第四十二条 出票人、背书人或保证人在证券上署名并记载"退票时不承担费用""免作拒绝证书"或其他具有相同意义的文句的,持票人在行使追索权时可以免于作成拒绝证书或与之效力相同的声明。

前款的文句,并不免除持票人在法定期限内提示支票及通知的义务。持票人不遵守期限的事实,须由援引该事实的人予以证明。

出票人记载第一款的文句时,对所有署名人均产生效力。背书人或保证人作此记载时,只对该背书人或保证人产生效力。如果持票人不顾出票人所记载的文句而作成拒绝证书或与之效力相同的声明,其费用由持票人承担。背书人或保证人作此记载的,作成拒绝证书或与之效力相同的声明的人可以向所有署名人请求偿还费用。

第四十三条 支票上的各债务人共同对持票人承担责任。

持票人可以不按债务负担的顺序,对前款所述债务人个别或共同行使请求权。

支票署名人收回支票后,也享有上述相同的权利。

对债务人之一行使请求权,不妨碍对其他债务人行使请求权。对被请求债务人的后手亦同。

第四十四条 持票人可以向被追索人请求下列金额:

一、未获付款的支票金额;

二、提示日后按法定利率(在国内出票和支付的支票以外其他支票年利率为 6%,下条第二项亦同)计算的利息;

三、拒绝证书或与之效力相同的声明的费用、通知的费用以及其他费用。

第四十五条　收回支票的人可以向其前手请求下列金额：

一、其支付的总金额；

二、前项金额自付款日后，按法定利率计算的利息；

三、其支出的费用。

第四十六条　已被追索或应被追索的债务人在付款后，可请求持票人交付拒绝证书或与之效力相同的声明、载明已签收的清单以及支票。

背书人收回支票后，可以涂销自己及后手的背书。

第四十七条　如因不可避免的障碍（依国家法令而禁止或其他不可抗力）而未在法定期限内提示支票或者作成拒绝证书或与之效力相同的声明，则此期限应予延长。

持票人应将不可抗力立即通知其背书人，并将通知记载在支票或其粘单上，署名并附上日期。其他有关事项，准用第四十一条的规定。

不可抗力终止后，持票人应立即将支票提示付款，并在必要时作成拒绝证书或与之效力相同的声明。

持票人将不可抗力通知背书人之日起十五日后，不可抗力情形仍在延续的，即使提示期限尚未届满，持票人可不提示或者不作成拒绝证书或与之效力相同的声明而行使追索权。

持票人的纯个人事由，或者经持票人委托作成拒绝证书或与之效力相同的声明之人的纯个人事由，均不构成不可抗力。

第七章　复　　本

第四十八条　在一国出票并在他国或出票国的海外领土付款的支票、在一国的海外领土出票并在该国付款的支票、在一国的同一海外领土出票并付款的支票或在一国的海外领土出票并在该国的其他海外领土付款的支票，均可签发内容相同的数份复本，但付款给来人式的支票除外。签发数份复本时，须在证券文句中附编号。如无编号，各份复本应视为独立的支票。

第四十九条 就一份复本付款时，虽然支票上未记载此付款使其他复本无效，也免除对其他复本的付款义务。

背书人及其后手背书人将复本分别让与数人时，须就经其署名而未收回的各复本承担责任。

第八章 变 造

第五十条 支票的文句如有变造的，变造后的署名者依变造后的文句负责，变造前的署名者依原文句负责。

第九章 时 效

第五十一条 持票人对背书人、出票人及其他债务人的追索权，自提示期限届满之日起六个月后时效届满。

应对支票付款的债务人对其他债务人的追索权，自其收回支票之日或被起诉之日起六个月后时效届满。

第五十二条 时效的延期完成或更新，仅对发生该事由的人有效。

第十章 付款保证

第五十三条 付款人可在支票上作付款保证。

付款保证须在支票票面上记载“付款保证”或其他表示付款的文字，并附日期和付款人署名。

第五十四条　付款保证须单纯。

因付款保证而对支票记载事项所作的变更，视为未记载。

第五十五条　作出付款保证的付款人，仅在提示期限届满前提示支票的场合承担付款义务。

如为前款的提示但未获付款的，应依第三十九条的规定进行证明。

第四十四条及第四十五条的规定，准用于前款情形。

第五十六条　出票人及其他支票债务人，不因付款保证而免除其责任。

第五十七条　对作出付款保证的付款人行使权利，准用第四十七条的规定。

第五十八条　对作出付款保证的付款人的支票请求权，在提示期限届满后一年时效届满。

第十一章　通　　则

第五十九条　本法中的“银行”，包括依据法令视为银行的人或机构。

第六十条　支票的提示及拒绝证书的作成，仅能在营业日进行。

有关支票行为，特别是提示或者作成拒绝证书或与之效力相同的声明，如法令规定期限的最后一日为法定休假日的，则期限延长至到期日后的第一个营业日。期限中的休假日，须计入期限。

第六十一条　本法规定的期限，不包括该期限的第一日。

第六十二条　无论是法律上的或诉讼上的宽限日，均不予认可。

附　　则

第六十三条　本法的施行日期由敕令规定。

第六十四条 删除《商法》第四编第四章。

第六十五条 本法施行前签发的支票，仍适用此前的规定。

第六十六条 本法施行后六个月内在日本签发的支票，即使未记载出票地，仍有支票的效力。

第六十七条 本法中的署名，包括记名盖章。

第六十八条 在朝鲜、中国台湾地区、桦太、关东州、南洋群岛或以敕令指定的亚洲地区签发并在日本内地付款的支票，其提示期间可依敕令延长。

第六十九条 第三十一条的票据交换所，由法务大臣指定。

第七十条 作成拒绝证书的有关事项由敕令规定。

第七十一条 支票出票人违反第三条规定时，处 5000 日元以下的罚款。

第七十二条 支票权利虽因手续欠缺或时效届满而消灭，持票人仍得向出票人、背书人或作出付款保证的付款人请求在其所获利益的限度内偿还。

第七十三条 背书人对其他背书人及出票人的支票请求权的消灭时效，在后者被诉并对前者进行诉讼告知的情形下，直至诉讼终止(依据确定判决或与确定判决有同一效力的、与该诉有关的权利未确定时诉讼即终止的场合，在该诉终止之日起六个月后)前的这段时间内不完成。

在前款的情形下，依据确定判决或与确定判决有同一效力的、与该诉有关的权利确定时，时效自诉讼终止之时起重新起算。

第七十四条 出票人或持票人在证券正面记载“用于转账”或有相同意义的其他文字，而禁止现金付款的支票，如在外国签发而在日本付款的，具有普通划线支票的效力。

第七十五条 本法中所谓休假日，系指祭祀日、节日、星期日、其他普通休息日以及政令所规定的日期。

第七十六条 支票义务人的行为能力，依其本国法律确定。如其本国法律规定依他国法律确定时,适用他国法律。

虽依前款法律为无行为能力人,如在他国领域内署名,根据该他国法律应为有行为能力人时,则其须承担责任。

第七十七条　支票付款人的资格,依付款地所属国的法律确定。

依付款地所属国法律,虽因无资格者为付款人而致支票无效时,也不妨碍因该付款人在无相同规定的他国领域署名而产生的债务效力。

第七十八条　支票上的行为方式,依署名地所属国的法律确定,但依付款地所属国法律规定的方式即可。

支票上的行为虽依前款规定无效,如依此后行为地所属国法律符合形式时,则此前行为的不符合形式不妨碍此后行为的效力。

日本人在外国所为的支票行为,若符合日本法律规定的方式,则对其他日本人有效。

第七十九条　因支票产生的义务的效力,依署名地所属国的法律确定。但行使追索权的期限,对一切署名者均依证券出票地所属国的法律确定。

第八十条　下列事项依支票付款地所属国的法律确定:

一、支票是否须为见票即付、是否得签发为见票后定期付款支票,以及远期支票的效力;

二、提示期限;

三、支票是否可为承兑、付款保证、确认或查证,以及此等记载的效力;

四、持票人能否请求部分付款,以及有无义务接受部分付款;

五、支票上可否划线、可否记载"转账结算"或与之相同意义的文字,以及支票上的平行线或"转账结算"或与之相同意义的文字记载的效力;

六、持票人对资金有无特别权利,以及此权利的性质;

七、出票人可否撤销支票的付款委托,可否作出止付手续;

八、支票丧失或被盗时应办理的手续；

九、为保全对背书人、出票人及其他债务人的追索权，是否须作成拒绝证书或与之相同效力的声明。

第八十一条 拒绝证书的方式及作成期限，以及其他行使或保全支票权利所必要的行为的方式，依应作成拒绝证书地或其行为地所属国的法律确定。

英　国

《英国 1882 年票据法》

一项关于编纂汇票、支票和本票相关法律的法案。

1882 年 8 月 18 日

第一章　序　　言

第一条　简称

本法名为《1882 年票据法》。

第二条　术语解释

在本法中，除非条文另有解释外，——

“承兑”是指通过交付或通知而完成的承兑。

“诉讼”包括反诉和抵销。

“银行”包括从事银行业务的法人组织或非法人组织。

“破产人”包括根据现行破产法的规定将财产委托给托管人或财产管理人的任何人。

“持票人”是指占有付款给持票人的汇票或本票的人。

“Bill”是指汇票，“Note”是指本票。

“交付”是指从一人到另一人实质或推定的转让占有。

“票据持有人”是指汇票或本票的收款人或被背书人，或票据的持票人。

“背书”是指依交付完成的背书。

“签发”是指将格式完备的汇票或本票首次交付给票据持有人。

“人”包括法人组织和非法人组织。

“邮局”的含义是由 2011 年《邮政服务法》第 27 条所赋予。

“价值”是指有价值的对价。

“书面”包括印刷物,“书体”包括印刷体。

第二章 汇 票

第一节 格式和解释

第三条 汇票的定义

(1) 汇票是一人向另一人出具的无条件书面委托,由出具人签名,要求对方见票或定期或未来特定时期,向特定人(或按特定人的委托)或持票人支付一定金额。

(2) 不具备上述要件的文书或在支付款项外附加其他指令的票据,均不构成汇票。

(3) 在本条定义范围内,凡委托中规定以特定资金支付的不属于无条件支付;但是无限制的支付委托附有下列事项的,仍属于无条件的委托:

(a) 付款人指明特定资金用以偿还自己的或将金额借入其他特定账户的;

(b) 说明形成汇票的交易。

(4) 票据不因以下原因而无效:

(a) 未载明日期的;

(b) 未注明所给予的对价或已经给予的对价;

(c) 未载明出票地或付款地。

第四条 本国汇票和国外汇票

(1) 本国汇票是指具有下列内容或在票面文义内载明下列内容:

(a) 出票和付款均在不列颠群岛境内;

(b) 在不列颠群岛境内签发以境内居民为付款人。除此以外的任何其他汇票为外国汇票。

基于本法,“British Islands”是指大不列颠及爱尔兰联合王国的任何地区,马恩岛、根西岛、泽西、奥尔德尼、萨尔克以及归属于女王陛下管辖的其他毗连岛屿。

(2) 除票面上有相反的表示外,持票人可将汇票视为国内汇票。

第五条　汇票不同当事人同属一人时的效力

(1) 汇票签发应向出票人或其指定人付款;或向付款人或其指定人付款。

(2) 汇票出票人与付款人为同一人,或付款人为虚构,或无缔约能力,持票人可自行选择视该票据为汇票或本票。

第六条　开致付款人

(1) 汇票须载明付款人姓名,或以其他合理方式表示。

(2) 汇票可以二人以上为共同付款人,不论其是否为合伙。但开致以二者择一的方式提出或连续向两个人以上的付款人提出的,不是汇票。

第七条　确定的收款人

(1) 当汇票不以持票人为收款人,其票面必须载明收款人姓名,或以其他合适的方式表示。

(2) 汇票可以二人以上为共同收款人,也可以选择二者之一或数人中的一人或若干人为收款人。汇票也可以付款给当时担任某职位的人。

(3) 当收款人为虚构或并不存在时,该汇票应视持票人为收款人。

第八条　可流通汇票

(1) 若汇票载有禁止转让字样,或表明不得转让的意图的,该汇票在各方当事人之间有效,但不得转让流通。

(2) 可流通汇票可按指示付款或向持票人付款。

(3) 汇票载明向持票人付款，或汇票仅有或最后的背书为空白背书的，均属于向持票人付款的汇票。

(4) 汇票载明按指示付款，或汇票载明向特定第三人付款的，同时并无禁止转让或表示禁止转让意图的记载的，均属于凭指示付款汇票。

(5) 若汇票签发或背书时载明向特定人指示付款，并未载明付款给其本人或凭其指示付款的，可由该人自行选择付款给本人或指定人收款。

第九条 应付金额

(1) 本法所指汇票的应付金额是确定的金额，即使要求支付——

(a) 利息；

(b) 指明的分期付款；

(c) 指明的分期付款，并规定任何一期未能如期获款的，全部款项即为到期；

(d) 依据载明的汇率，或根据汇票指示所确定的汇率。

(2) 若汇票的应付金额同时以文字和数字表示，而两者有差异的，应以文字所记载金额为准。

(3) 汇票载明支付带有利息的，除汇票另有其他规定外，利息应自汇票出票日起算，未载明日期的，自签发日起算。

第十条 即期汇票

(1) 即期汇票是指——

(a) 票面载明凭票，或见票，或经提示付款；或

(b) 票面未载明付款日期。

(2) 到期后进行承兑或背书的汇票，对承兑人或背书人而言，为即期汇票。

第十一条 定期汇票

本法所规定的在未来一定日期付款的汇票，是指在汇票上载明——

(1) 在出票日后或见票后定期付款;

(2) 在特定事件发生后一定期间付款,该事件是必然发生的,尽管特定事件发生时间不确定。

载明偶然事件发生后付款的不属于汇票,即使该事件发生亦不能弥补其瑕疵。

第十二条　出票后付款的汇票上遗漏日期

载明于签发后一定期间付款而未注明签发日期的汇票,或载明于见票日后一定期间付款而未载明承兑日期的汇票,任何持票人可以在汇票上填补签发或承兑的真实日期,汇票应据此付款。

如果(1)善意持票人失误填入错误日期,且(2)填入错误日期时,该汇票最终由正当持票人持有,则汇票不因此无效,应将所填日期时视作真实日期以此付款。

第十三条　日期的提前和延迟

(1) 汇票上或承兑、背书载有日期的,除非有相反的证明外,应当认定该日期为真实的出票日、背书日或承兑日。

(2) 汇票不因日期的提前或延迟,及所载日期为星期日而无效。

第十四条　付款日的计算

非即期付款的汇票,其到期日的确定如下:

(1) 在任何情况下,汇票规定的付款期最后一日为汇票的到期日和付款日,若最后一日为非营业日,则顺延到下一个营业日。(原条款已被 1971 年《银行和金融交易法》所取代)

(2) 若汇票规定在出票日、见票日或特定事件发生日后的一定期间付款,其付款日的计算不包括开始之日(出票日、见票日等)而包括付款之日。

(3) 若汇票规定在见票后的一定期间付款,若汇票已经承兑,则自承兑日起算;若汇票被拒绝承兑或拒绝付款而经公证或作成拒绝证书的,则其到期日自公证之日或拒绝证书作成之日起算。

(4) 汇票上所称的“月”,即指日历上的月。

第十五条 预备付款

汇票出票人和任何背书人应在汇票上填入第三人姓名，使持票人可在需要时向其求助。换言之，当汇票因不获承兑或不获付款而退票时，这类人被称作“预备付款人”。持票人可以在认为适当的情形下自行决定是否求助预备付款人。

第十六条 出票人或背书人的任意性记载

出票人和任何背书人可在汇票上载明——

(1) 拒绝或限制其对持票人承担责任。

(2) 免除持票人对其自身的部分或全部责任。

第十七条 承兑的定义和要件

(1) 汇票的承兑，是付款人同意出票人指示的意思表示。

(2) 汇票承兑除符合下列条件外应属无效：

(a) 承兑必须书写在汇票上，并由付款人签名。仅有付款人签名而无其他文字的，符合承兑要求；

(b) 付款人不得在汇票上记载除支付款项以外的其他履行承诺的方式。

第十八条 承兑时间

汇票可在下述情况下承兑——

(1) 在出票人签名之前，或在其他事项未完成时。

(2) 汇票已经逾期，或先前被拒绝承兑或不获付款而退票时。

(3) 见票后定期付款的汇票因拒绝承兑而退票，付款人后又予以承兑，在无其他异议情况下，持票人有权以首次向付款人提示承兑之日作为承兑日。

第十九条 一般承兑和附条件承兑

(1) 承兑可以分为(a) 一般承兑；(b) 附条件承兑。

(2) 一般承兑为无条件同意出票人的委托。附条件承兑以明示条件限制承兑，影响汇票签发时的效力。

特别是下列情况下的承兑，为附条件承兑——

(a) 附条件的，即承兑人在汇票所附条件成就时付款；

(b) 部分的，即仅对汇票上签发的部分金额承兑付款；

(c) 指定付款地承兑，承兑付款仅限于特别指定地点；除承兑时载明该汇票只能在特定地点而不能在其他地点付款之外，指明特定地点付款的承兑仍应是一般承兑；

(d) 对时间附条件的；

(e) 多个付款人中一人或数人承兑，而非全体承兑。

第二十条　不完全票据

(1) 仅在空白处签名……由签名人交付使之转变为汇票，故将空白格式视作表面授权而予以填写使其成为具有金额的完全汇票……其签名为出票人、承兑人或背书人签名；按相同的方式，汇票持有人享有表面授权，以其认为合适的方法填补汇票上欠缺的重要记载事项。(省略部分已被 1970 年《金融法》所废除)

(2) 为使此类票据经补齐后能够对补齐前已对票据承担责任的当事人产生效力，必须在合理期间内严格按照授权补齐。为此目的而称的合理期间属于事实问题。

如果票据在补齐后流通到正当持票人手中，就该人而言该票据是有效的、可执行的，其可认定该票据是在合理期间内严格按照授权补齐。

第二十一条　交付

(1) 出票人、承兑人、背书人在票据上的每一个约定，在票据交付使其生效前，均认为是未完成且可撤销的。

若汇票书面载明承兑，且付款人已发出作出承兑的通知，或按照对汇票享有所有权的人指示作出承兑，该项承兑是完全的并且不可撤销。

(2) 在直接当事人间，以及就正当持票人以外的间接关系人而言，汇票的交付——

(a) 为使交付有效，应根据情况由出票、承兑、背书当事人作出或授权作出；

(b) 交付可以表明为附条件或仅为特定目的而进行，并且此类交付不以转移汇票所有权为目的。

但若汇票由正当持票人所持有，则应推定汇票所有前手的交付有效，从而使所有前手对其承担责任。

(3) 若汇票不再由签名的出票人、承兑人或背书人占有，除有相反证明外，应推定其已完成有效的无条件交付。

第二节　当事人的能力和权限

第二十二条　当事人的行为能力

(1) 汇票当事人承担责任的能力，与其缔约能力相同。

本条未规定法人组织可作为出票人、承兑人或背书人对汇票负责。除非依据现行有关公司的法律，法人组织有资格作为出票人、承兑人或背书人对汇票负责。

(2) 若汇票由婴儿、未成年人或无能力承担签发汇票责任的法人组织签发或背书，该出票和背书仍使持票人有权获取付款，并可以对抗汇票上任何其他当事人。

第二十三条　承担责任必须签名

未在汇票上签名的出票人、背书人或承兑人对汇票不承担责任，但若：

(1) 某人以其商号或虚构的名称在汇票上签名的，应视为签署本名，对汇票承担责任。

(2) 以商号签名等同于对商号负有责任的全体合伙人签名。

第二十四条　伪造或未经授权的签名

根据本法规定，如汇票上签名系伪造或未经被签名人授权，则伪造或未经授权的签名完全不产生效力，同时无权通过该签名保留汇票或解除汇票责任，或要求汇票上任何当事人履行付款，除非对保留汇票表示同意或对汇票负有付款责任的当事人能够排除伪造或未经授权事实的发生。

但本条并不影响对未经授权而非伪造的签名的追认。

第二十五条　委托代理的签名

委托代理的签名表明，代理人仅具有有限的签名权，并且委托人仅在该签名代理人在实际授权范围内签名时才承担责任。

第二十六条　以代理人或代表身份签名的人

(1) 作为出票人、背书人或承兑人在汇票上签名后，并加注说明其签名是代表委托人签名，或说明其签名具有代表性质，则对汇票不承担个人责任；但加注仅说明其是代理人或充当代表人的，则不得免除个人责任。

(2) 决定汇票上的签名是由委托人或代理人所手签，应采取对票据有效性最为有利的推定。

第三节　汇票的对价

第二十七条　对价与已付对价的持票人

(1) 汇票的对价应包括——

(a) 任何足以构成简单合同之对价；

(b) 发生在票据之前的已有债务或责任。不论是即期汇票或远期汇票，该债务或责任均视为有对价。

(2) 在任何时候如果已为汇票支付了对价，则对承兑人和此前的全体汇票当事人而言，该持有人被视为已付对价持票人。

(3) 汇票持有人对汇票享有留置权，不论该留置权源于合同或法律规定，该汇票持有人即被视为已付对价持票人，但对价以其享有留置权的金额为限。

第二十八条　融通汇票与融通关系人

(1) 汇票的融通关系人是指作为出票人、承兑人或背书人在汇票上签名，但没有因汇票取得对价，且其目的只在于把姓名出借给他人。

（2）融通关系人对已付对价持票人承担票据责任。当该持票人取得汇票时，是否知悉当事人为融通关系人的，不影响融通关系人承担责任。

第二十九条 正当持票人

（1）正当持票人，是指按照下述条件取得汇票的持有人，且票面保持完全和合格：

（a）在汇票逾期以前成为持有人，若汇票曾有拒付事实而该持票人并不知悉；

（b）持有人善意并支付对价取得汇票，并且受让该汇票时，对让与人在汇票所有权上的任何瑕疵概不知情。

（2）汇票让与人在所有权上的瑕疵，在本法中是指运用欺诈、威胁、暴力和恐吓以及其他违法手段，或以非法对价取得汇票或承兑汇票，或违反诚实信用转让，或在等同欺诈的情况下转让。

（3）汇票持有人（不论是否支付对价）从正当持票人处取得汇票，且其本人不是对汇票产生影响的欺诈或非法行为的参与者，该持有人享有正当持票人对承兑人及汇票上所有关系人的全部权利。

第三十条 对价和善意的推定

（1）在汇票上签名的任何当事人，表面上均视为取得对价的当事人。

（2）任何持票人在表面上均视为正当持票人，但在票据诉讼中经承认或证明票据承兑、签发或其后的流通转让受到欺诈、胁迫或暴力和恐吓或不法手段的影响时，其举证责任转移到该持票人，除非持票人能够证明在欺诈或不法手段后，以善意并支付对价取得汇票，不在此限。

第四节 汇票的流通

第三十一条 汇票的流通

（1）汇票的流通是汇票从某一人向另一人转让，以使受让人成为汇票持有人。

(2) 向持票人付款的汇票,经交付即可流通转让。

(3) 指示付款的汇票,经持票人背书并通过交付而流通。

(4) 持票人将其本人指示付款的汇票未经背书而予以转让收取对价的,该项转让是把持票人对汇票上的所有权转移给受让人。此外,受让人享有让转让人在汇票上加注背书的权利。

(5) 任何以代表人资格而对汇票上的背书承担票据责任的人,可以在背书时加注个人不承担票据责任。

第三十二条　有效背书的要件

以流通为目的的背书,必须依照下列条件进行,即:

(1) 必须在汇票上写明并由背书人签名。汇票上仅有背书人签名而无其他文句,亦构成有效背书。

凡在汇票的粘单,或在承认汇票"副本"的国家里签发或流通的汇票"副本"上背书的,视同写在汇票上。

(2) 背书必须是对汇票上全部金额背书。部分背书,即意图将汇票上应付金额的部分转让给被背书人的背书,或旨在将汇票分别转让给两名或两名以上被背书人的背书,不能起到使汇票流通的效果。

(3) 若汇票由二人以上且非合伙的付款人或被背书人指示付款的,必须全体背书,但其中一人有权代表其他人背书的除外。

(4) 指示付款汇票的付款人或被背书人的姓名写错或拼错的,该付款人或被背书人应按照汇票所载字样背书,如其认为有必要,另可加注其本人正确的签名。

(5) 汇票上出现两项或以上背书的,每项背书应认为是按照汇票上出现背书的顺序作出,除非有相反证明。

(6) 背书可以作成空白背书或特别背书,背书可以附条件使其具有限制性。

第三十三条　附条件背书

若汇票的背书附有条件,付款人不受该条件约束,不论其条件是否成就，付款人向被背书人所作的付款应为有效。

第三十四条 空白背书与特别背书

(1) 空白背书是指未指定被背书人的背书，此种背书的汇票应付款给持票人。

(2) 特别背书是指定收款人或指明凭指示付款的背书。

(3) 本法有关收款人的规定，经必要修改后，适用于特别背书的被背书人。

(4) 若汇票作成空白背书，持票人可将空白背书人变更为特别背书，需持票人在签名之上增加附注，指明付款予其本人或凭其指示付款，或付款予其他人或凭其他指示付款。

第三十五条 限制背书

(1) 限制背书是指禁止汇票进一步流通的背书，或表明该背书仅授权代行汇票所载权利义务而非转让汇票所有权的背书。例如，背书指明“仅付款予甲”或“代乙付款予甲”或“付款予甲或凭其委托代收”。

(2) 限制背书给予被背书人收取票款的权利，以及享有背书人所享有的起诉任何汇票当事人的权利，但是除非票据有明确授权，否则被背书人不享有转让其权利的权利。

(3) 若限制背书授权再转让的，则所有后手的被背书人享有与限制背书的第一被背书人相同的权利义务。

第三十六条 逾期汇票或退票汇票的流通

(1) 若汇票自签发即为可流通汇票，则可继续流通，直至(a)作出限制背书或(b)因付款或以其他方式解除责任。

(2) 当逾期汇票流通时，其流通应受到在其到期时该汇票所有权瑕疵的制约，并其后的持有人所享有的权利不得优于前手。

(3) 根据本条的含义与目的，在表面上看来，即期汇票经流通超过不合理期限的，应视为逾期汇票。所谓“不合理期限”应视实际情况而定。

(4) 除非背书上所载明的日期在汇票到期日之后，否则汇票的任何流通在表面上均视为在汇票到期日之前所为。

(5) 若未逾期的汇票已被退票,任何取得汇票并知悉退票事实的人应受到退票时产生的汇票所有权瑕疵的约束,但本款的规定并不影响汇票正当持有人的权利。

第三十七条　向已经负有义务的汇票当事人流通汇票

汇票经流通返回至出票人、前手背书人或承兑人之时,依照本法的规定,可将汇票重新签发再进一步流转,但无权向任何原负有票据义务的中间当事人主张付款。

第三十八条　持票人的权利

持票人享有的权利和权力如下:

(1) 持票人可以其本名提起汇票诉讼。

(2) 若其是正当持票人,其持有的汇票权利不受前手当事人所有权瑕疵的影响,同时不受前手当事人间抗辩事由的影响,并可向所有对汇票负有票据义务的关系人主张付款。

(3) 当持票人所有权具有瑕疵,(a)如持票人将汇票转让给正当持票人,正当持票人取得完全的汇票权利,并且(b)如持票人获得汇票付款,正当付款人对汇票所负的债务得到有效的解除。

第五节　持票人的一般责任

第三十九条　必须提示承兑的汇票

(1) 若汇票为见票后付款,为了确定汇票的到期日,必须作出承兑的提示。

(2) 若汇票明确规定应提示承兑,或规定在付款人营业所或居住地以外地点付款的,在提示付款前必须将汇票提示承兑。

(3) 在其他情况下,为使汇票当事人对汇票负责,并非必须提示承兑。

(4) 在付款人营业地或居住地以外地点付款的汇票,若其持票人尽合理注意后，仍无法在汇票到期日提示付款前提示承兑，则在提示付款前由于提示承兑所发生的延迟可以宽恕，出票人和背书人的义务不因提示承兑延迟而解除。

第四十条 见票即付汇票的提示期间

（1）依本法规定，见票后付款的汇票经流通后，持票人应在合理期限内作出提示承兑，或在合理时间继续流通。

（2）若持票人未按照前款规定办理，出票人及持票人的全体前手背书人解除票据责任。

（3）本条所称的合理期间，应根据汇票的性质、类似汇票交易惯例以及个案的真实情况决定。

第四十一条 提示承兑和免除提示的规则

（1）汇票的适当提示承兑，应按照下述规定进行：

（a）汇票的提示应由持有人或受其委托的人，在汇票到期日前营业日中的合理时间内，向付款人或经授权代付款人履行承兑或拒绝承兑的人作出；

（b）若汇票开致两名或两名以上非合伙付款人的，必须向全体付款人作出提示，除非其中一人有权代表全体承兑，则提示承兑可仅向该付款人作出；

（c）付款人死亡的，汇票的提示应向其个人代表作出；

（d）付款人破产的，汇票的提示应向其本人或受托人作出；

（e）经协议或惯例认可，提示也可以通过邮局作出。

（2）有下列情形之一的，前款规定的提示可以免除，同时汇票应视为因拒绝承兑而退票——

（a）付款人死亡或破产，或付款人为虚构之人或无行为能力订立汇票合同；

（b）经过合理注意后，仍无法作出提示的；

（c）虽然提示不符合规定，但其承兑因其他理由而被拒绝。

（3）持票人有理由相信在提示时汇票将被退票，仍不能免除其提示承兑责任。

第四十二条　拒绝承兑

当汇票已经作出适当的提示承兑，而未在习惯时间内被承兑时，提示人必须视为因拒绝承兑而退票。如不按退票处理，则持票人丧失向出票人及背书人追索的权利。

第四十三条　因拒绝承兑而退票及其后果

（1）汇票因拒绝承兑而退票是指：

（a）汇票经适当的提示承兑，而遭受拒绝或未能获得本法所称的承兑；或

（b）经免除提示承兑的汇票，未被承兑的。

（2）依本法规定，如汇票因拒绝承兑而退票，持票人立即取得向出票人及背书人追索的权利，无须再提示付款。

第四十四条　限制承兑的责任

（1）持票人可拒绝接受附条件承兑，持票人未获得无条件承兑时，可视汇票因拒绝承兑而退票。

（2）凡已接受附条件承兑的，而出票人或背书人并未明示或默示授权持票人接受附条件承兑，或者在其接受后又未予追认的，出票人或背书人可解除汇票责任。

本款规定不适用于已对部分承兑发出通知的部分承兑。对外国汇票作出部分承兑的，其未承兑部分必须作成拒绝证书。

（3）汇票的出票人或背书人接受附条件承兑的通知，而未在合理期限内向持票人作出反对的表示，应视为出票人或背书人同意该项附条件承兑。

第四十五条　提示付款的规则

依本法规定，汇票必须作出适当的提示付款。否则，出票人及背书人将解除票据责任。

汇票的适当提示付款，应按照下列规则作出：

（1）非即期付款的汇票，其提示应于汇票到期日作出。

（2）即期付款的汇票，依照本法规定，为使出票人承担票据责任，其提示应在出票后合理期限内进行；为使背书人承担票据责任，提示应在背书后合理期限内进行。

所谓合理期限，应根据汇票的性质、类似汇票交易惯例以及个案的真实情况决定。

（3）汇票的提示付款，应由持票人或有权代持票人收款的人，在营业日的合理时间内并在本法下款所称的适当地点，向汇票上指定的付款人，或受其委托代为履行或拒绝付款的人（若尽合理注意能够找到上述人员时）提示付款。

（4）汇票在下列适当地点提示：

（a）汇票所记载付款地提示；

（b）汇票未记载付款地，但有付款人或承兑人地址的，在该地址提示付款；

（c）汇票既未记载付款地，又未记载付款人或承兑人地址的，知悉付款人或承兑人的营业地的，在该所在地提示，不知其营业地而知其住所地的，在该住所地提示；

（d）此外，可在能找到付款人或承兑人的地点提示，或在其最后为人所知的营业地或居住地提示。

（5）若汇票在适当地点作出提示，在尽合理注意后，仍未能找到被授权付款或拒绝付款的人，则无须再向付款人或承兑人作出提示。

（6）若汇票以两个或两个以上非合伙的人为付款人或承兑人，而未载明付款地的，应向全体作出提示。

（7）若汇票付款人或承兑人死亡，且汇票未载明付款地的，如有个人代表且经合理注意可以找到的，应向其个人代表作付款提示。

（8）经协议或惯例许可，由邮局作出的提示付款同样有效。

第四十六条 迟延提示或未作提示付款的免责

（1）若因不可控制的原因以及不能归责于持有人的过失、疏忽而迟延做提示付款的，该持票人可免除责任。但该迟延原因消失时，须尽合理注意作出提示付款。

（2）提示付款若有下列情形可予免除——

（a）尽合理注意后，仍不能按照本法要求作出有效提示；

持票人有理由相信汇票提示后会遭遇拒付的这一事实，不能免除其作出提示的责任；

（b）付款人是虚构的；

（c）对出票人而言，付款人或承兑人与出票人之间并无义务约束付款人或承兑人对汇票作出承兑或付款，同时出票人无理由相信汇票经提示可获付款；

（d）对背书人而言，汇票的承兑或签发是为背书人取得融资的目的作出，背书人无理由期望该项汇票经提示可获付款；

（e）明示或默示地放弃提示。

第四十七条　拒绝付款而退票

（1）如有下列情形，汇票因拒绝付款而退票：

（a）经适当提示付款后，遭受拒绝付款或未能获得付款；或

（b）经免除付款提示的汇票逾期且未获得付款。

（2）根据本法规定，若汇票因拒绝付款而退票的，持票人即获得对出票人或背书人的追索权。

第四十八条　退票通知和未发出通知的后果

根据本法规定，若汇票因拒绝承兑或拒绝付款而退票时，应向出票人及全部背书人发出退票通知。任何未经通知的出票人或背书人均可解除票据责任，但下述情况除外——

（1）因拒绝承兑而退票且未发出退票通知的，正当持票人的权利不因怠于通知而遭受损害。

（2）因拒绝承兑而退票且已发出退票通知的，则无须再对随后的拒绝付款再发退票通知，除非汇票在那时已被承兑。

第四十九条　退票通知的规则

有效的退票通知，须按照下列规则发出：

(1) 退票通知必须由持票人或其受托人发出,或由背书人或其受托人发出,该背书人在通知发出时是对该项汇票有责任者。

(2) 退票通知应由代理人以其本名或以有权发出通知的当事人姓名发出,不论该当事人是否为其委托人。

(3) 若退票通知由持票人或其委托人发出,此项通知有利于汇票的所有后续持票人和对被通知当事人享有追索权的全体前手背书人。

(4) 依照本条上述规定,由背书人或其受托人发出通知的,该通知有益于持票人和被通知当事人的所有后手背书人的利益。

(5) 退票通知应通过书面或个人通知的方式作出,并以足够鉴别汇票及表明票据因拒绝承兑或拒绝付款而退票的方式作出。

(6) 在形式上,将遭受退票的汇票退回给出票人或背书人可被认为是退票通知。

(7) 书面通知无须签名,不完整的书面通知应以口头形式补充而使其生效。对汇票的错误描述不影响通知效力,除非被通知人在事实上产生错误。

(8) 若要求将退票通知发给任何人的,通知应发给当事人本人或其代理人。

(9) 出票人或背书人死亡且应发通知人知悉的,若出票人或背书人有其个人代表的,在尽合理注意可以找到的情形下,应当将通知发给其个人代表。

(10) 出票人或背书人破产的,退票通知应向其本人或受托人发出。

(11) 汇票的出票人或背书人为两个或两个以上且非合伙的,退票通知须发给每一个人,除非其中一人有权代表其他人接受此项通知。

(12) 汇票在退票后应立即发出退票通知,且应在合理时间内发出。

除下列情况外,若无特殊原因,退票通知不得认为在合理时间内发出：

(a) 通知人与被通知人居住在同一地点，发出或寄送的通知能及时地在汇票退票日后的次日送达；

(b) 通知人与被通知人居住在不同地方，通知可在退票当日寄出的，应在退票后当日寄出；若当日无适时邮递班次，则在其后的下一班次寄出。

(13) 汇票的退票通知由代理人受理的，代理人应由其本人向承担票据责任的当事人发出退票通知，或通知其委托人。若向其委托人通知，则代理人必须视自己为持票人于相同时间内发出通知，委托人收到该通知后，必须视其代理人为独立持票人，而在相同时间内发出通知。

(14) 汇票当事人收到合格的退票通知后，向其前手发出通知的时间应与持票人遭退票后发出退票通知的时间相同。

(15) 若退票通知载明的地址正确，且已经邮寄的，应视为合格退票通知已发出，而不论邮局有无误递。

第五十条　未发出退票通知和退票通知迟延的免责

(1) 由于通知人不可控制的原因，以及不可归责于通知人的过失、处置不当或疏忽而导致退票通知迟延的，通知人可以免除责任。但迟延原因消灭时，应尽合理注意义务发出通知。

(2) 在下列情况下，退票通知可以免除——

(a) 尽合理注意后，本法所要求的通知仍不能发给或未能送达应收通知的出票人或背书人；

(b) 明示或默示放弃退票通知。退票通知可在发出通知期限届满前放弃，或在漏发通知后放弃；

(c) 下列情况出现，出票人可免发退票通知：

① 出票人与付款人是同一人；

② 付款人是虚构或无缔约行为能力的人；

③ 出票人是被提示付款的人；

④ 付款人或承兑人与出票人之间不存在汇票承兑或付款关系；

⑤ 出票人已撤回其支付委托。

(d) 下列情况出现，背书人可免发退票通知：

① 付款人是虚构或无缔约行为能力的人，且背书人在背书时已知悉；

② 背书人为被提示付款的人；

③ 汇票因融通目的而签发、承兑。

第五十一条 汇票的公证或拒绝证书

(1) 本国汇票遭退票，只要持票人认为合适，可依照实际情况对汇票拒绝承兑或拒绝付款作成公证；但为保留对出票人或背书人的追索权，则无须对此等汇票作成公证或拒绝证书。

(2) 票面载明为外国汇票的汇票因拒绝承兑而退票的，必须及时作出拒绝承兑证书；若汇票因拒绝付款而退票的，且此类汇票未曾因拒绝承兑而退票的，应及时作成拒绝付款证书。若未按此要求办理，则出票人和背书人可解除票据责任。若票面未载明为外国汇票的，则无须对汇票作成拒绝证书。

(3) 已作成拒绝承兑证书的汇票，应在其后作成拒绝付款的证书。

(4) 依照本法的规定，若对汇票作成公证或拒绝证书的，公证必须在退票日作出，且其作成不得迟于次一营业日。汇票经过合格公证的，其拒绝证书可顺延至公证日后随时作成。

(5) 汇票承兑人在汇票到期日前破产、清算或停止付款的，持票人应作成拒绝证书，以作为对抗出票人及背书人的更好保障。

(6) 汇票应在退票地作成拒绝证书，但若：

(a) 汇票通过邮局提示，因退票而被邮局退回的，应在退回日在被退回地作成拒绝证书，若退回汇票是在营业时间外收到的，其拒绝证书的作成不得迟于次一营业日；

(b) 汇票载明付款地系在付款人以外的第三人营业地或居住地，

若汇票因拒绝承兑而退票的，需在汇票所载付款地作成拒绝证书，无须再向付款人提示付款。

(7) 拒绝证书须附汇票副本，且须由作成拒绝证书的公证人签名，并载明：

(a) 作成汇票拒绝证书申请人的签名；

(b) 拒绝证书作成的日期和地点，作成的原因和理由；其付款请求如何提出，如有答复及其答复内容，或无法找到付款人或承兑人的事实。

(7A)依 2007 年《法律服务法》的意旨，第(7)款中的“公证人”包括经授权从事构成公证活动(该法所指)的任何行为的人。

(8) 若汇票遗失或毁损，或被错误扣留而使有权持有人无法占有，拒绝证书应根据汇票副本或其书面说明文件作成。

(9) 拒绝证书免除的原因与退票通知免除原因相同，若持票人因不可控制的原因及不可归责于持票人的过失、处置不当或疏忽而迟延公证或作成拒绝证书的可免除责任。但迟延原因一经消灭，应尽合理注意义务及时作成公证或拒绝证书。

第五十二条　持票人对付款人或承兑人的责任

(1) 汇票经一般承兑，为使承兑人对汇票负责，并非必须提示付款。

(2) 限制性承兑的条件中要求作提示付款的，若汇票未明确规定，承兑人不得在汇票到期时因未提示付款而解除责任。

(3) 为使承兑人对汇票负责，并非必须对汇票作成拒绝证书或向承兑人发出退票通知。

(4) 在不违反第 4A 章(通过电子方式提示)的情形下，持票人提示付款时，应向付款人出示汇票，在获得付款后，持票人应将汇票立即交付给付款人。

第六节　当事人责任

第五十三条　付款人所持资金

（1）就汇票本身而言，并不得据此转让付款人所持有的用于汇票付款的资金。若付款人依照本法规定未按要求对汇票承兑，则不承担票据责任。但此款规定不适用于苏格兰。

（2）在苏格兰，汇票（支票除外）付款人持有用于汇票付款的资金的，从向付款人作出提示时起，汇票可视作将付款人所持有资金中汇票所记载金额的票款转让。

第五十四条　承兑人的责任

汇票承兑人在承兑汇票后——

（1）承担依照承兑旨意付款的义务。

（2）不能向汇票正当持票人否认：

（a）出票人的存在，出票人签名的真实性，出票人的签发行为能力和权限；

（b）汇票是出票人指示付款的情况下，出票人背书的能力，但不包括出票人背书的真实性或有效性；

（c）汇票是凭第三人的指示付款的情况下，该付款人的存在及其背书能力，但不包括付款人背书的真实性或有效性。

第五十五条　出票人或背书人的责任

（1）出票人在签发汇票后，即：

（a）保证汇票在经适当提示后依汇票意旨予以承兑并付款，如遭退票，在履行必要手续后，将对持票人或任何被请求付款的背书人作出赔偿；

（b）不能向正当持票人否认付款人的存在及其背书能力。

（2）汇票背书人在背书后，即：

（a）保证汇票在经适当提示后依汇票意旨予以承兑并付款，如遭退票，在履行必要手续后，将对持票人或被请求付款的后手背书人作出赔偿；

（b）不能向正当持票人否认出票人的签名及其所有前手背书的真实性和合法性；

（c）不能向其直接的或以后的被背书人否认汇票在其背书时是有效且存续的，以及对该汇票享有完整的所有权。

第五十六条　第三人在汇票上签名须承担背书人的责任

出票人或承兑人以外的其他人在汇票上签名的，该人对正当持票人承担背书人的责任。

第五十七条　退票后汇票当事人损害赔偿的计算

汇票退票后，损害赔偿的计算方法如下：

（1）持票人可向任何对汇票负有责任的人索赔，被请求对汇票付款的出票人应向承兑人索赔，被请求对汇票付款的背书人应向承兑人或出票人或前手背书人索赔下列金额：

（a）汇票金额；

（b）即期汇票从付款提示之日起计算的利息，远期汇票从汇票到期日起计算的利息；

（c）公证的费用，或必须作成拒绝证书且已作成的，则包括拒绝证书的费用。

（2）……（此款已被1977年《司法法案》所废除，但不涉及1977年8月29日以前签发的汇票）

（3）依照本法规定，利息作为损害请求赔偿的，出于公正的考量，可以全部或部分扣留。若汇票明文规定付款时应按照一定利率计算利息的，视为损害的利息，可以按照或不按照相同利率给付。

第五十八条　交付汇票的转让人与受让人

（1）付款给持票人的汇票，持票人不经背书仅凭交付流转该汇票，该持票人叫做“交付转让人”。

（2）交付转让人对汇票不负责任。

(3) 交付转让人流转汇票时，应向其要求对价持票人的直接受让人保证其有权转让汇票，且在转让时并未发现任何促使汇票丧失价值的事实。

第七节 汇票的清偿

第五十九条 正当付款

(1) 付款人或承兑人，或受其各自委托的人，对汇票进行正当付款后，即解除汇票的责任。

“正当付款”是指在汇票到期日或到期日后善意地对汇票持票人付款，同时对持票人在汇票所有权上的瑕疵概不知情。

(2) 依照下列各项规定，汇票出票人或背书人作出付款的，汇票责任并不解除；但是：

(a) 付款给第三人或指示付款的汇票经出票人付款的，付款人应要求承兑人付款，但不能再签发该汇票；

(b) 汇票经背书人付款，或凭出票人指示付款的汇票经出票人付款的，付款当事人重新取得先前对承兑人或前手当事人的权利。付款人认为正当时，可涂销其本身及其后手的背书并再次流转该汇票。

(3) 融通汇票因融通人的正当付款而消灭。

第六十条 银行支付存在伪造背书的即期汇票

即期汇票以银行作为付款人，该银行在正常营业中对汇票善意地付款的，银行无义务辨别持票人的背书或其任何后手背书系该人或其授权的人所为；即使背书属于伪造或未经授权，仍应认为该银行已就该项汇票正当付款。

第六十一条 承兑人在到期日成为持票人

当汇票承兑人在到期日或到期日后成为持票人的，就其本身的权利而言，对汇票的责任解除。

第六十二条　明示弃权

(1) 若汇票持票人在汇票到期日或到期日后,绝对地或无条件地放弃其对承兑人的权利,该汇票责任即告解除。

除非将汇票交付给承兑人,否则该项弃权须以书面作成。

(2) 汇票持票人可以同样的方式在汇票到期前、到期时或到期后,解除汇票任何一方当事人的汇票责任。但本条不影响未收到弃权通知的正当持票人的权利。

第六十三条　涂销

(1) 汇票持票人或其代理人故意涂销,且涂销明显可见,该汇票责任即告解除。

(2) 任何对汇票负有责任的当事人可因持票人或其代理人有意涂销其签名而解除责任。在此情况下,任何对被涂销签名当事人具有追索权的背书人的责任即告解除。

(3) 无意或错误地,或未经持票人授权的涂销不生效;但汇票或其票面签名表面看已被涂销的,则由主张该项涂销出于无意或错误,或未经授权而作出的当事人承担举证责任。

第六十四条　汇票的更改

(1) 未经全体对汇票负有义务的当事人同意而对汇票或其承兑作实质更改的,除对自身作出更改、授权更改或同意更改的当事人及其后手背书人产生效力外,对其他当事人无效。

若汇票经实质更改,但更改并不明显,且该汇票由正当持票人持有的,则该持票人可以视作未经更改而行使权利,并可要求按照汇票原有意旨付款。

(2) 下述情况属于实质更改,即:日期更改,应付金额更改、付款时间更改、付款地更改,以及汇票经一般承兑,未经承兑人同意加列付款地。

第八节　参加承兑和参加付款

第六十五条　对已作成拒绝证书的汇票参加承兑

(1) 尚未逾期的汇票因拒绝承兑退票而作成拒绝证书，或为获得更好的保障而对汇票作成拒绝证书，任何对汇票不承担义务的人经持票人同意，可为了汇票当事人或签发汇票账户人的信誉而对已作拒绝证书的汇票参加承兑。

(2) 可仅对汇票的部分金额参加承兑。

(3) 为使已作成拒绝证书的汇票参加承兑有效，必须：

(a) 在汇票上写明并表明参加承兑；

(b) 由参加承兑人签名。

(4) 若未明确指明被参加承兑人的姓名，则可视为出票人为被参加承兑人。

(5) 见票后付款的汇票参加承兑，其到期日应从拒绝承兑而作成公证之日起算，而不是从参加承兑日起算。

第六十六条　参加承兑人的责任

(1) 若付款人对汇票不予付款，参加承兑人将根据其承兑旨意对汇票付款，但只限于已经正当付款提示且作成拒绝证书，同时参加承兑人接到此类事实的通知。

(2) 参加承兑人对持票人和被参加承兑人的所有后手当事人承担责任。

第六十七条　对参加承兑人的提示

(1) 经退票的汇票已被参加承兑，或有关预备付款的记载，汇票须在参加承兑人或预备付款人作付款提示前，先作成拒绝证书。

(2) 参加承兑人地址与拒绝付款证书作成地址相同时，必须在不迟于汇票到期日的次日向参加承兑人提示；参加承兑人地址与拒绝付款证书作成地址不同时，不得迟于汇票到期日的次日将汇票发送，以便参加承兑人提示。

(3) 迟延提示付款或不做提示付款可以豁免的情形,发生在参加承兑人延迟提示或不做提示时,同样可以豁免。

(4) 汇票被参加承兑人退票时,对参加承兑人必须作出拒绝付款证书。

第六十八条　对已作成拒绝证书的汇票参加付款

(1) 若汇票已被作成拒绝证书,任何人可为对汇票承担责任的当事人或委托签发汇票人的信誉,而对已作拒绝证书的汇票参加付款。

(2) 两个或两个以上的人为不同汇票当事人参加付款的,就其付款能够解除多数汇票当事人责任的人享有优先权。

(3) 对已作成拒绝证书的汇票参加付款,为证明其不仅是自愿付款并且是参加付款,须对参加行为作出公证。公证内容可附加在拒绝证书之后,或作为拒绝证书的补充。

(4) 参加行为的公证,必须以参加付款人或其代理人所作的声明书作成,该声明中包括对汇票参加付款的意图,以及被参加付款人的姓名。

(5) 汇票经参加付款后,被参加付款人的后手当事人均被解除责任,参加付款人则取代并承担持票人对被参加付款人及对其负有责任的当事人的权利和义务。

(6) 参加付款人向持票人支付汇票金额及因退票产生的公证费用后,有权取得汇票和拒绝证书。若持票人未能交付汇票及拒绝证书的,持票人应对参加付款人负损害赔偿责任。

(7) 若持票人拒绝接受在作成拒绝证书后的参加付款,持票人将丧失对任何因参加付款而解除责任的汇票当事人的追索权。

第九节　票据的丧失

第六十九条　持票人对丧失汇票的副本的权利

汇票在到期日前丧失的,持票人应请求出票人出具同样文义的汇票。必要时应向出票人提供担保,以赔偿所声称丧失的汇票再次出现时出票人可能产生的损失。

若被请求的出票人拒绝出具汇票副本,则应强制出具。

第七十条 (此条已被 1978 年《北爱尔兰司法权法案》所废除)

第十节 复本汇票

第七十一条 复本汇票的规则

(1) 汇票以复本形式签发的,该复本汇票的每一张均应编列号码,并应载有涉及其他各张的内容,使各张汇票总合形成一项汇票。

(2) 复本汇票的持票人将两张或两张以上的汇票背书给不同的人时,持票人应对每一张汇票负责,其后的背书人仅对各自所作背书的汇票负责,并视其为单独的汇票。

(3) 两张或两张以上的汇票流转给不同的正当持票人,在此类持票人之间,最先得到汇票所有权者被视为汇票的真正所有人。但此项规定并不影响承兑人或付款人的权利,如第一张汇票经提示时,正常情况下,承兑人或付款人对汇票应作出承兑或付款。

(4) 可对任何一张汇票承兑,但承兑必须仅在其中一张汇票上书面作成。

若付款人对超过一张的汇票承兑,且被承兑的汇票被不同的正当持票人持有,则各该汇票成为单独的汇票,承兑人对已承兑的各张汇票均承担票据责任。

(5) 当承兑人对复本汇票其中一张作出付款,但未要求将记载承兑的汇票交付,且该张汇票在到期日仍由正当持票人持有,承兑人应对持票人承担责任。

(6) 根据上述规则,复本汇票中的任何一张经付款或其他方式而解除责任的,则该复本汇票均被解除责任。

第十一节　法律冲突

第七十二条　法律冲突规则

汇票在一国开立，而在另一国流通、承兑、付款的，则汇票各当事人的权利、责任、义务按如下规则决定：

(1) 汇票形式要件方面的效力应根据出票地法律决定，其附加合同形式要件方面的效力，例如承兑、背书或对已作成拒绝证书的汇票承兑等，应根据合同缔结地法律决定。

但是：

(a) 若汇票非在英国签发，不得仅以汇票未根据出票地法律贴印花税而使汇票无效；

(b) 若汇票非在英国签发，但汇票形式要件符合英国法律的，为达到执行付款的目的，该汇票在英国的流转人、持有人，或汇票当事人之间视为有效。

(2) 根据本法规定，对汇票签发、背书、承兑，或对已作拒绝证书的汇票参加承兑的解释，由各合同缔结地的法律决定。

若本国汇票在国外背书，则对付款人而言，背书的解释应遵循英国法律。

(3) 持票人对提示承兑或提示付款的责任和拒绝证书或退票通知是否必要或充分，或其他事项的责任，由行为所在地或退票地法律决定。

(4) ……(此项已被 1977 年《司法法案》所废除，但不涉及 1977 年 8 月 29 日以前签发的汇票)

(5) 在一国签发而在另一国付款的，汇票的到期日由付款地法律决定。

第三章 银 行 支 票

第七十三条 支票的定义

支票是指银行即期付款的汇票。

除本章另有规定外，适用于即期汇票的本法条文，均适用于支票。

第七十四条 支票的提示付款

依照本法规定——

(1) 支票未在签发后合理期间内提示付款的，出票人或账户人有权在支票提示时，按照其与银行的约定使该支票付款。但由于此项提示迟延使出票人或账户人遭受损害的，则可按其所受损害程度解除出票人责任，但以出票人当时对银行的债权大于该支票金额为限。

(2) 上述合理期限，应根据票据的性质、交易和银行的惯例，以及个案的事实决定。

(3) 支票的出票人或账户人被解除责任后，持票人应取代出票人或账户人，就被解除责任的额度成为银行的债权人，并依法有权要求银行按该金额付款。

第七十四 A 条 支票付款提示:在另地提示

若签发支票的银行:

(a) 已在伦敦、爱丁堡和贝尔法斯特公告，可指定其开出的支票在他处提示;并且

(b) 未经过公告取消另地提示的公告，支票可在适当的地方提示。

第七十四 B 条 (此条已被删除)

第七十四 C 条 (此条已被删除)

第七十五条 撤销对银行的授权

银行凭客户签发支票进行付款的行为，其责任和授权在下列情况

终止：

（1）付款的撤回；

（2）客户死亡的通知。

第七十五A条　（此条在1985年增加，在2009年4月12日失效）

第一节　划线支票

第七十六条　一般和特别划线的定义

（1）支票在票面具有划线加注——

（a）“和公司”或任何相关的缩写至于两条平行线之间，加上或不加上“不得流通”字样；或

（b）仅为两条平行线，加上或不加上“不得流通”字样。

该项加注即构成划线，该支票叫做一般划线支票。

（2）若支票票面具有划线加注银行名称，加上或不加上“不得流通”字样，该项加注构成划线，而该项支票成为给该银行的特别划线支票。

第七十七条　出票人划线或出票后划线

（1）支票可由出票人作成一般划线或特别划线。

（2）若支票未经划线，持票人可作成一般划线或特别划线。

（3）若支票已作成一般划线，持票人可作成特别划线。

（4）若支票已作成一般划线或特别划线，持票人可加注“不得流通”字样。

（5）若支票已作成特别划线，被特别划线的该银行作为托收，可再将支票特别划线给另一银行。

（6）若未经划线或经一般划线的支票交银行托收的，该银行可将此支票特别划线给本行。

第七十八条　划线是支票的重要部分

本法所许可的划线构成支票的重要部分；除本法所许可的情形

外，任何人对划线所做的删除、增添或修改均属违法。

第七十九条 银行对划线支票的责任

(1) 若支票特别划线给一个以上的银行，除非划线给其托收代理的银行，否则付款银行应拒绝付款。

(2) 若划线支票的付款银行仍对前款所称的划线支票付款，或将一般划线支票支付给银行以外的其他人，或将特别划线支票给划线的该银行以外的或其托收代理银行以外的其他人，应对由此付款而使得支票真正所有人所遭受的损失负责。

若支票提示付款时并未划线，或虽经划线但已被删除，或原有划线未依照本法所规定权限予以增改，付款银行对支票的付款时善意且无过失的，则银行对此不负责任也不承担任何义务，银行也不因支票已被划线，或虽经划线已被删除，或原有划线未依照本法所规定权限予以增改，以及将票款付给银行以外，划线的银行以外或其托收代理的银行以外的人等问题而受到质疑。

第八十条 对划线支票的银行和出票人的保护

划线支票(包括根据下列第八十一A条或其他规定的不可转让支票)的付款银行善意且无过失地作出付款，若为一般划线支票，向银行付款；若为特别划线支票，向划线的该银行或其托收代理的银行付款。对支票作出付款的银行以及支票已由付款人持有后的出票人应享有相同的权利、处于相同的地位，并视该支票已向支票真正的所有人付款。

第八十一条 划线支票对持票人的影响

某人取得一张载有“不得流通”字样的划线支票，其对该项支票所享有或给予的权利不得优于其直接前手获得的对支票的权利。

第八十一A条 不可转让支票

(1) 凡支票已作划线，并在其票面上印有“account payee”或“a/c payee”的字样，不论有无“仅”字，该支票均不得流通转让，且支票仅在票据当事人之间有效。

(2) 依上述第八十条意旨，银行不得仅因其未能关注根据第(1)款或其他规定不得转让的支票的任何声称背书而被视为过失。

第八十二条　(此条被1957年《支票法》所废除)

第四章　本　　票

第八十三条　本票的定义

(1) 本票是指一人对他人作出的无条件付款的书面承诺，由出票人签名，保证即期或在一定日期或在未来特定日期内，向特定人或其委托人或持票人支付确定金额的票据。

(2) 以本票形式由出票人指示付款的票据，并非本条所指的本票，除非在出票人背书后，才能成为本票。

(3) 本票不因含有附属担保品作为抵押并有权出售或处理的条款而被认定无效。

(4) 本票在大不列颠群岛境内签发并付款的，或其票面文义这样表示的，称作本国本票，除此之外皆属外国本票。

第八十四条　交付的必要

本票在交付给收款人或持票人之前，应属于缺项和不完全的本票。

第八十五条　连带责任的本票

(1) 本票可由两个或两个以上的出票人签发，各出票人应根据本票文义对本票共同负责或连带负责。

(2) 本票上记载“本人承诺付款”字样并经两人或两人以上签名的，应视为连带负责的本票。

第八十六条　即期本票

(1) 即期本票经背书后，必须在背书后的合理期间内作付款提示，否则背书人即解除责任。

(2) 所谓合理期间,应根据票据的性质、交易习惯,以及个案的事实决定。

(3) 即期汇票经流转后,若付款提示超过本票签发后的合理期间,就因所有权瑕疵而对持票人产生影响而言,只要其不知情,本票就不作为逾期。

第八十七条 本票的付款提示

(1) 本票规定在特定地点付款的,为使出票人负责,必须在特定地点作付款提示。在任何其他情况下,为使出票人负责,并不一定必须作付款提示。

(2) 为使本票背书人承担责任,必须作付款提示。

(3) 本票规定在特定地点付款的,为使背书人负责,必须在该地作付款提示;但若本票上付款地仅以备忘录方式标记的,在该地作提示足以使背书人对本票负责,但若在其他方面符合要求,则在其他地点向出票人作提示,同样足以使背书人对本票负责。

(4) 本条受第四A章(通过电子方式提示)约束。

第八十八条 出票人责任

本票的出票人在签发本票时——

(1) 保证其根据本票的文义作出付款。

(2) 不能向正当持票人否认收款人的存在及其当时背书的行为能力。

第八十九条 第二章的规定对本票的适用

(1) 根据本章的规定,除本条的规定外,本法中有关汇票的规定,加以必要的修改后,均可适用于本票。

(2) 援引前款所述的条文时,本票的出票人应视为相当于汇票的承兑人,本票的第一背书人应视为出票人指示付款并经承兑的汇票出票人。

(3) 以下有关汇票的规定对本票不适用:

(a) 提示承兑;

(b) 承兑;

(c) 作成拒绝证书后参加承兑；

(d) 复本汇票。

(4) 若外国本票被退票的，无须作成该本票的拒绝证书。

第四A章　以电子方式提示支票或其他票据

第八十九A条　以电子方式提示票据

(1) 本条所适用的票据的付款提示，可通过提供票据正反两面的电子影像而完成，无须出示实物票据，被提示人接受该提示同样有效。

该种付款提示须受本条第(2)款及第八十九C条的约束。

(2) 财政部可以通过法规规定不适用第(1)款的情形。

(3) 在第(2)款规定下，可特别规定一些情形如：

(a) 票据的描述；

(b) 作出提示下的约定；

(c) 提示人或被提示人的描述；

(d) 收款人或其委托人的描述。

(4) 在第(1)款规定下所作出的付款提示——

(a) 任何要求——

(i) 必须展示、呈现或递交实物票据，或与提示或付款有关的实物(包括提示或付款后或与拒付退票有关的实物)；或

(ii) 实物票据提示可能或已经被作出的日期、时间或地点。

(b) 任何其他与第(1)款不一致的要求，将不得适用。

(5) 第(4)款不影响关于最迟提示时间的任何要求。

(6) 第(4)(5)款所述内容是一种要求或禁止，无论通过任何制定法、某个法律条文或票据载明的方式所规定的。

(7) 在本条所规定的票据付款提示下：

(a) 任何提供电子影像的银行;

(b) 任何被提供电子影像的银行;以及

(c) 任何根据电子影像而对票据付款的银行,均须承担犹如该实物票据被提示时相同的有关票据委托收款和付款的责任。

本章规定的或根据本章制定的任何条款均受制于此。

第八十九 B 条 第八十九 A 条所适用的票据

(1) 除第(2)款另有规定外,第八十九 A 条适用于——

(a) 支票;或

(b) 其他任何汇票或本票或其他票据——

(i) 该票据是签发人有意图使某人从票据指示的银行取得票面所记载的款项;

(ii) 票据付款请求必须作出提示;以及

(iii) 除第八十九 A 条的规定外,该票据只能通过实物票据提示。

(2) 第八十九 A 条不适用任何纸币(根据 2009 年《银行法》第 208 条所规定的含义范围内)。

(3) 第(1)款中所述票据的签发人,即——

(a) 就汇票而言,指出票人;

(b) 就本票而言,指出票人。

(4) 就第(1)款(b)项(i)而言,指示可通过代码或数字,并且无须指明付款将从银行处取得。

第八十九 C 条 银行接受实物票据提示的责任

若提供票据电子图像的行为发生在下列行为人之间,则不构成第八十九 A 条规定下的票据提示:

(a) 被授权代表客户收取票据付款的银行;以及

(b) 客户本人,不允许客户用实物票据付款,而是要求提供电子影像(无论是向该银行还是向任何其他人)。

第八十九 D 条 票据和付款凭证的副本

(1) 财政部可通过法规规定——

(a) 要求根据第八十九A条出示而付款的票据副本,须应由支付该票据的银行提供给票据出票人;

(b) 根据法规提供的票据副本,可作为鉴别某人是否依法收到该票据记载款项的证据。

(2) 根据第(1)款(a)项的规定,可特别——

(a) 要求所提供副本的方式和格式;

(b) 要求核实该副本是符合第八十九A条所规定的向付款银行所作提示的票据电子影像的真实副本;

(c) 规定该副本须附有要求的信息;

(d) 要求免费提供任何副本,或允许在规定的情形下为提供副本收取费用。

(3) 在第(1)款(a)项所述的出票人是——

(a) 就汇票而言,指出票人;

(b) 就本票而言,指出票人。

第八十九E条　电子提示的赔偿

(1) 财政部可以通过法规规定,责任银行须就任何人因与电子提示或声称的票据电子提示而导致的法律规定的损失,向该人作出赔偿。

(2) 本条所称的"电子提示或声称的票据电子提示"包括——

(a) 根据第八十九A条所适用的票据提示;

(b) 以包括提供电子影像的任何方式提示其他任何票据,且提供电子影像可视作提示付款;

(c) 声称的付款提示是指通过任何方式包括提供票据的电子影像提示付款,而该票据不能以此种方式提示付款;

(d) 声称的付款提示包括——

(i) 声称是实物票据影像但不是的电子影像(其中包括被电子修改的影像);或

(ii) 没有法律效力的票据电子影像。

(e) 以提示或声称的提示付款的方式提供被盗的电子影像。

(3) 在本条中,就电子提示或声称的票据电子提示而言,“责任银行”是指—

(a) 被授权代表客户利益对票据付款进行托收的银行;或

(b) 如果票据的持有者是银行,则为该银行。

(4) 在本条中——

(a) 所涉及的票据包括无法律效力的票据(无论是因为该票据被欺诈性地更改或开立,还是因为该票据已被解除责任,或其他原因);

(b) 对票据来说并非实物票据影像的电子影像是一种声称的票据(它看起来像是票据影像);并且

(c) 对于并非汇票或本票的票据而言,持票人指占有票据的收款人或被背书人,如果票据是应付给持票人的,则持票人占有票据。

(5) 根据本条,可制定特别规则如下——

(a) 无论过错如何,责任银行都必须支付赔偿金;

(b) 由于赔偿对象的任何行为或过错,而减少赔偿数额。

(6) 本条或根据本条制定的规则不得视为——

(a) 阻止责任银行向任何其他人索要资助;或

(b) 影响责任银行在合同或其他方面可获得的任何救济。

(7) 除根据本条制定的规则另有规定外,本条或根据本条制定的规则不得影响本条或任何此类规则以外的法律所规定的责任银行应承担的任何责任。

第八十九F条 补充规定

(1) 本章的规则可——

(a) 包含附属性、补充性和适配性规则;

(b) 制定临时性、过渡性或保留性规则;

(c) 为不同的案件或情况,或不同的目的而制定不同的规则;

(d) 就例外情况制定规则。

(2) 本章规定的制定规则的权力通过法律性文件加以实施。

(3) 法律性文件包括——

(a) 根据第八十九A条或第八十九D条制定的规则;或

(b) 根据第八十九E条制定的第一项法规,除非已将法律草案提交议会各院并经其决议批准,否则不得制定。

(4) 根据第八十九E条制定的含有其他规则的法律性文件,可根据议会各院的决议予以废除。

(5) 就本章的目的而言,银行代表客户收取票据付款是指——

(a) 为客户接收票据付款;或

(b) 为银行(但不是票据持有人)接收票据付款,且——

(i) 将票据金额记入客户账户;或

(ii) 以其他方式给予客户相当于票据价值的回报。

(6) 第八十九E条第(4)款适用于第八十九E条时,同时适用于第(5)款。

第五章　补充规定

第九十条　善意

根据本法的含义,事实上某人诚实地作出行为,不论其是否存在过失,应认定是善意行为。

第九十一条　签名

(1) 任何票据或书面文件依照本法规定应经任何人签名的,并不是必须该人亲手签名,经其授权的其他人代为签名的同样具有效力。

(2) 任何票据或书面文件依照本法规定需要法人组织签名的,在票据或书面文件上加盖法人组织的印章即具有效力。

但是本条不得解释为,在法人组织的汇票或本票上要求必须加盖印章。

第九十二条 期间的计算

依照本法而作出的任何行为或时间所加的期限限制少于三日的，在计算期间时非营业日予以除外不计算。

在本法中“非营业日”是指——

(a) 星期六，星期日，耶稣受难日，圣诞节；

(b) 1971 年《银行和金融交易法》所规定的银行节假日；

(c) 经王室宣告的公众斋戒日或感恩节；

(d) 根据 1971 年《银行和金融交易法》第 2 条的命令宣布作为非营业日的一天。

此外均属营业日。

第九十三条 公证书等同于拒绝证书的情形

就本法而言，若要在特定期间届满前或采取进一步程序前对汇票或本票作成拒绝证书的，在特定期间届满前或采取进一步程序前，对该票据因拒绝支付而作的公证即足以适应其需求，而正式的拒绝证书应延迟至公证记录作成日后的任何时间作出。

第九十四条 不能获得公证人时作成的拒绝证书

(1) 若退票的汇票或本票经授权或被请求作成拒绝证书，而在汇票退票地又无法获得公证人服务的，该地的任何户主或有身份的居民，连同两名见证人在场，可作出经三人签名的证明书，证明汇票被退票，而该项证明书应视为票据的正式拒绝证书而全面运用。本法附录一所列的格式，可在必要的修改后予以应用，并有足够的效力。

(2) 在上述第(1)款中，“公证人”包括符合 2007 年《法律服务法》规定的，被授权参与任何与公证活动(在该法的意旨内)相关活动的人。

第九十五条 股利凭证可划线

本法关于划线支票的规定，可适用于股利支付凭证。

第九十六条 ……(此条已被 1898 年《成文法修正案》所废除)

第九十七条 保留规定

(1) 与汇票、本票、支票有关的破产规定仍将继续适用,不论本法中有任何规定。

(2) 包括商法的普通法规则,除与本法条文相抵触的外,将继续适用于汇票、本票和支票的部分。

(3) 本法或任何已经废止的法律不得影响——

(a) ……任何与收入有关的现行法律或法令;

(b) 1862 年《公司法》或其修正条文,或与股份银行或公司有关的任何规定;

(c) 任何有关或确认英格兰银行或爱尔兰银行的特权的法律规定;

(d) 有关股利凭证或其背书的任何惯例的效力。

第九十八条　苏格兰对简易扣押程序的保留

本法或其任何已经废止部分都不应扩大或限制,或以其他方式修改或影响有关苏格兰"简易扣押"程序的法律和适用。

第九十九条　与其他法规并用解释

若法案或文件所引证的条文因本法而废止时,该法案或文件应推定按本法相关的条文解释或适用。

第一百条　苏格兰的裁判程序中允许口头证据

在苏格兰的任何裁判程序中,任何有关汇票、银行支票或本票上债务问题的相关事实,可以由口头证据予以证实。本法的规定不应影响现行法律和惯例的适用,如审理案件的法庭或法官要求汇票、银行支票或本票文句上的当事人(即持票人的债务人)提供法定保证金或保证人,作为其取得简易程序,起诉的中止或中止起诉的警告等的条件。

……(此款已被 1973 年《苏格兰时效法》所废除)

附　　录

附　录　一

未能获得公证人服务时可予使用的拒付证明格式

本人 A. B. [户主]，在英国的一个郡，鉴于未能觅得公证人，应 C. D. 的请求，于 188__年__月__日要求 E. F. 就以下汇票付款[或作出承兑]，而该 E. F. 对该项要求答复[如有答复，述明内容]；现由 G. H. 及 J. K. 在场见证，本人就该汇票作出拒付证明。

(签名)A. B.

G. H. 见证人

J. K. 见证人

注意——汇票的正本应附于本证明书之后，或在本证明书之下依照该汇票及其上所载一切抄录一份。

附　录　二

……(此附录已被 1898 年《成文法修正案》所废除)

《英国 1957 年支票法》

本法是修正有关支票和其他票据的法律。

1957 年 7 月 17 日

第一条　对银行支付未背书或不规范背书支票的保护

(1) 若银行善意地并依照通常的营业方式,支付了一张以其为付款人但未背书或不规范背书的支票,银行并不仅因未背书或不规范背书而承担责任,其所作的付款应视为正当付款。

(2) 若银行善意地并依照通常的营业方式支付下列任何票据:

(a) 银行客户签发的并非汇票的票据,其目的在于使某人能从银行处取得票据所载金额;

(b) 由银行自己签发的即期汇票并以其作为付款人,该汇票不论是在总行还是分行都能进行付款。

银行并不仅因未背书或不规范背书对其付款行为承担责任,其付款后即解除票据责任。

第二条　银行托收持票人未作背书支票的权利

若银行对记名支票支付对价,或享有留置权,而该支票在持票人交付给银行托收时未作背书,则银行享有与该支票交付时持票人作空白背书时相同的权利(如有的话)。

第三条　作为付款凭证的未背书支票

(1) 未经背书的支票显示已由付款行予以付款的,则该支票为收款人收到支票所载金额的凭证。

(2) 就上述第(1)款而言,作为付款凭证而适用该款的支票副本的条件是:

(a) 该副本是由持有该支票的银行在提示后制作的;并且

(b) 经银行核证是原件的真实副本。

第四条 对支票托收银行的保护

(1) 若银行善意且无过失地:

(a) 为客户收取适用本条的票据票款;或

(b) 将此类票据金额记入客户账户后,为自己收取款项。

同时该客户对票据无所有权或其所有权有瑕疵,银行并不因收取票款而对票据的真正所有人承担责任。

(2) 本条适用于以下票据,即:

(a) 支票(包括根据《1882 年票据法》第 81A 条第(1)款或其他规定的不可转让支票);

(b) 银行客户签发的任何票据,该票据虽不是汇票,但其旨在使某人能够从该银行处获得票据所载金额的付款;

(c) 由公职人员签发的任何票据,该票据虽不是汇票,但其旨在使某人能够从主计长或王室及财政大臣的收付官处取得该票据所载金额的付款;

(d) 由银行自己签发的即期汇票并以其作为付款人,该汇票不论是在总行还是分行都能进行付款。

(3) 就本条而言,银行不能仅因其未能察觉到票据未背书或不规范背书而被视为存在过失。

第五条 《1882 年票据法》的某些条款对非汇票的适用

《1882 年票据法》中有关划线支票的规定,在可适用时,应对适用前条的票据(支票除外)发生与支票相同的效力。

第六条 解释、保留和废止

(1) 本法应与《1882 年票据法》解释为一体。

(2) 本法的上述规定并不使规定以外的非流通票据成为流通

票据。

(3) ……(此款已被 1974 年《关于废止的成文法法案》所废除)

第七条 关于北爱尔兰的规定

本法适用于北爱尔兰……(此句已被 1973 年《北爱尔兰宪法》所废除)

第八条 简称与生效

(1) 本法名为《1957 年支票法》。

(2) 本法自通过之日起三个月后施行。

《英国 1992 年支票法》

一部修改支票的法案。

1992 年 3 月 16 日

第一条 《1882 年票据法》修正案:不可转让支票

在《1882 年票据法》第八十一条后插入以下一条:

第八十一 A 条 不可转让支票

(1) 凡支票已作划线,并在其票面上印有“account payee”或“a/c payee”的字样,不论有无“仅”字,该支票均不得流通转让,且支票仅在票据当事人之间有效。

(2) 就上文第八十条而言,银行不得仅因其未能关注根据上文第(1)款或其他规定不得转让的支票的任何声称背书而被视为过失。

第二条 《1882 年票据法》修正案:对划线支票的银行和出票人的保护

在《1882 年票据法》第八十条(对划线支票的银行和出票人的保护)的“划线支票”后插入“(包括根据下列第八十一 A 条或其他规定的不可转让支票)”。

第三条 《1957 年支票法》修正案

在《1957 年支票法》第四条(对支票托收银行的保护)第(2)款(a)项的“支票”后插入“(包括根据《1882 年票据法》第八十一 A 条第(1)款或其他规定的不可转让支票)”。

第四条 引用与生效

(1) 本法名为《1992 年支票法》。

(2) 本法自通过之日起三个月后施行。

美　国

《美国统一商法典》第3编　流通票据

第A章　总则与定义

第3.101条　简称

本编可被引为《统一商法典——流通票据》。

第3.102条　适用范围

(a) 本编适用于流通票据。但本编不适用于:货币,第4A编调整的支付指示,以及第8编调整的证券。

(b) 本编与第4编或第9编存在冲突的,则适用第4编和第9编。

(c) 本编条款与联邦储备系统管理委员会规章、联邦储备银行规则存在冲突的,则在冲突的范围内,后者取代前者而予适用。

第3.103条　定义

(a) 在本编中:

(1) "承兑人"是指已承兑汇票的付款人。

(2) (保留)。

(3) "消费者交易"是指个人主要为其本人、家庭或家属而承担债务的交易。

(4) "付款人"是指汇票中被指示付款的人。

(5) "出票人"是指汇票中作为付款指示人签名的人或被确定为付款指示人的人。

(6) (保留)。

(7) "制票人"是指本票中作为付款许诺人签名的人或被确定为

付款许诺人的人。

(8)“指示”是指经过发出指令的人签名的书面付款指令。指令可以发给包括指令人本人的任何人;指令可以发给一人或多人,但该多人只能是连带或任选而非先后的关系。付款授权不是指示,但被授权付款的人获得付款指令的除外。

(9)对于经商的人而言,“通常注意”是指遵守该人所在地通行的,并适用于该人所在商业领域的合理商业准则。如果银行以自动化方式处理票据的收付款,合理商业准则并不要求银行验票,只要省略验票未违反该银行规定的程序,而且该银行的程序并未不合理地偏离本编或第4编未予禁止的银行业务的一般惯例。

(10)“当事人”是指票据的当事人。

(11)票据的“第一债务人”是指被融通人,或指第二债务人有权根据本编对其进行追索的任何其他票据当事人。

(12)“承诺”是指书面付款许诺,且经许诺人签名。债务人对债务的承认不是付款承诺,但债务人另行作出付款许诺的除外。

(13)事实的“证明”是指完成该事实的举证责任[第1.201条(b)款(8)项]。

(14)(保留)。

(15)“汇付人”是指从发行人处购买票据的人,只要票据应向其他特定人而非该购买人付款。

(16)“远程制作的票证”是指由付款银行以外的第三人制作的票证,其显示已经出票人授权从其银行账户支取款项,但所显示的出票人签名并非出票人的手写签名。

(17)票据的“第二债务人”是指:(A)背书人或融通人,(B)承担第3.414条(d)款所述债务的出票人,或(C)任何根据第3.116条(b)款有权对票据当事人进行追索的其他票据当事人。

(b)适用于本编的其他定义及其所在条款:

“承兑”:第3.409条。

“被融通人”:第 3.419 条。

“融通人”:第 3.419 条。

“变造”:第 3.407 条。

“异常背书”:第 3.205 条。

“空白背书”:第 3.205 条。

“银行本票”:第 3.104 条。

“存款凭证”:第 3.104 条。

“保付支票”:第 3.409 条。

“支票”:第 3.104 条。

“对价”:第 3.303 条。

“汇票”:第 3.104 条。

“正当持票人”:第 3.302 条。

“不完全票据”:第 3.115 条。

“背书”:第 3.204 条。

“背书人”:第 3.204 条。

“票据”:第 3.104 条。

“发行”:第 3.105 条。

“发行人”:第 3.105 条。

“流通票据”:第 3.104 条。

“流通”:第 3.201 条。

“本票”:第 3.104 条。

“定时付款”:第 3.108 条。

“见票即付”:第 3.108 条。

“凭票付款”:第 3.109 条。

“凭令付款”:第 3.109 条。

“付款”:第 3.602 条。

“有权强制履行的人”:第 3.301 条。

“提示”:第 3.501 条。

“再取得”:第 3.207 条。

“记名背书”:第 3.205 条。

“银行支票”:第 3.104 条。

“票据转让”:第 3.203 条。

“旅行支票”:第 3.104 条。

“价值”:第 3.303 条。

(c) 其他各编中适用于本编的定义:

“账户”:第 4.104 条。

“银行营业日”:第 4.104 条。

“票证清算行”:第 4.104 条。

“收款银行”:第 4.105 条。

“存款银行”:第 4.105 条。

“跟单汇票”:第 4.104 条。

“中间银行”:第 4.105 条。

“票证”:第 4.104 条。

“付款银行”:第 4.105 条。

“暂停对外付款”:第 4.104 条。

(d) 此外,第 1 编中的一般定义和解释原则全部适用于本编。

第 3.104 条　流通票据

(a) 除(c)款、(d)款另有规定外,“流通票据”是指无论是否说明利息或其他费用而无条件支付确定金额的承诺或指示,如果该承诺或指示:

(1) 在发行或首次被持票人占有之时,规定凭票付款或凭令付款;

(2) 规定见票即付或定时付款;并且

(3) 除付款以外,不包含付款承诺人或指示人就其他行为许诺或指令。但是,该承诺或指示可以包含如下内容:

(A) 为担保付款,许诺或授权提供、维持或保全担保物;

(B) 对持票人授权,允许其承认败诉或兑现、处置担保物;或

(C) 放弃旨在向债务人提供优惠或保护的任何法律利益。

(b)“票据”是指流通票据。

(c) 指示如果符合 (a)款中除(1)以外的全部条件,且在其他方面符合(f)款对“支票”的定义,则为流通票据和支票。

(d) 如果在发行或首次持票人占有之时,承诺或指示(支票除外)包含无论其用语如何的如下醒目说明:该承诺指示不可流通或不属于本编调整的票据,则该承诺或指示不属于票据。

(e) 票据如果是承诺,则为“本票”;票据如果是指示,则为“汇票”。如果票据同时满足“本票”和“汇票”的定义,则有权强制履行该票据的人可将其视为两者之一。

(f)“支票”是指:(i) 除跟单汇票外的以银行为付款人的见票即付汇票;或(ii) 银行本票或银行支票。即使票面上使用其他用语,如“现金汇票”,该票据也可为支票。

(g)“银行本票”是指出票人和付款人为同一银行或同一银行的分行的汇票。

(h)“银行支票”是指由银行作为出票人的下列汇票:

(1) 付款人为另一银行;或

(2) 可在或通过另一银行付款。

(i)“旅行支票”是指下列票据:

(1) 见票即付;

(2) 以银行为付款人;在银行或通过银行付款;

(3) 注明为“旅行支票”或有实质类似的用语;以及

(4) 以票据上留用签名样本的人予以副签作为付款条件。

(j)“存款凭证”是指包含银行确认和承诺的票据,即银行确认已收到一定金额的款项,而且承诺将偿还该金额的款项。存款凭证是银行本票。

第 3.105 条　票据的发行

(a)“发行”是指制票人或出票人为了向任何人授予票据上的权

利，首次将票据交付给持票人或非持票人的行为。

(b) 未发行的票据或未发行且不完全但被补记完全的票据，对制票人或出票人具有效力；但是，未发行构成一项抗辩。附条件发行或为特殊目的发行的票据，对制票人或出票人具有效力；但是，该条件或该特殊目的的未获满足构成一项抗辩。

(c) “发行人”适用于已发行和未发行的票据，而且包括票据的制票人和出票人。

第 3.106 条　无条件的承诺或指示

(a) 除本条另有规定外，依第 3.104 条(a)款意旨，只要不存在以下情形，则承诺或指示是无条件的：(i) 附有明确的付款条件，(ii) 承诺或指示受另一记录的约束或调整，或(iii) 与承诺或指示有关的权利和义务记载在另一记录之中。提及另一记录，其本身并不致使承诺或指示附条件。

(b) 承诺或指示不因以下情形而被视为附条件的：(i) 提及的另一记录说明了有关担保物、提前付款或提前履约的权利，或(ii) 付款被限于使用特别的基金或来源。

(c) 如果承诺或指示要求，在承诺或指示上留有签名样本的人需要作出副签为付款条件的，则依第 3.104 条(a)款的意旨，该承诺或指示不因该要求而成为附条件承诺或指示。如果票据上留有签名样本的人未予副签的，则构成发行人义务的抗辩，但未予副签并不妨碍票据的受让人成为票据的持票人。

(d) 即使承诺或指示在发行或首次被持票人占有之时，依照成文法或行政法的要求包含如下说明：如果发行人有权向最初收款人主张请求或抗辩，则持票人或受让人的权利将受制于发行人的该权利，依第 3.104 条(a)款的意旨，该承诺或指示不因包含该说明而成为附条件承诺或指示；但若该承诺或指示是票据的，则该票据无正当持票人。

第 3.107 条　以外币支付的票据

如果票据载明以一定金额的外币支付，则该票据可以用该外币支付，也可以按票据支付当天付款地银行提供的现汇汇率，购买等额美元用以支付。但是，票据另有记载的除外。

第3.108条　见票即付；定时付款

(a) 下列承诺或指示属于“见票即付”的：

(1) 注明收到要求或见票之后即时付款，或以其他方式表明应根据持票人的意思付款；或

(2) 未注明付款时间。

(b) 如果承诺或指示应在见票或承兑之后的一个确定期限到期时付款，或在一个或多个确定日期付款，或在一个或多个时间付款且该时间在承诺或指示时即可简单确定，则该承诺或指示属于“定时付款”，即使该承诺或指示受制于下列有关权利：

(1) 提前付款；

(2) 要求对方提前履约；

(3) 持票人选择延期；

(4) 制票人或承兑人选择延期至另一确定时间；或在特定行为或事件发生之时或其后，自动延期至另一确定时间。

(c) 可在确定日期付款的票据，如果同时规定：在该确定日期之前提出要求的应予见票即付，则在该确定日期之前票据属于见票即付；但是，如果在该确定日期之前未提出付款请求，则在该确定日期的到期日票据成为定时付款。

第3.109条　凭票付款；凭令付款

(a) 下列承诺或指示属于凭票付款的：

(1) 载明支付给持票人或其指定人，或以其他方式表明承诺或指示的占有人有权获得付款；

(2) 未载明收款人；或

(3) 载明支付给“现金”或其指定人，或以其他方式表明无须向任何特定人付款。

(b) 在以下情形，如果承诺或指示不属于凭票付款的，则属于凭

令付款的：(i) 支付给特定人的指定人，或(ii) 支付给特定人或其指定人。如果承诺或指示要求支付给特定人的指定人，则等于支付给该特定人。

(c) 根据第 3.205 条(a)款，对凭票付款的票据记名背书后，该票据成为向特定人付款的凭令付款票据。根据第 3.205 条(b)款，对向特定人付款的票据空白背书后，该票据成为凭票付款票据。

第 3.110 条　票据付款对象的确定

(a) 票据应向最初的何人付款，应根据下列人的意图确定：作为发行人签名的人；以发行人名字签名的人；代表发行人签名的人，而无论前述签名人是否有授权。票据应向该签名人意指的人付款，即使该签名人意指的人并不符合票据上显示的名字或其他识别方式。如果以发行人名字签名或代表发行人签名的人为多人，且所有签名人并非均意指同一人为收款人的，则票据应向任何一个或多个签名人所意指的任何一人付款。

(b) 如果发行人的签名通过支票打印机等自动方式作出，则应根据提供收款人名字或其识别方式之人的意图确定该票据的收款人，而无论该提供人是否有此等授权。

(c) 票据付款对象可以使用任何方式予以确定，包括名字、身份号码、办公室或账号等。在确定持票人时，应适用下列规则：

(1) 如果票据应向一个账户付款，且该账户仅可用数字识别的，则有权从该账户获得付款的人是票据付款对象。如果票据应向一个账户付款，且该账户同时使用数字和名字识别的，则具有该名字的人是票据付款对象，而无论其是否为由该数字所确定的账户所有权人。

(2) 如果票据应向：

(A) 信托、遗产或被称为信托或遗产的受托人或代表人的人付款的，则该信托或遗产的受托人或代表人或他们的继承人是票据付款对象，而无论受益人或遗产是否被指名；

(B) 被称为特定人的代理人或类似代表人的人付款的，则被代表人、代表人或代表人的继承人是票据付款对象；

(C) 并非法人的基金或组织付款的，则该基金或组织的成员的代表人是票据付款对象；或

(D) 机关或机关负责人付款的，则该被指名人、机关负责人或该负责人的继承人是票据付款对象。

(d) 如果票据应向两人或两人以上任选付款的，则他们中的任何两人是票据付款对象，且票据可由他们之中占有票据的任何两人或所有人进行流通、解除责任或强制履行。如果票据应向两人或两人以上付款，但不得任选的，则他们所有人是票据付款对象，并只能由他们所有人进行流通、解除责任或强制履行。如果票据应向两人或两人以上付款，但未载明是否可以任选的，则该票据属于可以任选的。

第 3.111 条　付款地

除第 4 编对票证另有规定外，票据应在其载明的付款地付款。如果票据未载明付款地，则应在其载明的付款人或制票人的地址付款；如果票据未载明此种地址，则付款人或制票人的营业地为付款地。如果付款人或制票人有一个以上的营业地，则有权强制履行票据的人可以选择付款人或制票人的任一营业地为付款地。如果付款人或制票人没有营业地，则付款人或制票人的住所为付款地。

第 3.112 条　利息

(a) 除票据另有记载外：

(1) 票据的付款不计利息；并且

(2) 对于计息票据，利息从票据日期开始计算。

(b) 票据利息可以表述为固定或浮动的金额，或者为固定或浮动的利率。票据对该金额或利率的表述可以采用任何方式，并可以要求引用票面之外的信息。如果票据要求支付利息，但利息的金额无法从票据的描述中计算得出，则利率应为在利息首次发生时，票据付款地法院判案使用的利率，但不得因法院判决而认定该票据违反了《金融法典》的第 4 个标题。

第 3.113 条　票据日期

(a) 填写的票据日期可以比实际日期提前或者推迟。如果票据应在票据日期之后的确定期限付款,则由票据日期决定付款日期。对见票即付的票据,不得在票据日期之前要求付款,但第 4.401 条(c)款另有规定的除外。

(b) 如果票据无日期,则发行日期是票据日期。如果票据未发行,则持票人首次占有票据的日期是票据日期。

第 3.114 条　票据的冲突条款

如果票据包含冲突条款,则打字条款的效力高于印刷条款,手写条款的效力高于打字条款和印刷条款,文字的效力高于数字。

第 3.115 条　不完全票据

(a) "不完全票据"是指无论是否已由签名人发行但已签名的书面文件,该文件签名时表明其内容尚不完全,但签名人当时的意图是通过补记文字或数字以使其完全。

(b) 除(c)款另有规定外,如果不完全票据属于第 3.104 条所述的票据,在尚未补记完全时,则可按现有条款强制履行;在补记完全后,则可按补记完全后的条款强制履行。如果不完全票据不属于第 3.104 条所述的票据,但在补记完全后符合第 3.104 条规定的,则可按补记完全后的条款强制履行。

(c) 如果在不完全票据上补记文字或数字未得到签名人授权的,则为第 3.407 条所规定的对不完全票据的变造。

(d) 主张在不完全票据上补记文字或数字未得到签名人授权的人,承担相应的举证责任。

第 3.116 条　共同连带责任;份额

(a) 两个或多个制票人、出票人、承兑人、作为共同收款人背书的背书人、异常背书人对票据承担相同责任的,则应根据该两人或多人签名时的身份对票据承担共同连带责任,但票据另有规定的除外。

(b) 承担共同连带责任的当事人在支付票据后,可依法向同样承担共同连带责任的任何其他当事人追索该他人应承担的份额，但第3.419条(f)款另有规定或受影响之当事人另有协议的除外。

第3.117条　影响票据的其他协议

债务人可与有权强制履行票据的人另立协议，从而修改、补充或免除票据当事人支付票据的债务，只要该协议是发行票据或承担债务的基础，或者发行票据或承担债务与该协议同为一项交易的组成部分，但依法排除对于同时达成或之前达成之协议作为证据效力的除外。如果本条所述协议修改、补充或免除了债务，则该协议构成该债务的抗辩。

第3.118条　诉讼时效

(a) 除(e)款另有规定外，对定时付款的本票而言，强制履行当事人本票支付义务的诉讼必须在本票到期日或载明日之后6年内提起；如果到期日被提前，则必须在被提前的到期日后6年内提起。

(b) 除(d)款或(e)款另有规定外，对见票即付的本票而言，如果已对制票人提出付款请求的，则强制履行当事人本票支付义务的诉讼必须在提出请求后6年内提起。如果未对制票人提出付款请求，且本票的本息连续10年未获支付的，则强制履行本票的诉讼不得被提起。

(c) 除(d)款另有规定外，对未承兑的汇票而言，强制履行当事人汇票支付义务的诉讼必须在汇票被拒付后3年内提起或在汇票日期后10年内提起，以期限先届满者为准。

(d) 对保付支票的承兑人，或者银行支票、银行本票或旅行支票的发行人而言，强制履行当事人票据付款义务的诉讼必须在对该承兑人或该发行人提出付款请求后3年内提起。

(e) 对存款凭证而言，强制履行当事人票据付款义务的诉讼必须在对制票人提出付款请求后6年内提起。但是，如果票据载有到期日，且制票人无义务在该日之前付款的，则自从提出过付款请求且该到期日已到期之时，才开始计算上述6年期限。

(f) 对保付支票以外的已承兑汇票而言，强制履行当事人支付义务的诉讼必须在下列期限内提起：

(1) 承兑人有义务定时付款的，在汇票到期日或汇票载明日或承兑后6年内；或

(2) 承兑人有义务见票即付的，则在承兑日后6年内。

(g) 除涉及受其他法律调整的赔偿责任或份额责任外，下列有关诉讼必须在诉讼原因产生后3年内提起：

(1) 侵占票据、侵占已收款项，或类似的侵占；

(2) 违反担保；或

(3) 源于本编但不受本条调整的债务、义务或权利的强制履行。

(h) 本条不适用于涉及《民事执业及救济法典》第16.035条或第16.036条所涵盖的不动产留置权的诉讼。

(i) 公立高等教育机构或得克萨斯州高等教育协调委员会的诉讼权利不受本条的限制。

第3.119条　对诉讼抗辩权的通知

根据本编或第4编，如果第三人在违反义务的诉讼中应对该义务承担责任的，则被告可向该第三人以记录的形式发出诉讼通知，而该被通知人也可将类似通知再发给其他任何应承担责任的人。如果通知载明：(i) 被通知人可前来应诉并抗辩，并且(ii) 如果未能前来应诉并抗辩，在未来由通知人提起的诉讼中，被通知人应就两次诉讼所共有的事实受到此次诉讼对该确认事实之约束的，除非被通知人在及时收到通知后前来应诉并抗辩，否则其受该通知的约束。

第B章　流通、转让和背书

第3.201条　流通

(a)“流通”是指除发行人外的任何人自愿或非自愿地将票据的占有转让给他人，并使该他人成为持票人。

(b) 除汇付人实施的流通外，如果票据应向特定人付款，则必须转让票据的占有，且经持票人背书才能构成流通。如果票据属于凭票付款，则仅转让占有即可构成流通。

第 3.202 条　可撤销的流通

(a) 即使以下列方式取得流通，它也是有效的：

(1) 从未成年人、越权公司或无行为能力人处取得；

(2) 以欺诈、胁迫或错误方式取得；或

(3) 违反义务，或在不法交易中取得。

(b) 在其他法律允许的范围内，流通可以被撤销或采取其他救济，但此种救济不能对抗后手正当持票人或者以善意支付了票据且对导致撤销或其他救济之事实并不知情的其他人。

第 3.203 条　票据转让；转让后取得的权利

(a) 如果除发行人外的任何人交付票据，且其目的在于使取得交付的人有权强制履行票据的，则票据被转让。

(b) 无论票据的转让是否构成流通，均使受让人自转让人处取得强制履行票据的任何权利，包括正当持票人的权利。但是，如果受让人实施了票据的欺诈或不法行为，即使其直接或间接地从正当持票人处取得票据转让，也不能取得正当持票人的权利。

(c) 除非另有约定，如果通过有偿取得票据转让，且因转让人未作背书而致使受让人未能成为持票人的，则受让人有权要求转让人以实际履行的方式作出无限制背书；但在背书之前，票据不发生流通。

(d) 如果转让人并非意图转让全部的票据权利，则票据未予流通，且受让人不能获得本编规定的权利，而仅享有部分受让人的权利。

第 3.204 条　背书

(a)“背书”是指以制票人、出票人或承兑人以外身份作出的，在票据上单独地或附有其他文字的签名，且背书目的在于：(i) 流通票据，(ii) 限制票据付款，或(iii) 课以背书人票据责任。但是，无论签名人具有何种目的，签名及其附随文字都构成背书，除非附随文字、票据条款、签名地点或其他情况明确地表明:签名非出于背书目的。为确定签名是否在票据上作出,固定在票据上的纸张也是票据的组成部分。

(b)“背书人”是指作出背书的人。

(c)为了确定票据受让人是否为持票人,转让票据中担保权益的背书的效力同于无限制性背书。

(d)如果票据应向某持票人付款,但票据上载明的名字并非该持票人的,则该持票人的背书可以使用票据上载明的名字,或使用自己的名字,或同时使用两个名字。但是,为了价值或收款而支付票据或取得票据的人,有权要求该持票人同时签署该两个名字。

第 3.205 条　记名背书;空白背书;异常背书

(a)无论票据是向特定人付款还是凭票付款,如果背书由持票人实施,只要该背书将任何特定人指定为票据付款对象,则该背书为“记名背书”。票据被记名背书后,即需向该特定人付款,并仅可由背书指定的特定人进行背书而流通。第 3.110 条规定的规则,适用于记名背书。

(b)如果持票人的背书不属于记名背书,则该背书为“空白背书”。票据被空白背书后,则成为凭票付款的票据,并在下次被记名背书前,可以仅凭转让票据的占有进行流通。

(c)如果空白背书仅由签名构成,则持票人可在背书人签名之上补记文字,指定特定人有权取得票据付款,从而将空白背书转化为记名背书。

(d)如果背书人不是票据的持票人,则该背书为“异常背书”。异常背书不影响票据的流通方式。

第 3.206 条　限制性背书

(a)限制只能向特定人付款或者以其他方式禁止另行转让或流通票据的背书,不具有阻止另行转让或流通票据的效力。

(b)对被背书人获得付款的权利附有条件的背书,并不影响被背书人强制履行票据的权利。为了价值或收款而支付票据或取得票据的人，可以无视该条件，且该人的权利和义务不受该条件是否得到满足的影响。

(c) 如果票据：(i) 载有第 4.201 条(b)款所述的背书，或(ii) 载有空白背书；或载有给特定银行的背书，载明“用于存款”或“用于收款”；或用其他文字载明票据通过银行进行收款，用于该背书人或特定账户，则应适用下列规则：

(1) 如果除银行外的任何人购买有此种背书的票据，则购买人属于侵占票据，除非对票据支付的金额已被背书人收到或与该背书相符合；

(2) 如果存款银行购买有此种背书的票据，或为收款目的取得该票据，则存款银行属于侵占票据，除非银行对票据支付的金额已被背书人收到或与该背书相符合；

(3) 如果付款银行也是存款银行，或如果付款银行在柜台上从除收款银行外的任何人处取得见票即付的票据，则付款银行属于侵占票据，除非票据的收益已被背书人收到或与该背书相符合；

(4) 除上述(3)项另有规定外，付款银行或中间银行可以无视该背书。背书人未收到票据的收益或该收益与该背书不相符合的，该等银行无责任。

(d) 除(c)款中的背书外，如果票据的背书以文字说明：作为付款对象的被背书人是为了背书人或其他人的利益之代理人、受托人或其他诚信受托人，则应适用下列规则：

(1) 从被背书人处购买票据的人或为收付款目的从被背书人处取得票据的人，可将付款的收益或票据对价支付给被背书人，而无须考虑被背书人是否违反了其对背书人的信义义务，除非存在违反第 3.307 条规定的信义义务的通知；

(2) 票据的后手受让人或对票据付款的人不应被视为收到通知，其在其他方面也不受背书限制的影响，除非对受托人以违反信义义务的方式处理票据或其收益知情。

(e) 在票据上存在适用本条的背书,并不妨碍票据的购买人成为正当持票人,除非购买人为(c)款规定的侵占人,或对违反(d)款规定的信义义务已获通知或已有了解。

(f) 在强制履行当事人的票据付款义务诉讼中,如果付款将违反适用本条的背书且付款不被本条所允许,则债务人可以对此提出抗辩。

第 3.207 条　再取得

票据通过流通或其他方式被转让给先手持票人的,构成票据的再取得。再取得票据的先手持票人可将其在首次成为持票人之后产生的背书全部涂销。如果涂销使得票据应向再取得人付款或成为凭票付款的,则该再取得人可将票据进行流通。背书人的背书被涂销的,其义务被解除,且该解除可以有效对抗任何后手持票人。

第 C 章　票据的强制履行

第 3.301 条　有权强制履行票据的人

"有权强制履行"票据的人是指:(i) 持票人,(ii) 占有票据且享有持票人权利的非持票人,或(iii) 不占有票据但根据第 3.309 条或第 3.418 条(d)款有权强制履行票据的人。即使某人不是票据的所有权人或不当占有票据,其仍可成为有权强制履行票据的人。

第 3.302 条　正当持票人

(a) 除(c)款和第 3.106 条(d)款另有规定外,"正当持票人"是指以下情形的持票人:

(1) 在发行或流通票据给持票人时,不存在导致其真实性存疑的伪造、变造或其他不正常或不完全的表面证据;并且

(2) 持票人取得票据须符合以下条件:

(A) 有偿;

(B) 善意；

(C) 对票据已逾期或曾被拒付不知情；对票据复本付款违约未予补救也不知情；

(D) 对票据存在无授权签名或被变造不知情；

(E) 对票据存在第 3.306 条所述之请求不知情；并且

(F) 对任何当事人持有第 3.305 条(a)款所述之抗辩或扣减权不知情。

(b) 当事人已被解除义务(破产程序中的解除义务除外)的通知，不构成(a)款所述的抗辩通知。但是，任何人在得到该解除义务通知后成为正当持票人的，该解除义务可以有效对抗该持票人。任何文件的公共申报或登记自身不构成票据存在抗辩、扣减权或票据请求的通知。

(c) 除非转让人或前手利害关系人享有正当持票人的权利，通过下列方式取得票据的人不能获得正当持票人的权利：

(1) 通过法律程序取得票据，或在执行程序、破产程序或债权人出售或类似程序中通过购买取得票据；

(2) 在转让人的非正常营业过程的大宗交易中，通过部分购买取得票据；或

(3) 作为遗产或其他组织的利益的继承人取得票据。

(d) 根据第 3.303 条(a)款(1)项，如果作为票据对价的履约承诺已经部分完成，则持票人可以主张正当持票人的权利，但不得超过票据项下付款的相应比例，即已完成的履约价值除以承诺的履约价值的比例。

(e) 如果：(i) 有权强制履行票据的人对票据仅享有担保权益，且(ii) 有义务支付票据的人可以对抗担保权益提供人而持有抗辩、扣减权或票据请求的，则有权强制履行票据的人可以主张正当持票人的权利，但其金额仅限在强制履行之时不超出票据项下未受偿的被担保债务的数额。

(f) 通知的收取时间和方式必须留有根据其采取行为的合理机

会，才能有效。

(g) 如果任何法律限制了特定种类的交易之中正当持票人的地位，则该法律的效力高于本条。

第 3.303 条　价值和对价

(a) 在以下情形，发行或转让票据被视为取得价值：

(1) 发行或转让票据用以换取履约承诺，且该承诺须已被履行；

(2) 受让人取得票据上的担保权益或其他留置权，但司法程序中取得的留置权除外；

(3) 发行或转让票据是为了偿付任何人的先前存在的请求，或为该请求设立担保权益，而无论该请求是否已到期；

(4) 发行或转让票据用以换取流通票据；或

(5) 发行或转让票据用以换取票据取得人向第三人承担不可撤销的义务。

(b) “对价”是指足以支持简式合同的对价。如果票据的发行无对价，则出票人或制票人享有抗辩。如果发行票据是为了换取履约承诺，且该履约承诺已到期但未履行的，则发行人享有抗辩。如果发行票据根据 (a)款被视为取得价值，则其也被视为支付了对价。

第 3.304 条　逾期票据

(a) 在下列最早时间开始时，见票即付的票据成为逾期票据：

(1) 正常请求付款当日的下一日；

(2) 如果票据是支票的，从支票日期起后的第 90 日；或

(3) 如果票据不是支票的，根据票据的性质和交易习惯，从票据日期起已超过个案具体情况下的合理时间。

(b) 对于定时付款的票据应适用下列规则：

(1) 本金应分期支付且其到期日未被提前的，只要票据任何一笔分期付款因违约未能支付，则票据属于逾期；而在违约被纠正前，票据一直属于逾期；

(2) 本金不是分期支付且其到期日未被提前的，则在到期日的下

一日，票据逾期；以及

(3) 本金的到期日被提前的，则在被提前后的到期日的下一日，票据逾期。

(c) 除非本金的到期日被提前，利息未支付但本金已支付的，票据不属逾期。

第3.305条　抗辩和扣减权

(a) 除本条另有规定外，对当事人票据付款义务进行强制履行的权利，受制于下列抗辩或扣减权：

(1) 债务人基于下列理由的抗辩：

(A) 债务人为未成年人，但限于该情况可以构成简式合同项下的抗辩；

(B) 存在胁迫、欠缺法律能力或不法交易，且根据其他法律该不法交易会导致债务人的债务无效；

(C) 债务人受到欺诈，即在既不了解、也无合理机会了解票据的性质或关键条款的情况下，被诱导签署票据；或

(D) 债务人在破产程序中被解除义务。

(2) 债务人根据本编其他条款享有的抗辩；或在有权强制履行票据的人强制履行简式合同项下的收款权利之时，债务人本可使用的抗辩；并且

(3) 债务人持有对抗票据最初收款人的扣减权，如果该权利与票据产生于同一交易；但是，债务人对抗票据受让人的请求只能用于扣减已诉票据项下的未偿金额。

(b) 正当持票人强制履行当事人票据付款义务的权利，受制于(a)款(1)项规定的债务人的抗辩，但不受制于(a)款(2)项规定的债务人的抗辩或(a)款(3)项规定的可对抗除持票人外其他人的扣减权。

(c) 除(d)款另有规定外，在强制履行当事人票据付款义务的诉讼中，债务人在对抗有权强制履行票据的人之时不得援引他人的抗辩、扣减权或票据请求(第3.306条)。但若该他人加入诉讼并自行对有

权强制履行票据的人提出票据请求的,则债务人也可提出此等主张。若请求强制履行票据的人不享有正当持票人的权利且债务人能够证明票据已遗失或被盗的,则债务人无票据付款义务。

(d) 除破产程序中的解除义务、未成年以及欠缺法律能力等抗辩,在强制履行融通人票据付款义务的诉讼中,融通人在对抗有权强制履行票据的人之时可以主张(a)款规定的抗辩或扣减权,只要被融通人有权对强制履行票据的人主张该抗辩或扣减权。

(e) 在消费者交易中,如果本编外的其他法律规定票据应包含如下说明:持票人或受让人的权利受制于发行人可向最初收款人主张的请求或抗辩,但票据未包含此项说明的,则:

(1) 该票据的效力,同于包含此项说明的票据;

(2) 发行人可向持票人或受让人主张的全部请求和抗辩,同于包含此项说明的票据;并且

(3) 当达到确定可向持票人或受让人请求的程度时,票据被视为已包含此项说明。

如果票据包含或者根据本款被视为包含此项说明,则根据此项说明对发行人承担责任的持票人或受让人有权就其承担的、源于发行人对卖方之请求或抗辩的责任,从卖方获得全额赔偿以及合理的律师费,但其不得为货物或服务的卖方。本条关于赔偿的明确规定,不影响持票人或受让人根据任何规则、书面合同、法院判决或其他立法而享有的赔偿、代位或追索的任何权利。如果持票人或受让人自己做出可被诉的不当行为且该行为无关于此项说明的派生责任,则其不能依本条就自己对发行人承担的直接责任从卖方处获得赔偿。

(f) 如果本编以外的其他法律为消费者交易确立了不同的规则,则本条受制于该法律。

第 3.306 条 票据请求

不享有正当持票人权利的票据取得人,受制于票据或其收益上存在的财产权或占有权,包括撤销流通、收回票据或其收益等权利。享

有正当持票人权利的票据取得人，不受上述票据请求的约束。

第 3.307 条　违反信义义务的通知

(a) 在本条中：

(1) “诚信受托人”是指代理人、受托人、合伙人、公司高管或者董事以及其他对票据承担信义义务的代表人。

(2) “被代表人”是指被代理人、受益人、合伙企业、公司以及(1)项规定信义义务承担者的其他受益人。

(b) 如果(i) 任何人为了付款或者收款，或为了有偿从诚信受托人处取得票据；(ii) 该取得人知道诚信受托人的身份；并且(iii) 被代表人基于诚信受托人的交易违反了信义义务而对票据或其收益提出请求的，则应适用以下规则：

(1) 诚信受托人违反信义义务的通知即为被代表人提出请求的通知；

(2) 在票据应向被代表人或者诚信受托人付款的情况下，以下情形中的票据取得人被视为收到违反信义义务的通知，如果：

(A) 该取得人知道票据为用以支付诚信受托人个人债务，或为该债务设立担保的；

(B) 该取得人知道票据交易为维护诚信受托人个人利益的；或者

(C) 票据存入的账户不是诚信受托人基于信托身份设立的账户或者被代表人的账户。

(3) 在票据是由被代表人发行或者诚信受托人基于信托身份发行的情况下，除非票据取得人对违反信义义务知情，否则即使票据向诚信受托人个人付款，也不视为票据取得人收到了违反信义义务的通知。

(4) 在票据是由被代表人发行或者诚信受托人基于信托身份发行的情况下，且收款人为票据取得人，以下情形中的票据取得人被视为收到违反信义义务的通知，如果：

(A) 该取得人知道票据为用以支付诚信受托人个人债务，或为该债务设立担保的；

(B) 该取得人知道票据交易为维护诚信受托人个人利益的;或者

(C) 票据存入的账户不是诚信受托人基于信托身份设立的账户或者被代表人的账户。

第 3.308 条　对签名和正当持票人身份的证明

(a) 在有关票据的诉讼中,除非在答辩中被特别否认,票据上每个签名都应当被承认为真实的且已获得授权。如果某个签名的有效性在答辩中被否认,主张该签名有效的人应承担举证责任,但签名应当被推定为真实的且已获得授权,除非该诉讼旨在强制履行该争议签名人的责任,而在审理签名的有效性时该签名人已死亡或无行为能力。如果在强制履行票据的诉讼中,原告认为被告是隐名被代理人,而作为票据当事人在票据上签名的人是该被代理人的代表人,则原告负有证明被告作为被代表人应根据第 3.402 条(a)款承担票据责任的举证责任。

(b) 如果签名的有效性被承认或证明且符合(a)款的规定,原告只要证明其有权根据第 3.301 条强制履行票据,则原告有权就其出示的票据获得付款,除非被告证明其享有抗辩或扣减权。如果抗辩或者扣减权被证明,则原告的付款请求权会受制于该抗辩或扣减权,除非原告证明其享有不受该抗辩或扣减权约束的正当持票人权利。

第 3.309 条　遗失、损毁或被盗票据的强制履行

(a) 不占有票据的人仍可强制履行票据,如果:

(1) 请求强制履行票据的人:

(A) 在丧失占有之时有权强制履行该票据;或者

(B) 直接或间接地从在丧失占有之时有权强制履行票据的另一人处取得票据的所有权;

(2) 并非因为该人转让票据或合法扣押而丧失占有;并且

(3) 该人因为票据已被损毁、已无法找到,或者已被他人错误占有且该占有人处于未知或者无法找到或者无法送达诉讼通知而不能正常占有票据。

(b) 根据(a)款规定请求强制履行票据的人，必须证明票据的相关条款及其强制履行票据的权利。如果完成了此项证明，则应适用第3.308条，视为该人已出示票据。法院在判决支持请求强制履行票据的人之前，必须认定被要求付款的人已获得足够的保护，不会因另一人请求强制履行票据而受到损失。此种足够的保护，可以采用任何合理的方式提供。

第3.310条　票据对原因债务的影响

(a) 除非另有协议，如果收取保付支票、银行本票或银行支票用以解除一项原因债务，则其债务解除的效力相当于收取等于票据金额的金钱以解除该债务。该债务的解除，不影响债务人作为票据背书人的责任。

(b) 除另有协议或(a)款另有规定外，如果收取本票或未保付支票用以解除一项原因债务，则该债务暂时中止，且其债务解除的效力相当于收取等于票据金额的金钱以解除该债务，并且此种情形应适用下列规则：

(1) 对未保付支票而言，该债务的暂时中止延续至支票被拒付、被支付或被保付之时。对支票支付或保付后，该债务在支票金额的范围内被解除。

(2) 对本票而言，该债务的暂时中止延续至本票被拒付或被支付之时。对本票支付后，该债务在支付金额的范围内被解除。

(3) 除(4)项另有规定外，如果支票或本票被拒付，且原因债务的权利人是有权强制履行票据的人，则该权利人可以强制履行票据或原因债务。如果第三人的票据是由该债务人流通给该权利人的，解除该债务人的票据债务即同时解除了该债务人的原因债务。

(4) 如果有权强制履行票据的人不是原因债务的权利人，该权利人不得在原因债务暂时中止期间强制履行原因债务。如果原因债务的权利人是有权强制履行票据的人，但其因票据遗失、被盗或损毁而不再占有票据的，则在票据应付金额的范围内该权利人不得强制履行该原因债务，且该权利人对抗债务人的权利之范围仅限于强制履行该票据。

(c) 为解除一项原因债务而收取(a)款或(b)款规定之外的票据，则票据的效力：

(1) 若是银行作为制票人或承兑人承担票据责任的，如(a)款规定；或

(2) 在任何其他情形中，如(b)款规定。

第 3.311 条　使用票据进行和解与清偿

(a) 任何被请求的人能够证明以下事项的，则应适用(b)—(d)款：

(1) 作为对请求的全部清偿，被请求人以善意向请求人提示了票据；

(2) 请求金额未被裁定或存在善意的纠纷；并且

(3) 请求人取得了票据付款。

(b) 除了应该适用(c)款的情形，如果请求人能够证明票据或其附随的书面通信包含了该票据是对请求的全部清偿等之醒目说明，则该请求被视为已获清偿。

(c) 除(d)款另有规定外，只要存在以下情形之一，则请求不得根据(b)款的规定被视为已获清偿：

(1) 如果请求人是一个组织，且其能够证明如下内容：

(A) 在票据提示前的合理时间内，请求人向被请求人发送了醒目说明，即将包括用于债务全部清偿而提示的票据等有关争议债务的通信发送至指定的人、办事处或地点；并且

(B) 票据或其附随的通信未由该指定的人、办事处或地点收到。

(2) 无论是否为一个组织，请求人能够证明在票据付款后 90 日内，请求人曾向被请求人提示返还票据金额。但若请求人是一个组织，且其发送了符合(1)项(A)目规定的说明，则不适用本款。

(d) 如果被请求人能够证明，在请求人请求票据收款前的合理时间内，请求人或对争议债务直接负责的请求人的代理人已经知道，提

示票据是为了全部清偿请求的，则请求被视为已获清偿。

第3.312条　遗失、损毁或被盗的银行本票、银行支票或保付支票

(a) 在本条中：

(1) “支票”是指银行本票、银行支票或保付支票。

(2) “请求人”是指主张有权获得遗失、损毁或被盗的银行本票、银行支票或保付支票的金额的人。

(3) “报失声明”是指会受到伪证处罚的条件下以记录形式作出的声明，该声明表明：

(A) 声明人丧失了对支票的占有；

(B) 对于保付支票，声明人是支票的出票人或收款人；对于银行本票或银行支票，声明人是支票的汇付人或收款人；

(C) 非因声明人的转让或合法扣押而丧失对支票的占有；并且

(D) 由于支票已损毁、已无法找到，或者已被他人错误占有且该占有人处于未知或者无法找到或者无法送达诉讼通知，所以声明人不能合理地获得对支票的占有。

(4) “承债银行”指银行本票或银行支票的发行人或者保付支票的承兑人。

(b) 请求人就支票金额提出请求时，可向承债银行发送通信，合理描述支票特征并要求支付支票金额，只要：(i) 请求人是保付支票的出票人或收款人，或者是银行本票或银行支票的汇付人或收款人；(ii) 通信中包含或附有请求人就支票作出的报失声明；(iii) 基于收到通信的时间和方式，银行有合理时间在支付支票前，根据该通信采取行动；并且(iv) 请求人根据承债银行的要求提供了合理的身份证明。提交报失声明，即为声明所述的真实性提供担保。如果根据本款提出请求，则适用以下规则：

(1) 在下列较晚到来的时间里，该请求具有强制履行力：(i) 提出请求的时间；或者(ii) 对于银行本票或银行支票，从支票日期次日起第 90 日;对于保付支票,从承兑日期次日起第 90 日。

(2) 在该请求具有强制履行力之前,其无法律效力,并且承债银行可以支付支票金额,或在涉及银行支票时可以允许付款人支付支票金额。在向有权强制履行支票的人付款之后,承债银行对支票的全部债务即被解除。

(3) 在支票被提示付款前,该请求具有强制履行力的,则承债银行无义务支付支票金额。

(4) 如果请求具有强制履行力,则承债银行有义务向请求人支付支票金额,只要此前未曾向有权强制履行的人付款。除了第 4.302 条(a)款(1)项另有规定的外,向请求人的付款解除了承债银行对该支票的所有责任。

(c) 如果承债银行根据(b)款(4)项支付支票金额给请求人,但享有正当持票人权利的人出示支票并请求付款,则请求人有义务:

(1) 如果支票已被支付,向承债银行退回付款;或者

(2) 如果支票已被拒付,向享有正当持票人权利的人支付支票金额。

(d) 如果请求人有权根据(b)款提出请求,并且其同时是有权强制履行已遗失、损毁或被盗的银行本票、银行支票或保付支票的人,则根据本条或者第 3.309 条,该请求人可以主张支票的相关权利。

第 D 章 当事人责任

第 3.401 条 签名

(a) 除非在以下情形,任何一人不对票据负责:

(1) 该人在票据上签名;或

(2) 该人的代理人或代表人在票据上签名,而且该签名根据第 3.402 条对被代理人有约束力。

(b) 签名的方式可以：(i) 手写，或者使用设备或机器，并且(ii) 使用任何包括商号或别名等的名字，或者使用或采纳行为人当时即意在对书面文件进行认证的任何文字、标志或符号。

第 3.402 条　代理人的签名

(a) 如果在票据上签名的人是代理人或显示为代理人，且其在签名时使用被代理人的或签名人自己的名字，则该签名对被代理人的约束力，相当于该签名签署在简式合同之时对被代理人的约束。如果被代理人受该签名的约束，则代理人的签名属于"被代理人的授权签名"，且被代理人承担票据责任，而无论票据上是否指明了该被代理人。

(b) 如果代理人以自己的名字在票据上签署，且该签名是被代理人的授权签名，则应适用下列规则：

(1) 如果签名方式明确表示签名是代表被代理人作出的，并且票据上指明了该被代理人，则代理人不承担票据责任。

(2) 除(c)款另有规定外，如果正当持票人在取得票据时未得到有关代理人无意承担票据责任的通知，则在以下情形中代理人应承担票据责任：(i) 签名方式并未明确表示签名是以代理人的身份作出，或(ii) 票据未指明被代理人。就任何其他人而言，除非代理人能够证明各个最初当事人无意让代理人承担票据责任，否则代理人应承担票据责任。

(c) 如果代理人作为支票的出票人签署代理人的名字，但未载明其代理人的身份，同时支票所支取的账户是该支票所载明的被代理人的，且该签名属于被代理人的授权签名，则签名人不承担支票责任。

第 3.403 条　无授权签名

(a) 除本编或第 4 编另有规定外，无授权签名是无效的，除非该无授权签名旨在保护以善意支付票据的人或者通过有偿取得票据的人。基于本编任何目的，无授权签名均可被事后追认。

(b) 如果一个组织的授权签名需要一个以上的人签名,则缺少其中的任何一个签名,该组织的签名即为无授权签名。

(c) 即使基于本编的目的,依本编条款认可了无授权签名有效,但作出无授权签名的人所应当承担的民事责任或刑事责任不受该条款的影响。

第 3.404 条　冒名人;虚构收款人

(a) 如果冒名人通过邮件或其他形式冒充票据收款人或收款人的被授权人,引诱票据发行人向冒名人或其合谋人发行票据,而且有人以该收款人的名字在票据上背书的,则为保护以善意支付票据的人、通过有偿取得票据的人或为收款目的取得票据的人,该背书视作该收款人背书而有效。

(b) 如果(i)票据付款对象是由某人的意图决定的[第 3.110 条(a)款或(b)款],而该人无意让被载明为收款人的人取得任何票据权益,或(ii)被载明为票据收款人的人是虚构的,则在记名背书的票据被流通之前,应适用下列规则:

(1) 票据的占有人,即为该票据的持票人;

(2) 任何人以票据上被载明为收款人的名字背书的,则为保护以善意支付票据的人、通过有偿取得票据的人或为收款目的取得票据的人,该背书视作该收款人背书而有效。

(c) 依(a)款或(b)款,在以下情形中,背书视作以收款人的名字作出:

(1) 背书使用的名字与收款人的名字实质上相似;或者

(2) 票据无论是否经过背书而被存入存款银行,且存入账户的名字与收款人的名字实质上相似。

(d) 对于适用(a)款或者(b)款的票据,如果任何人在支付票据、通过有偿取得票据或为收款目的取得票据之时未能保持通常注意,并且该过失导致了票据的付款损失,则遭受损失的人可从该人处获得未能保持通常注意所造成的损失之赔偿。

第 3.405 条 雇员欺诈背书时的雇主责任

(a) 在本条中：

(1)“雇员”包括雇主雇用的独立签约人，以及该独立签约人的雇员；

(2)“欺诈背书”：

(A) 对于应向雇主付款的票据，是指显示为雇主但其被伪造的背书；或者

(B) 对于雇主是发行人且票据载明了收款人的票据，是指显示为收款人但其被伪造的背书。

(3) 有关票据的“职责”是指作出下列行为的权限：(i) 代表雇主签名或背书；(ii) 对雇主收到的票据进行账目处理、存入账户或作出其他处置；(iii) 为了使用雇主的名字发行票据，对票据进行准备或者处置；(iv) 提供信息确定以雇主名字发行的票据的收款人的名字或地址；(v) 管控以雇主名字发行的票据的处置；(vi) 以履行职责的身份从事的其他有关票据行为。票据的“职责”范围不包括：雇员仅可接触处于储存、运输或寄送过程中的票据、空白票据或不完全票据，或者类似的接触之权限。

(b) 如果任何人以善意支付票据、通过有偿取得或为收款目的取得票据，在确定该人的权利和义务时，只要雇主将票据的职责委托给雇员，即使该雇员或其同谋人作出了欺诈背书，且背书是以有权获得票据付款的人的名字作出的，则该背书视作该收款人背书而有效。如果任何人在支付票据、通过有偿取得票据或为收款目的取得票据之时未能保持通常注意，并且该过失导致了票据的付款损失，则遭受损失的人可从该人处获得未能保持通常注意所造成的损失之赔偿。

(c) 为(b)款的目的，在以下情形，背书视作以有权获得票据付款的人的名字作出：

(1) 背书使用的名字与该人的名字实质上相似；

(2) 票据无论是否经过背书而被存入存款银行，且存入账户的名

字与该人的名字实质上相似。

第3.406条　导致发生票据签名伪造或变造的过失

(a) 如果任何人未能保持通常注意，且该过失实质上导致了票据变造或伪造签名的发生，则在对抗以善意支付票据的人、通过有偿取得票据或为收款目的取得票据的人之时，该人无权主张票据存在变造或伪造。

(b) 根据(a)款规定，如果抗辩他人主张权的人在支付或取得票据时也未能保持通常注意，且该过失导致了损失的发生，则丧失主张权的人和抗辩他人主张权的人应按他们各自未能保持通常注意对损失发生的影响程度来分担损失。

(c) 根据(a)款规定，证明未能保持通常注意的举证责任，由抗辩他人主张权的人承担。根据(b)款规定，证明未能保持通常注意的举证责任，由丧失主张权的人承担。

第3.407条　变造

(a)"变造"是指：

(1) 未经授权而在票据上作出的，旨在任一方面修改任一当事人义务的改动；或

(2) 未经授权而在不完全票据上补记的，影响任一当事人义务的文字、数字或其他的改动。

(b) 除(c)款另有规定外，如果欺诈性变造影响到任一当事人的义务，该当事人的义务即被解除，除非该当事人同意该变造或丧失对该变造的主张权。任何其他变造，均不解除当事人的义务，且票据可按最初条款强制履行。

(c) 如果付款银行或付款人支付了存在欺诈性变造的票据，或者任何一人善意有偿取得了票据但对票据变造不知情，则其有权按下列条款强制履行有关该票据的权利：

(1) 按票据的最初条款；或

(2) 对于经无授权变造被补记完全的不完全票据，按补记完全后

的条款。

第 3.408 条　对未承兑的汇票不承担责任的付款人

支票或者其他汇票本身不作为付款人手中可用于支付该票据之资金的转让，在承兑支票或其他汇票前，付款人不对票据承担责任。

第 3.409 条　汇票的承兑；保付支票

(a)“承兑”是指付款人以签名表示同意在汇票被提示时对汇票付款。承兑必须写在汇票上，且可仅由付款人的签名构成。承兑可在任何时间作出，并在根据相关指示作出通知时或者为使任何人基于承兑取得权利而交付已承兑的汇票时，该承兑生效。

(b) 即使汇票未经出票人签名、在其他方面不完全、已逾期或者已被拒付，其仍可被承兑。

(c) 如果汇票是见票后定期付款的，承兑人没有填写承兑日期，则为使承兑完善，持票人可以善意地填上日期。

(d)“保付支票”是指已由受票银行承兑的支票。承兑可以(a)款规定的方式作出，或在支票上表明其已获保付。支票的付款人对支票无保付义务，拒绝保付并不是对支票的拒付。

第 3.410 条　改变汇票的承兑

(a) 如果付款人的承兑条款与所提示的汇票条款不同，则持票人可以拒绝该承兑，并视作汇票已被拒付。在此种情况下，付款人可以撤销承兑。

(b) 限定于美国的任一特定银行或者地点支付汇票的承兑并未改变汇票条款，除非该承兑载明只能在该银行或该地点支付该汇票。

(c) 如果持票人同意改变汇票的承兑，则任何未明确同意此种承兑的出票人、背书人均可解除义务。

第 3.411 条　拒绝支付银行本票、银行支票和保付支票

(a) 在本条中，“承债银行”是指保付支票的承兑人、银行本票或银行支票的发行人，只要票据是从该发行人处购买。

(b) 如果承债银行错误地：(i) 拒绝支付银行本票或保付支票，

(ii) 停止支付银行支票,或(iii) 拒绝支付被拒付的银行支票,则主张强制履行该票据的人有权就其未获支付所遭受的费用和利息损失要求赔偿。如果承债银行在收到造成间接损失之情况的通知后仍然拒绝支付的,则该人还有权就间接损失要求赔偿。

(c) 如果承债银行因下列事由而拒付的,则无须赔偿(b)款规定的费用或间接损失:

(1) 承债银行已中止付款;

(2) 承债银行有合理理由相信其拥有的请求或抗辩可以对抗有权强制履行票据的人;

(3) 承债银行有合理理由怀疑请求付款的人是否为有权强制履行票据的人;或

(4) 付款被法律所禁止。

第 3.412 条　本票或银行本票发行人的义务

本票、银行本票或以出票人为付款人的其他汇票的发行人,有义务按照下列条款对票据付款:(i) 按照票据发行时的条款付款;或如果票据未发行,按照票据首次被持票人占有之时的条款付款,或(ii) 如果发行人签署了一张不完全票据,则在第 3.115 条和第 3.407 条规定限度内,按照票据被补记完全后的条款付款。上述义务,向有权强制履行票据的人或根据第 3.415 条支付了票据的背书人承担。

第 3.413 条　承兑人的义务

(a) 汇票的承兑人有义务按照下列条款对票据付款:(i) 按照汇票承兑时的条款付款,即使承兑载明了按照“最初出票”条款付款,或使用了类似条款;(ii) 如果承兑改变了汇票的条款,则按照改变之后的汇票条款付款;(iii) 如果承兑的汇票是不完全票据,则在第 3.115 条和第 3.407 条的范围内,按照汇票被补记完全后的条款付款。上述义务,向有权强制履行票据的人、出票人、根据第 3.414 条或第 3.415 条支付了汇票的背书人承担。

(b) 如果对支票的保付或对汇票的承兑规定了保付或承兑的金

额，则该金额为承兑人的义务范围。在以下情形中，承兑人的义务范围为正当持票人取得票据时的票据金额：

（1）保付或者承兑未载明金额；

（2）票据金额之后被增加；并且

（3）票据后来被流通给正当持票人。

第3.414条　出票人的义务

（a）本条不适用于银行本票或者其他以出票人为付款人的汇票。

（b）如果未承兑汇票被拒付，则出票人有义务按照下列条款对汇票付款：（i）按照汇票发行时或者未发行的汇票首次被持票人占有时的条款付款；或（ii）在第3.115条和第3.407条规定的限度内，按照不完全汇票被补记完全后的条款付款。上述义务，向有权强制履行票据的人或根据第3.415条支付了汇票的背书人承担。

（c）无论承兑在何时被何人取得，如果汇票被银行承兑，则出票人被解除义务。

（d）如果汇票被银行以外的人承兑，则在承兑人拒付汇票时，出票人承担同于第3.415条（a）款规定的背书人的付款义务。

（e）如果汇票载明以"无追索权"方式发行或以其他方式排除出票人的付款义务，则若汇票非支票的，出票人不承担（b）款规定的义务。若汇票为支票，对（b）款规定义务的排除是无效的。

（f）如果：（i）在支票日期后30日内未被提示付款或被交付给存款银行用以收款的，（ii）付款人在到期后30日内未支付支票而中止付款的，并且（iii）由于中止付款，出票人对付款人掌管的付款资金失去控制的，而若出票人将控制付款人使用该资金的权利转让给有权强制履行支票的人，则出票人在失去控制的资金限度内解除对支票的付款义务。

第3.415条　背书人的义务

（a）除（b）（c）（d）（e）款以及第3.419条（d）款另有规定外，如果票据被拒付，背书人有义务按照下列条款支付票据到期金额：（i）按照票据被背书时的条款支付，或（ii）在第3.115条和第3.407条规定的限度内，按照不完全汇票被补记完全后的条款支付。背书人的上述义务，向有权强制履行票据的人或根据本条支付了汇票的后手背书人承担。

(b) 如果背书载明以“无追索权”方式作出或以其他方式排除了背书人的付款义务，则背书人不承担(a)款规定的付款义务。

(c) 如果根据第3.305条需要就票据作出拒付通知，但拒付通知不符合该条规定的，则(a)款中的背书人义务被解除。

(d) 如果汇票在背书后得到银行承兑，则(a)款中的背书人义务被解除。

(e) 如果支票的背书人承担(a)款规定的义务，但支票在背书之后超过30天没有被提示付款或交付存款银行以便收款，则(a)款中的背书人义务被解除。

第3.416条　转让时的担保

(a) 为取得对价而转让票据的人向受让人担保如下，如果转让以背书方式作出，则其同时向所有后手受让人担保如下：

(1) 担保人有权强制履行票据；

(2) 票据上的所有签名是真实的且经授权；

(3) 票据未经变造；

(4) 票据不受制于任何当事人享有的可对抗担保人的抗辩；

(5) 担保人就针对制票人或承兑人提出的破产程序不知情；或者对于未承兑的汇票，就针对出票人提起的破产程序不知情；并且

(6) 对于远程制作的票证，票证支取账户的持有人已经授权按照票证显示的金额发行票证。

(b) (a)款规定中的被担保人如果以善意取得票据，则在担保人违反担保时，就其违反担保所造成的损失，被担保人可以要求担保人承担不超过票据金额的损害赔偿以及违反担保所造成的费用及利息损失。

(c) 对于支票，上述(a)款规定的担保不得被免除。请求人需要在

应当知道担保人违反担保及担保人真实身份后30日内，将违反担保的请求权通知发送给担保人。否则，就延迟发送通知所造成的损失，(b)款中的担保人义务被解除。

(d) 在请求人应当知道担保人违反担保之时，产生本条规定的违反担保的诉讼理由。

(e) 对于特定票证，如果：(1)包括收款银行的受让人就违反担保主张(a)款(6)项规定的请求，但是(2)依法(包括适用的冲突法原则)在该受让人自己是转让人的情况下，其本不会作出实质类似(a)款(6)项规定担保的，则该受让人被视为未从任何转让人处取得(a)款(6)项规定的担保。

第3.417条　提示时的担保

(a) 如果以未承兑的汇票向付款人提示付款或者提示承兑，并且付款人支付或者承兑了该汇票，则(i)取得付款或者承兑的人在提示之时，并且(ii)汇票的前手转让人在转让之时，向以善意支付或承兑汇票的付款人担保如下：

(1) 担保人现在是或在担保人转让票据时是有权强制履行汇票的人，或有权代表该人取得汇票的付款或承兑的人；

(2) 汇票未经变造；

(3) 担保人对出票人的无授权签名不知情；并且

(4) 对于远程制作的票证，票证支取账户的持有人已经授权按照票证显示的金额发行票证。

(b) 如果担保人违反担保，付款人可就其已付金额从担保人处获得赔偿，但应扣减付款人因付款而从出票人处已收或待收的金额。另外，付款人有权就违反担保所遭受的费用及利息损失获得赔偿。即使付款人在付款时未能保持通常注意，也不受影响其根据本款获得赔偿的权利。若付款人承兑汇票，则违反担保构成承兑人义务的抗辩。若承兑人对汇票付款，其有权从任何违反担保的担保人处获得本款规定的赔偿。

(c) 如果请求人因为汇票被无授权背书或变造而根据(a)款规定主张违反担保的,则担保人可以通过证明下列条款规定的内容进行抗辩:根据第 3.404 条或第 3.405 条的规定,证明该背书有效;根据第 3.406 条或第 4.406 条的规定,证明出票人无权针对付款人就该无授权背书或变造主张权利。

(d) 如果:(i) 以被拒付的汇票向出票人或背书人提示付款,或者(ii) 以任何其他票据向票据的付款义务人提示付款,并且(iii) 付款已被收到的,则应适用下列规则:

(1) 获得付款的人以及票据的前手转让人向善意付款人担保如下:担保人现在是或在担保人转让票据时是有权强制履行票据的人,或有权代表该人取得票据付款的人;

(2) 担保人违反担保的,则付款人可就其已付金额及违约所造成的费用和利息损失从担保人处获得赔偿。

(e) 对于支票,(a)款和(d)款所规定的担保不得被免除。请求人需要在应当知道担保人违反担保及担保人真实身份后 30 日内,将违反担保的请求权通知发送给担保人。否则,就延迟发送通知所造成的损失,(b)款或(d)款中的担保人义务被解除。

(f) 在请求人应当知道担保人违反担保之时,产生本条规定的违反担保的诉讼理由。

(g) 对于特定票证,如果:(1)包括付款银行的受让人就违反担保主张(a)款(4)项规定的请求,但是(2)依法(包括适用的冲突法原则)在该受让人自己是转让人的情况下,其本不会作出实质类似(a)款(4)项规定担保的,则该受让人被视为未从任何转让人处收到(a)款(4)项规定的担保。

第 3.418 条 错误的付款或承兑

(a) 除(c)款另有规定外,如果汇票付款人的支付或承兑是基于下列错误:(i) 不知道根据第 4.403 条针对汇票已经停止支付,或(ii) 不知道出票人的签名是未经授权的,则付款人可从付款接收人或获益人处收回已付汇票金额，或者在承兑情形中撤销承兑。即使付款人在付款或承兑时未能保持通常注意，也不受影响其在本款中的权利。

(b) 除(c)款另有规定外，在(a)款调整范围以外基于错误而支付或承兑了票据的情形，已经付款或承兑的人可在有关错误或返还的法律允许范围内：

(1) 从付款接收人或获益人处收回付款；或

(2) 在承兑情形中撤销承兑。

(c) 对于以善意有偿取得票据的人或者因善意信赖付款或承兑而改变其地位的人，不得主张(a)款或(b)款的救济。但是，本款不限制第 3.417 条或第 4.407 条提供的救济。

(d) 即使有第 4.215 条的规定，如果基于错误而支付或承兑了汇票，且付款人或承兑人根据本条(a)款或(b)款收回了付款或取消了承兑，则票据不应被视为已付款或承兑而应被视为已拒付；被收回付款的人作为有权强制履行被拒付票据的人而享有该人的权利。

第 3.419 条　为了融通而签署的票据

(a) 如果为了发行票据而支付的对价是以票据的一方当事人为受益人("被融通人")，且另一方当事人("融通人")在票据上签名时旨在承担票据责任但并不直接受益于该对价的，则该融通人签署票据即是"为了融通"。

(b) 融通人可以作为制票人、出票人、承兑人或背书人在票据上签名。除(d)款另有规定外，融通人有义务根据其签名的身份对票据付款。无论关于欺诈的成文法如何规定，也无论融通人是否就融通获得对价，融通人的义务均可被强制履行。

(c) 如果票据上的签名属于异常背书，或附有文字说明签名人是作为保证人签名而担保票据另一当事人的义务的，则签名人被推定为融通人，并应认为存在签署的票据是为了融通之通知。除第 3.605 条另有规定外，有权强制履行融通人的票据付款义务之人，即使在取得票据时已得到签署票据是为了融通之通知，融通人的票据付款义务也不受影响。

(d) 如果票据当事人的签名附有文字明确表示:该签名人就另一当事人的义务担保完成收款,但不担保该另一当事人作出付款的,则仅在以下情形中,签名人有义务向有权强制履行票据的人支付票据的到期金额:

(1) 针对另一当事人的判决执行因未能获得清偿而被返还;

(2) 另一当事人已破产或正处于破产程序中;

(3) 不能向另一当事人送达传票;或

(4) 不能从另一当事人处取得付款的其他明显情形。

(e) 如果票据当事人的签名附有文字说明该当事人担保付款,或如果签名人作为融通人以其他方式在票据上签名,但该方式并非明确表明签名人旨在担保收款而非付款,则签名人对有权强制履行票据的人的义务同于被融通人的支付义务,而该权利人无须首先向被融通人追索。

(f) 对票据付款的融通人有权从被融通人处获得赔偿,并有权对被融通人强制履行票据。在适当情形中,融通人可以通过救济要求被融通人履行票据义务。对票据付款的被融通人无权对融通人进行追索,也无权要求融通人分担付款。

第 3.420 条　侵占票据

(a) 规制动产侵占的法律也适用于票据侵占。如果通过转让而非流通从无权强制履行票据的人处取得票据,或者银行为无权强制履行票据或获得付款的人予以付款或获得付款,以上两种情况都属于票据侵占。下列主体无权提起票据侵占之诉:

(1) 票据的发行人或者承兑人;或

(2) 没有从代理人或者共同收款人处直接或者间接取得票据交付的收款人或者被背书人。

(b) 在根据(a)款规定提起的诉讼中,责任范围被推定为票据的应付金额,并且赔偿金额不超过原告的票据利益金额。

(c) 存款银行之外的代理人以善意处理票据或其收益,但被代理人是无权强制履行票据的人的，则该代理人不对超出其尚未付出的收益以外的金额，向有权强制履行票据的人承担票据侵占责任。

第E章　拒　付

第3.501条　提示

(a)“提示”是指由有权强制履行票据的人或其代表人提出的要求，该要求包含以下内容：

(1) 向付款人或其他付款义务人提出付款请求，或者以银行本票或者已承兑汇票向银行提出付款请求；或者

(2) 要求付款人承兑汇票。

(b) 下列规则受制于第4编、当事人协议、清算所规则及类似规则：

(1) 提示可以在票据付款地作出，如果票据应在美国的银行付款，则提示必须在票据付款地作出。提示可以通过包括口头、书面或者电子形式等任何商业上的合理形式作出。提示在下列时间生效：

(A) 被提示人收到付款或者承兑请求的时间；以及

(B) 如果制票人、承兑人、付款人或者其他付款人多于一人，向其中任何一人作出提示的时间。

(2) 根据被提示人的要求，提示人必须：

(A) 出示票据；

(B) 提供合理的身份证明；而若提示是代表他人作出的，尚须提供合理的授权证明；并且

(C) 如已足额付款的，则签署票据上的付款收据或者返还票据。

(3) 被提示人实施的下列行为，不属于票据的拒付：

(A) 因缺乏必要背书而返还票据；或者

(B) 因提示不符合票据条款、当事人协议、其他可适用的法律或规则而拒绝付款或者承兑。

(4) 如果被提示人接收和处理被提示付款或者承兑票据的截止时间不早于下午两点,则在截止时间后收到的提示视为在该提示日后下一个营业日作出的提示。

第 3.502 条 拒付

(a) 下列规则适用于本票的拒付:

(1) 如果本票是见票即付的,且在向制票人适时提示之后本票未在提示日获得付款的,则为拒付。

(2) 如果本票不是见票即付的而是在银行或者通过银行付款的,或者本票条款要求提示的,则在适时提示之后,本票未在付款日或者提示日(以较晚者为准)获得付款的,则为拒付。

(3) 如果本票不是见票即付的且(2)项不适用,若本票未在付款日获得付款的,则为拒付。

(b) 下列规则适用于跟单汇票之外未承兑汇票的拒付:

(1) 如果以支票向付款银行适时提示付款,但未要求在柜台即时付款的,只要付款银行及时返还支票,或者根据第 4.301 条或第 4.302 条及时发出拒付通知或未付通知,或者根据第 4.302 条对支票金额承担责任,则为拒付。

(2) 如果汇票是见票即付的且(1)项不适用,在向付款人适时提示付款之后汇票未在提示日获得付款的,则为拒付。

(3) 如果汇票应在票据记载日期付款的,以下情形属于拒付:

(A) 在向付款人适时提示付款之后,汇票未在付款日或提示日(以较晚者为准)获得付款的;或

(B) 在汇票付款日前适时提示承兑之后,汇票未在提示日获得承兑的。

(4) 如果汇票是见票或承兑后定期付款的,在适时提示承兑之后,汇票未在提示日获得承兑的,则为拒付。

(c) 确定未承兑的跟单汇票是否存在拒付情形，应适用(b)款(2)(3)(4)项规定的规则。但是，付款或承兑可以从上述各款要求的付款日或承兑日的次日起，延至付款人第三个营业日结束之前，在这段期间内不构成拒付。

(d) 下列规则适用于承兑汇票的拒付：

(1) 如果汇票是见票即付的，在向承兑人适时提示付款之后，汇票未在提示日获得付款的，则为拒付；

(2) 如果汇票不是见票即付的，在向承兑人适时提示付款之后，汇票未在付款日或提示日(以较晚者为准)获得付款的，则为拒付。

(e) 如果本条规定仅在提示后方可拒付，而提示又被第 3.504 条所免除的，票据即使未被提示，只要其未获得适时承兑或者付款的，则为拒付。

(f) 如果汇票因未获及时承兑而被拒付，但有权要求承兑的人同意延迟承兑的，则从承兑时起拒付被视为未发生。

第 3.503 条 拒付通知

(a) 背书人在第 3.415 条(a)款中的义务、出票人在第 3.414 条(d)款中的义务均不得强制履行，除非：

(1) 按照本条规定已向背书人或出票人发出拒付通知；或者

(2) 根据第 3.504 条(b)款规定，拒付通知被免除。

(b) 拒付通知可由任何人发出，并可通过包括口头、书面或电子形式等任何商业上的合理方式作出。如果拒付通知合理确定了票据，并表明票据已被拒付或者票据未获付款或承兑，则通知即为充分。向托收银行返还票据，属于充分的拒付通知。

(c) 除第 3.504 条(c)款另有规定外，就托收银行收到的托收票据而言：(i) 该银行在收到拒付通知后，应在其营业日的下一个营业日午夜前发出拒付通知，或(ii) 其他任何人在收到拒付通知后，应在收到通知之日后 30 日内发出拒付通知。就其他任何票据而言，必须在拒付发生之日后 30 日内发出拒付通知。

第 3.504 条　提示和拒付通知的免除

(a) 票据付款或承兑的提示可被免除,如果:

(1) 有权提示票据的人,不能以合理谨慎来作出提示;

(2) 制票人或承兑人已拒绝承担票据付款义务,或已死亡,或处于破产程序;

(3) 根据票据记载事项,无须提示即可强制履行背书人或出票人的义务;

(4) 被强制履行义务的出票人或背书人已放弃对提示的要求,或者已因其他原因无理由期待或无权要求票据获得付款或承兑;

(5) 出票人指示付款人不得支付或承兑汇票,或者付款人不对出票人承担汇票付款的义务。

(b) 拒付通知可被免除,如果:(i) 根据票据记载事项,无须拒付通知即可强制履行当事人的票据付款义务;或(ii) 被强制履行义务的当事人放弃了拒付通知的要求。放弃提示,也就放弃了拒付通知。

(c) 如果由于通知人无法控制的情势导致延迟发出拒付通知,且通知人在延迟原因消失后尽了合理谨慎,则通知人无须承担延迟责任。

第 3.505 条　拒付的证明

(a) 下列事项可采纳为证据,并可推定存在拒付和拒付通知:

(1) (b)款规定的、格式正规并载明为拒付证书的文件;

(2) 付款人、付款银行或提示银行在票据上的或附随票据的印章或者文字声明:承兑或者付款已被拒绝,除非它声明了拒绝理由,但该理由不符合拒付;

(3) 付款人、付款银行或托收银行在日常业务中保存的显示拒付的账目或记录,即使无证据查明录入人。

(b) 拒付证书是由美国的领事或副领事、公证员或根据拒付发生地法律有权管理宣誓的其他人出具的拒付证书。该人根据其认为可以接受的信息出具拒付证书。拒付证书必须确定票据,并确认已经提示；如果未作提示，则确认未提示的原因，并确认票据因未付款或未承兑而被拒付。拒付证书还可确认：拒付通知已发送部分或全部的当事人。

第 3.506 条　支付工具的持票人的手续费

(a) 基于本条目的，“支付工具”是指任何支票、票证、纸质或电子形式的支付或者作为付款媒介的其他支付工具。

(b) 如果付款人对支付工具拒付，并将其返还给持票人，则持票人或其受让人、代理人、代表人，或者受持票人委托就被拒付收取支付工具票面价值的其他人，可向出票人或背书人收取不超过 30 美元的合理手续费。

(c) 如果偿还的款项已经根据《刑事诉讼法》第 102.007 条(e)款的规定被收取，则不得根据本条向出票人或背书人收取手续费。如果已经根据本条规定收取了手续费，随后持票人又根据《刑事诉讼法》第 102.007 条(e)款的规定收取了偿还款项的，则持票人应立即返还先前从出票人或背书人处收取的费用。

(d) 尽管《金融法》第 4 编第 B 章或任何其他法律有其他规定，根据《金融法》第 4 编第 B 章签订的合同可以约定，根据合同对支付工具作出拒付并将其退回的，持票人可以向合同债务人收取根据本条授权收取的手续费，并且该费用可以添加到合同的未付款项中。在合同有效期间，不得对该费用收取利息。

(e) 本条不影响支付工具的持票人根据任何规则、书面合同、法院判决或其他立法而享有的任何其他的权利或补偿。

第 3.507 条　支票或者类似即期汇票之持票人的递送通知费

(a) 如果付款人对支票或类似《刑法》第 1.07 条规定的即期汇票作出拒付，并将其退回给持票人，则在支票或者即期汇票被移送起诉之前，持票人或其受让人、代理人、代表人，或者受持票人委托就被拒付支票或即期汇票收款的其他人，可以根据《刑法》第 31.06 条或第 32.41 条(如果适用)，向支票或类似汇票的出票人或背书人收取通过挂号或要求提供回执的认证邮件之方式发送通知的费用。

(b) 如果已经根据《刑事诉讼法》第 102.007 条(g)款收取了递送通知费,则不得根据本条向出票人或背书人收取该费用。如果已经根据本条规定收取了递送通知费,持票人随后又根据《刑事诉讼法》第 102.007 条(g)款的规定收到了应收取的费用,则持票人应立即返还先前从出票人或背书人处收取的费用。

(c) 本条不影响支票或类似即期汇票的持票人根据任何规则、书面合同、法院判决或其他立法(包括第 3.506 条)而享有的任何其他的权利或补偿。

第 F 章　解除债务和付款

第 3.601 条　解除债务;解除债务的效力

(a) 当事人的票据付款债务,可依本编规定被解除,或者通过该人行为或与该人达成的协议被解除,只要该行为或协议足以解除简式合同中的付款债务。

(b) 对在取得正当持票人的权利之时,未得到解除通知的当事人的债务解除无效。

第 3.602 条　付款

(a) 除(e)款另有规定外,如果承担票据付款债务的当事人或其代理人向有权强制履行票据的人付款,则票据为获得付款。

(b) 除(e)款另有规定外,如果承担本票付款债务的当事人或其代理人向曾经有权强制履行本票的人付款,则本票为获得付款,只要付款债务人在付款时未得到本票已被转让而应向受让人付款的充分通知。充分通知必须:经转让人或受让人签名;能合理确定被转让的本票;并提供随后付款的地址。受让人在收到要求时,应及时提供本票已被转让的合理证据。否则,为(c)款目的,向曾经有权强制履行本票的人付款是有效的，即使本票付款债务人已收到了本款规定的通知。

(c) 除(e)款另有规定外，如果票据付款债务人在(a)款和(b)款规定的范围内付款，其付款债务即被解除，即使其在支付票据时知悉另一人根据第3.306条对票据享有请求权。

(d) 除(e)款另有规定外，受让人或者直接或间接从受让人处取得票据权利的任何当事人，包括享有正当持票人权利的任何当事人，在本票被转让给受让人之后但在本票付款债务人收到有关转让的充分通知之前作出(b)款规定的付款的，视作得到该付款的通知。

(e) 当事人的票据付款债务不能根据(a)款至(d)款被解除，如果：

(1) 根据第3.306条规定的票据请求，可对收到付款的当事人强制履行，并且：

(A) 在付款人知道付款已为禁令或类似的有管辖权法院发出的令状所禁止之时付款；或者

(B) 对于银行本票、银行支票或保付支票以外的票据，付款人从对票据享有请求权的人处接受了因有权强制履行票据的人未获付款而导致的损失的赔偿；或者

(2) 付款人知道该票据已被盗，且知道获得付款的人错误占有了票据。

(f) 在本条中，如果非书面记录以电子标志、声音或程序体现，则“签名”为旨在采纳或接受该记录的附件或者该记录的逻辑联系等。

第3.603条　付款表示

(a) 如果向有权强制执行票据的人表示履行票据付款债务的，则该表示的效力应根据可适用于简式合同中付款表示的相关法律原则确定。

(b) 如果向有权强制履行票据的人表示履行票据付款债务，但该表示被拒绝的，则在表示支付的金额范围内，对相关付款债务享有追索权的背书人和融通人的债务即被解除。

(c) 如果向有权强制履行票据的人表示支付票据到期金额的,则对于到期日后相关金额的利息,债务人的债务即被解除。而若票据需要提示,且债务人能够并已准备在到期日于票据载明的任一付款地付款的,则该债务人即被视为已向有权强制履行票据的人表示在到期日付款。

第 3.604 条 通过涂销或弃权的债务解除

(a) 无论是否支付了对价,有权强制履行票据的人均可通过下列方式解除当事人的票据付款债务:

(1) 通过有意的自愿行为,例如:把票据返还当事人,销毁、剪缺或涂销票据,取消或划掉当事人的签名,或在票据上加注解除债务的文字;或者

(2) 通过在签名的记录中同意不起诉,或以其他方式放弃对当事人的权利。

(b) 根据(a)款涂销或划掉背书的,不影响当事人基于该背书取得的地位和权利。

(c) 在本条中,如果非书面记录以电子符号、声音或程序体现的,则"签名"为旨在采纳或接受该记录的附件或该记录的逻辑联系等。

第 3.605 条 第二债务人的债务解除

(a) 如果有权强制履行票据的人全部或者部分免除了第一债务人的债务,且相对于第一债务人的债务,票据的另一方是次债务人,则应适用以下规则:

(1) 如果第二债务人已付款的,第一债务人基于该付款对第二债务人的债务不受影响。除非解除债务的条款保留了第二债务人的追索权,否则在解除的范围内,第一债务人在本编中对第二债务人的任何其他债务均被解除。

(2) 除非免除条款规定有权强制履行票据的人保留对第二债务人强制履行票据的权利,否则第二债务人和第一债务人在同等程度上被解除尚未履行部分的票据债务。若票据为支票,且第二债务人对支

票背书责任，则无须考虑解除或其他免除的用语或情形如何，第二债务人的债务均被解除。

(3) 如果根据(2)项规定，第二债务人的债务未被解除的，则第二债务人在为了解除债务所支付的对价的价值范围内，其债务被解除，且解除范围受限于该解除对第二债务人所导致损失的范围。

(b) 如果有权强制履行票据的人就到期的一项或多项票据付款，给第一债务人延期，且相对于第一债务人的债务，票据的另一方为第二债务人的，则应适用下列规则：

(1) 如果第二债务人已付款，第一债务人基于该付款对第二债务人的债务不受影响。除非延期条款保留了第二债务人的追索权，否则第一债务人在本编中对第二债务人的其他债务的履行时间均被相应延期；

(2) 如果第二债务人因延期遭受其他损失，则在该损失的范围内第二债务人的债务被解除；

(3) 在第二债务人根据(2)项规定未被解除的债务的范围内，第二债务人可像付款时间未被延期一样，向有权强制履行票据的人履行债务。或者，第二债务人可视其履行债务的时间也被相应延期，除非延期条款规定：有权强制履行票据的人保留了对第二债务人强制履行票据的权利，就像付款时间未被延期一样。

(c) 无论是否支付了对价，如果有权强制履行票据的人同意变更第一债务人的债务，但非全部或部分地免除债务或者延长到期日，且相对于第一债务人的债务，票据的另一方为第二债务人，则应适用下列规则：

(1) 如果第二债务人已付款，第一债务人基于该付款对第二债务人的债务不受影响。第一债务人根据本编规定对第二债务人的任何其他债务均被相应变更；

(2) 如果第二债务人因变更遭受其他损失，则在该损失的范围内第二债务人尚未履行的债务均被解除；

(3) 在第二债务人根据(2)项规定未被解除的债务的范围内，第二债务人可像变更未发生一样履行票据债务，但其也可视票据债务已被相应变更。

(d) 如果第一债务人的债务受担保物上利益的担保，且票据的另一方当事人是该债务的第二债务人，而有权强制履行票据的人损害了该担保物上利益的价值，则在所致损害的范围内第二债务人的债务即被解除。如果该担保物上利益的价值被降至低于第二债务人的追索权金额，或者如果该担保物上利益的价值的降低导致追索权金额进一步高于该担保物上利益的价值的，则在受影响的范围内该担保物上利益的价值被视为受到损害。基于本款目的，对担保物上利益的价值的损害包括：未取得或维持担保物上利益的完善或登记；免除担保而未取得相同价值的替代担保物或未相应减少原因债务；未履行根据第 9 编或其他法律的规定而应对债务人或其他第二债务人承担维持担保物价值的债务；在处置或者以其他方式强制履行担保物上利益时，未遵守相关法律。

(e) 除非有权强制履行票据的人知悉了第二债务人其人或根据第 3.419 条(c)款获取了票据签名是为了融通的通知，否则不得根据 (a) 款(3)项、(b)款、(c)款或 (d)款的规定对第二债务人解除债务。

(f) 在以下情形中，第二债务人不得根据本条被解除债务：第二债务人同意作为解除之基础的事件或行为；票据或当事人单独的协议规定了放弃本条中的解除，而该放弃特别地或者以一般用语表明了当事人放弃基于担保或担保物损害所享有的抗辩。除另有表明的情形外，如果某一行为会导致本条规定的债务解除，且第二债务人控制了第一债务人或其在与有权强制履行票据的人交易之时代表了第一债务人，则第一债务人对该行为的同意构成第二债务人对该行为的同意。

(g) 如果解除或延期的条款有以下规定：(1)有权强制履行票据的人保留对第二债务人强制履行票据的权利；并且(2)第二债务人的追索权继续存在，就像该解除或延期未发生一样，则该解除或延期保留第二债务人的追索权。

(h) 除(i)款另有规定外,根据本条主张债务解除的第二债务人应承担如下事项的说服责任:发生了被声称损害了第二债务人的行为,以及该行为所致的损失或损害。

(i) 如果第二债务人证明了因其追索权遭到损害所致损失,且该案情形表明,损失数额无法合理计算或计算所需的事实证据无法获得,则应推定损害追索权的行为所致损失或损害等同于第二债务人承担的票据债务。在该情形下,有权强制履行票据的人承担损失小于该数额的说服责任。

附　录

《日内瓦统一汇票和本票法公约》

（1930年6月7日订于日内瓦，自1934年1月1日起生效）

第一编　汇　　票

第一章　汇票的签发及款式

第一条　汇票应记载下列事项：

（一）“汇票”一词，载于票据主文中，并以票据文本所使用的文字表明；

（二）无条件支付一定金额之委托；

（三）付款人名称；

（四）付款日期；

（五）付款地；

（六）受款人或其指定人名称；

（七）出票日期及出票地；

（八）出票人之签名。

第二条　汇票欠缺上条所指的任一要件，不产生汇票效力，但下列各款规定的情况除外：

汇票上未记载付款日期，视为见票即付。

汇票上无特别记载，付款人名称旁记载的地点视为付款地；同时视为付款人的住所地。

汇票上未记载出票地，出票人姓名旁所记载的地点视为出票地。

第三条 汇票可以出票人本人为收款人。

汇票可以出票人本人为付款人。

汇票可为第三人签发。

第四条 汇票可在第三人住所地付款，此住所可位于付款人的住所所在地或其他地点。

第五条 见票即付或见票后定期付款的汇票，出票人可约定应对汇票金额支付利息；其他种类汇票上记载的利息约定，视为无记载。

利率应在汇票上载明；否则上述利息条款视为无记载。

利息自出票日起算，但载明其他日期者除外。

第六条 汇票应付金额同时以大写和数码记载，二者不一致时，以大写为准。

汇票应付金额不止一次以大写或数码记载，所载金额不一致时，以最小的数额为准。

第七条 如汇票上有无承担责任能力之人签名、伪造的签名、虚构之人签名，或因任何其他理由不能使签名人或被代签的人承担义务的签名，其他签名人应负的责任仍然有效。

第八条 无权代理而以代理人名义在汇票上签名之人，应自负汇票上的责任，如该人付款，则与其所声称的被代理人具有同样的权利；此项规则同样适用于越权代理。

第九条 出票人保证汇票的承兑和付款。

出票人可以免除其保证承兑的责任；但任何免除出票人保证付款的责任的条款，均视为无记载。

第十条 签发记载不全的汇票，如不按已达成的协议补全，不得以不遵守协议而对抗持票人，但持票人取得汇票时有恶意或重大过失的除外。

第二章　背　书

第十一条　所有汇票,即使未明示记载指定人条款,亦可以背书方式转让。

如出票人在汇票上有“不可付指定人”或同义记载,该票据只能按照普通债权转让方式让与,并仅具有该种转让方式的效力。

不论付款人是否已承兑,汇票都可背书转让于付款人,或背书转让于出票人或汇票其他共同债务人。上述人可再背书转让。

第十二条　背书不得附条件,任何附条件均视为无记载。

部分背书无效。

转让给出票人的背书效力同空白背书。

第十三条　背书须写于汇票或其粘单(附页)上,且经背书人签名。

背书可不指定受益人,或仅有背书人签名(空白背书);如为后者,背书须写于汇票背面或其所附的粘单上。

第十四条　背书转让汇票上一切权利。

如背书为空白背书,持票人可:

(一) 以自己或他人之名称填入空白;

(二) 再作空白背书或再背书给他人;

(三) 不填空白及不作背书而将汇票转让给第三人。

第十五条　背书人保证汇票的承兑和付款,但另有规定的除外。

背书人可禁止再背书;在此情况下,该背书人对禁止后再经背书而取得汇票的人不承担保证责任。

第十六条　汇票持有人如以背书之连续证明其对汇票的权利,即使最后背书为空白背书,亦应视为该汇票的正常持票人。在连续背书中,已涂销的背书视为无记载。如空白背书后又接另一背书,后一背书人视为该空白背书的被背书人。

任何人不论以何种方式丧失汇票，如持票人系以上款所指方式证明其权利，则无义务放弃汇票，但持票人以恶意或重大过失取得票据的除外。

第十七条 因汇票而被诉之人，不得以其与出票人或前手持票人之间存在的抗辩事由对抗持票人，但持票人在取得汇票时明知其行为有损于债务人者除外。

第十八条 背书上记有“为收款”“为托收”“委托代理”或其他表明单纯委托之记载，持票人可行使汇票的一切权利，但只能以代理人资格背书。

在上款所指情况下，共同债务人仅可以对抗背书人的抗辩对抗持票人。

由委托代理背书所载明的委托，不因受托人死亡或嗣后无行为能力而终止。

第十九条 如背书记载“为担保”“为出质”，或其他担保，持票人可行使汇票上一切权利，但只能以代理人资格背书。

共同债务人不得以基于其与出票人或前手持票人间之个人关系之抗辩对抗持票人，但持票人在取得汇票时明知其行为有损债务人者除外。

第二十条 汇票到期后的背书与到期前的背书有同等效力，但因拒付而作成拒绝证书后，或规定的作出拒绝证书的期限届满之后的背书，仅产生普通债权转让的效力。

未载明日期的背书视为在所规定的作成拒绝证书期限届满前的背书，但有相反证据证明的除外。

第三章 承 兑

第二十一条 在汇票到期前，持票人或单纯占有人可在付款人住所向其提示承兑。

第二十二条　在任何汇票中，出票人均可规定汇票应提示承兑，并规定或不规定提示的期限。

除在第三人住所地付款或付款人住所地之外的地点付款，或见票后定期付款的汇票外，出票人可禁止提示承兑。

出票人亦可规定在指定日期前不得提示承兑。

所有背书人均可规定提示承兑，并可规定或不规定提示期限，但出票人声明汇票不得承兑者除外。

第二十三条　见票后定期付款的汇票应在出票日起一年内提示承兑。

出票人可缩短或延长此期限。

对两项期限，背书人亦可缩短。

第二十四条　付款人可要求在第一次提示后的次日作第二次提示；除在拒绝证书上载明者外，有关当事人不得以该要求未经照办为由而不履行。

持票人无义务将提示承兑之汇票交给付款人。

第二十五条　承兑应于汇票上记载“已承兑”或其他同义字样，且经付款人签名；仅有付款人在票面上签名亦构成承兑。

见票后定期付款或按特别规定应在某一期限内提示承兑之汇票，承兑时应记载承兑日期，但持票人要求以提示日作为承兑日的除外；如未载明承兑日期，持票人为保留其向背书人及出票人之追索权，须在期限内作成拒绝证书以证明此项遗漏。

第二十六条　承兑不得附有条件，但付款人可将其承兑限于应付金额的一部分。

承兑时如修改汇票上之文字，视为拒绝承兑。但承兑人仍应按其承兑条件承担责任。

第二十七条　如出票人载明以付款人住所以外之地为付款地，但未指定应在住所付款之第三人时，付款人可于承兑时指定汇票付款人;如未指定,即视为承兑人承担在付款地付款之责任。

如汇票在付款人住所支付时,付款人在承兑时可载明在相同地点之另一住所付款。

第二十八条 付款人承兑后须于到期日付款。

如承兑人到期不付款,即使持票人为出票人,仍可就第四十八条及第四十九条所规定之一切款项向承兑人行使汇票追索权。

第二十九条 在汇票上作出承兑的付款人在归还汇票前涂销承兑的,视为拒绝承兑;该涂销视为在汇票归还前所为,但有相反证明者除外。

但付款人已书面通知持票人或任一在汇票上签名的当事人承兑的,仍按其承兑条件对各上指当事人承担责任。

第四章 保 证

第三十条 汇票的全部或部分金额可以保证方式保证付款。

此项保证可由第三人或由在汇票上签名的人作出。

第三十一条 保证应在汇票或粘单上作出。

保证以“与保证同”或任何其他同义词语表示,并由保证人签名。

仅有保证人在票面上签名亦视为保证成立,但付款人或出票人签名除外。

保证须载明被保证人名称,如未载明,视为为出票人保证。

第三十二条 保证人与被保证人负同一责任。

即使被保证的债务因任何理由而无效,保证人之担保仍然有效,但担保方式有瑕疵者除外。

保证人在对汇票付款后,代位取得被保证人及向被保证人就汇票负有责任之人的汇票权利。

第五章　到　期　日

第三十三条　汇票可签发为：

见票即付；

见票后定期付款；

出票后定期付款；

定日付款；

其他到期日的汇票或分期付款的汇票均属无效。

第三十四条　见票即付的汇票应在提示时付款，并应于出票日起一年内提示付款。对该付款期限，出票人可缩短或延长之，背书人亦可缩短之。

出票人可规定见票即付的汇票不得在指定日前提示付款。在此情况下，提示期限自上述日期起算。

第三十五条　见票后定期付款之汇票的到期日从承兑日或作出拒绝证书之日起算。

如无拒绝证书，未载明日期的承兑视为由承兑人在提示承兑期限的最后一日作出。

第三十六条　出票日或见票后一个月或数个月付款之汇票，以付款月之相应日期为到期日；如无相应日期，则以该月最后一日为到期日。

出票日或见票后一个月或数个月付款之汇票，以付款月之相应日期为到期日；如无相应日期，则以该月最后一日为到期日。

出票日或见票后一个月半或数个月半付款之汇票，首先应计算整月。

如汇票的到期日为月初、月中(1月中或2月中等)或月末，应理解为该月第一日、第十五日或最后一日。

"八日"或"十五日"等词语并非指一周或两周，而是八天或十五天的实际时间。

"半月"系指十五天时间。

第三十七条 定日付款的汇票之付款地与出票地的日历不同，依付款地之日历计算到期日。

见票后定期付款的汇票之出票地与付款地的日历不同，则应以付款地日历之相应日期为出票日，并据以计算到期日。

汇票的提示时间按上款之规定计算。

如汇票之记载或票据上简单条款表明意图拟采用其他规定，则不适用以上各款之规定。

第六章 付 款

第三十八条 定日付款、出票日后定期付款或见票后定期付款之汇票之持票人，应于付款日或其后两个工作日内提示付款。

向票据交换所提示汇票，视为提示付款。

第三十九条 支付汇票款项的付款人，可要求持票人交付汇票及有关受领证书。

持票人不得拒绝部分付款。

在部分付款的情况下，付款人可要求在汇票上载明该部分付款，并应要求持票人作出受领证书。

第四十条 不得强制汇票持票人接受到期日前的付款。

付款人在到期日前付款，须自负其责。

付款人到期付款，可有效免除责任，但有欺诈行为或严重过失的除外；付款人应负责核对背书连续是否符合规定，但无须认定背书人签名之真伪。

第四十一条 汇票之应付货币如在付款地无法定流通力，则按到期日之汇率以付款国之货币支付；债务人如迟延付款，持票人可自行选择，要求按到期日或付款日之汇率以付款国之货币支付。

外币价值按付款地之惯例决定。但出票人可规定按汇票上载明之汇率折算该应付金额。

以上规则不适用于出票人已规定必须以某一指定货币(以外币作实际支付之条款)支付的情况。

表示汇票金额之货币，如在出票国及付款国为同名异价之货币，以付款地之货币为准。

第四十二条 汇票如未在第三十八条规定的期限内提示付款，所有债务人均可将款项提存于主管当局，所有费用及风险由持票人承担。

第七章 拒绝承兑或拒绝付款的追索权

第四十三条 汇票到期不获付款时，持票人得对背书人、出票人及其他共同债务人行使追索权。

在下列任一情况下，虽于到期前，持票人仍可行使追索权：

(一) 全部或部分拒绝承兑；

(二) 付款人破产，不论其是否已承兑；或付款人止付，即使该止付未经法院判决确认；或对其财产作出执行而无效果；

(三) 未承兑之汇票的出票人破产。

第四十四条 拒绝承兑或拒绝付款须由要式文件(拒绝承兑证书或拒绝付款证书)证明。

拒绝承兑证书应于规定的提示承兑期限内作出，如发生第二十四条第一款所述情况，第一次提示系在该期限的最后一日作出者，可于次日作出拒绝证书。

定日付款或在出票日后或见票后定期付款的汇票，其拒绝付款证书须在汇票应付日后两个工作日内作出；见票即付汇票，其拒绝证书须按前款有关作出拒绝承兑证书的条件作出。

作出拒绝承兑证书后,无须提示付款及作出拒绝付款证书。

不论是否已对汇票承兑,如付款人止付,或对其财产经执行而无效果,持票人在将汇票向付款人提示付款及作出拒绝证书前,不得行使追索权。

不论是否已对汇票承兑,如付款人受破产宣告,或未获承兑之汇票的出票人受破产宣告,持票人可通过出示宣告破产之裁决行使追索权。

第四十五条 持票人应在作出拒绝证书之日后四个工作日内将拒绝承兑或拒绝付款事由通知背书人和出票人;如汇票上有“退票时不承担费用”之记载,应于提示日后四个工作日内作出此项通知,各背书人应于收到通知日后两个工作日内将收到通知之事由通知其前手,并记名上项通知的各通知人之名称及地址,依次直至出票人。此项通知之期限自收到前一通知之日起算。

按上款之规定通知汇票上之签名人时,应在同一期限内对其保证人为同样通知。

背书人未在汇票上记载其地址或记载不明时,则将通知发给其前手背书人。

应作通知之人可以任何方式作出通知,甚至仅把汇票退回亦可。

作出通知之人须证明其在规定期限内作出。在规定期限内将通知信投邮,应视为已遵守规定期限。

未在上述规定期限内作出通知的人,并不丧失其权利;但因其过失而发生损害时,应负责赔偿,赔偿金额以票面金额为限。

第四十六条 出票人、背书人或保证付款的保证人可于票据上记载“退票时不承担费用”“免作拒绝证书”或其他同义文句并签名,以免除持票人为行使追索权而必须作出拒绝承兑或拒绝付款之证书的责任。

该记载并不免除持票人于规定期限内提示汇票或发出必要通知

的责任；对不遵守期限的举证责任，由对抗持票人之人承担。

该记载如由出票人所为，对所有在汇票上签名的人均产生效力；如由背书人或保证人所为，则仅对该背书人或保证人产生效力。如持票人无视出票人所记载的规定而作出拒绝证书，有关的费用由其承担；如该记载由背书人或保证人所为，作出拒绝证书之人可就其费用向所有在汇票上签名的人请求偿还。

第四十七条　所有出票人、承兑人、背书人或保证人对持票人负连带责任。

持票人有权对上指之人个别或集体提起诉讼，无须依照其承担责任之先后顺序。

在汇票上签名之人对汇票作出清偿后，与持票人享有同样权利。

对共同债务人之一提起诉讼后，仍可对其他债务人提起诉讼，即使其他债务人是被诉债务人的后手。

第四十八条　持票人行使追索权时，可向被追索人请求支付下列款项：

（一）未承兑或未付款之汇票金额，如有约定利息者，其利息；

（二）自到期日起按6%利率计算的利息；

（三）作成拒绝证书及所发通知的费用，以及其他费用。

如在到期日前行使追索权，汇票金额应扣除贴息。贴息应按在持票人住所地行使追索权之日的官方贴现率（银行利率）计算。

第四十九条　支付汇票款项之人，可向其他债务人请求支付下列款项：

（一）已付之全部款项；

（二）自支付上指款项之日起按6%之利率计算的利息；

（三）所支付的其他费用。

第五十条　任何被追索或可被追索之共同债务人支付汇票款项后，可请求持票人交付汇票、拒绝证书及收据。

背书人支付汇票款项后，可涂销其背书及其后手背书人之背书。

第五十一条 如在部分承兑后行使追索权，对汇票未承兑部分付款的当事人，可要求在汇票上载明此项付款，并要求作出受领证书。持票人亦须向其交付经认证之汇票副本及拒绝证书，以便其能行使追索权。

第五十二条 有追索权的人可向共同债务人签发在该共同债务人住所地付款之见票即付之新汇票（重开汇票），以资取偿，但另有规定者除外。

重开汇票之金额，除第四十八条和第四十九条规定的金额外，还包括经纪费用及印花税。

重开汇票如由持票人签发的，应付金额按原汇票付款地汇往共同债务人住所地之见票即付汇票之汇率定之；如由背书人签发，应付金额依其住所所在地汇往共同债务人住所地之见票即付汇票之汇率定之。

第五十三条 在下述规定的期限届满后，持票人对背书人、出票人，以及除承兑人之外的其他共同债务人丧失追索权：

见票即付或见票后定期付款的汇票的提示期限；

作出拒绝承兑证书或拒绝付款证书的期限；

如有“退票时不承担费用”之记载，提示付款期限；

如未在出票人规定的时限内提示承兑，除从规定的字义上看来仅是出票人解除其对承兑的保证外，持票人丧失其因拒绝承兑和拒绝付款而可以行使的追索权。

背书中所载之提示期限，仅对该背书人有效。

第五十四条 如因不可克服的障碍（任何国家宣告的法律禁令或其他不可抗力之情况）导致无法于所定期限内提示汇票或作出拒绝证书，此期限应予以延长。

持票人有责任将不可抗力之情况立即通知其背书人，将通知内容记载于汇票或粘单上，并载明日期和签名，其他方面，适用第四十五条之规定。

不可抗力之情况终止后，持票人应立即将汇票提示承兑或提示付款，并于必要时作出拒绝证书。

如不可抗力之情况持续至到期日后之三十日以上时，持票人可行使追索权，无需作出提示或作成拒绝证书。

如为见票即付或见票后定期付款之汇票，上指期限应从持票人向其背书人发出不可抗力之情况通知之日起算，不论该日是否在提示期限届满之前；见票后定期付款之汇票，三十日之期限应加在汇票规定之见票后的该段时期内。

持票人之纯个人事宜或经其委托提示汇票或作出拒绝证书之人的纯个人事宜，不视为不可抗力之情况。

第八章 参 加

第一节 一 般 规 定

第五十五条 出票人、背书人或保证人可以指定预备承兑人或预备付款人。

汇票可由为维护被追索之任何债务人的信誉而参加之人按规定承兑或支付。

参加人可以是第三人，亦可为付款人或除承兑人以外之已对汇票承担责任的当事人。

参加人有责任于两个工作日内向被参加人发出其参加的通知；如未发出通知，则应对其过失造成的损害负责赔偿，但损害赔偿之责任以汇票上之金额为限。

第二节 参 加 承 兑

第五十六条 对可承兑的汇票在到期前行使追索权的持票人，在任何情况下均可参加承兑。

如汇票上指定在付款地之预备承兑人或预备付款人，持票人不得在到期日前向已指定预备承兑人或预备付款人之人及后手签名人行使追索权，但向预备承兑人或预备付款人提示汇票而遭拒绝承兑且已作出拒绝证书者除外。

在其他参加承兑的情况下，持票人可拒绝参加承兑；如同意参加承兑，即丧失其于到期前对被参加承兑人及其后手签名人的追索权。

第五十七条 参加承兑应在汇票上载明，由参加人签名，并应载明被参加人之名称，如无该项记载，应视出票人为被参加承兑人。

第五十八条 参加承兑人对持票人和被参加承兑人的后手背书人承担的责任与被参加人承担的责任相同。

即使参加承兑，被参加承兑人及其保证人在支付第四十八条规定的金额时，可要求持票人交付汇票及拒绝证书，有受领证书之收据者，应一并交付。

第三节 参加付款

第五十九条 不论在汇票到期日或到期前均有追索权的持票人，在任何情况下，均可参加付款。

参加付款，应就被参加人应付之全部金额为之。

上款所指付款至迟须容许作成拒绝付款证书期限最后一日的次日为之。

第六十条 汇票如由在付款地有住所之人参加承兑，或在该地指定有预备付款人，持票人应先向各人提示，如有必要，并应至迟于容许作出拒绝证书期限最后一日之次日作出拒绝付款证书。

如未在期限内作出拒绝证书，指定预备付款人之人或被参加承兑人及所有后手背书人均获免除责任。

第六十一条　拒绝参加付款的持票人对任何因参加付款而可获免除责任之人丧失追索权。

第六十二条　参加付款于付款后须在汇票上记载收据证明，并须载明被参加人名称；如无该项记载，视为为出票人付款。

参加付款人付款后，可要求持票人交出汇票，如有拒绝证书者，亦应一并交出。

第六十三条　参加付款人付款后，代位取得被参加人及向被参加人就汇票负有责任之人在汇票上的权利，但不得再将汇票背书。

被参加人的后手背书人因参加付款而获免除责任。

如有数人参加付款，以参加付款后能免除多数债务人之责任的人有优先权，任何知悉该项事实，仍违反本规则而参加付款之人，对因此而可获免除责任之人丧失追索权。

第九章　复本及副本

第一节　复　　本

第六十四条　汇票可签发多份复本。

复本上应编号，如未编号，各复本应视为独立汇票。

未载明为单张汇票之汇票持票人，可请求交付多份复本，费用自负；为此，该持票人应向其直接前手背书人提出请求，以便后者再向上一手背书人提出请求，依此直至出票人，而前手背书人均有义务协助；背书人有义务在新签发之多份复本上再作同样之背书。

第六十五条　就复本之一付款者，即使汇票上无载明此项付款使其他复本失效，亦获免除责任，但付款人对经其承兑而为收回之复本仍应负责。

背书人将多份复本转让于数人时，该背书人及其后手背书人均应对经彼等签名而未收回之各份复本负责。

第六十六条 为提示承兑送出复本之一者，须在其余复本上载明占有该复本之人的名称，该人有义务将复本交予另一复本之合法持票人。

如该人拒绝交出，持票人在作出拒绝证书并载明下列事项前，不得行使追索权：

（一）经其请求交还为提示承兑而送出之复本后仍未归还；

（二）未能根据另一复本获承兑或付款。

第二节 副　　本

第六十七条 汇票持票人有作成汇票副本的权利。

副本上须载有正本上的一切内容，并记载正本上的背书及所有其他事项。副本应载明迄于何处为正本内容。

背书和保证可在副本上作出，其效力与在正本上所作相同。

第六十八条 副本须载明由何人持有票据正本，该人有义务将票据正本交于汇票副本之合法持票人。

如该人拒绝交出，持票人在作出拒绝证书并载明正本经其要求未获归还前，不得对在副本上背书或作出保证之人行使追索权。

作成副本前，票据正本上的最后一个背书后载有“此后仅在副本上所作之背书方有效”字样或同义词语，其后在正本之背书，不发生效力。

第十章 变　　造

第六十九条 汇票文义如有变造，则签名在变造之后者，依变造后文义负责；签名在变造之前者，依原有文义负责。

第十一章 诉讼时效

第七十条 汇票上对承兑人的一切诉讼时效期间，自到期日起三年完成。

持票人对背书人和出票人的诉讼时效期间，自在适当时间内作出拒绝证书之日起一年完成，如有“退票时不承担费用”之记载，自到期日起一年完成。

背书人对其他背书人或对出票人之诉讼时效期间，自背书人对汇票付款之日起或自本人被诉之日起六个月完成。

第七十一条 时效中断，仅对中断事由之起因者产生效力。

第十二章 一般规定

第七十二条 如汇票到期日为法定公众假期，仅可在其后一个工作日请求付款；汇票的其他事宜，尤其提示承兑及作成拒绝证书，仅可在工作日办理。

如票据行为须在一定期限内完成而期限最后一日为法定公众假期，则该期限可延长至假期后第一个工作日。期限中间之假日，在计算期限时，包括在内。

第七十三条 法定或合同上的期限，不包括该期限开始之日。

第七十四条 宽限日，不论是法律上或司法上者，均不予认许。

第二编 本 票

第七十五条 本票应记载下列事项：

（一）“本票”一词，载于票据主文中，并以票据文本所使用的文字表明；

（二）无条件支付一定金额的承诺；

（三）付款日期；

（四）付款地；

（五）受款人或其指定人名称；

（六）出票日及出票地；

（七）出票人之签名。

第七十六条 本票上如欠缺上条所指任一要件，不产生本票效力，但下列各款规定之情况除外：

本票上未记载付款日期，视为见票即付；

本票上无特殊记载，票据的出票地视为付款地，并视为出票人的住所地；

本票上如未记载出票地，出票人名称旁所记载的地点视为出票地。

第七十七条 下列有关汇票的规定，凡与本票的性质不相抵触者，适用于本票：

背书（第十一条至第二十条）；

到期日（第三十三条至第三十七条）；

付款（第三十八条至第四十二条）；

拒绝付款的追索权（第四十三条至第五十条，第五十二条至第五十四条）；

参加付款（第五十五条，第五十九条至第六十三条）；

副本（第六十七条和第六十八条）；

变造（第六十九条）；

时效（第七十条和第七十一条）；

公共假日、期限的计算及宽限日的禁止（第七十二条，第七十三条和第七十四条）；

下述关于汇票的规定亦适用于本票：汇票在第三人住址或在付款人住所以外地点付款（第四条和第二十七条）；利息的记载（第五条）；应付金额记载之不一致（第六条）；在第七条所述情况下签名的后果；无权代理及越权代理人签名的后果（第八条）；空白汇票（第十条）。

关于保证之第三十条至第三十二条的规定亦适用于本票；在第三十一条第四款的情况下，如保证未载明为何人保证，视为为本票出票人保证。

第七十八条　本票出票人应负之责任，与汇票的承兑人相同。

见票后定日付款的本票，须在第二十三条规定的期限内向出票人提示见票；期限自出票人在本票上见票签证之日起算；出票人拒绝见票签证之事实，须以拒绝证书证明（第二十五条），拒绝证书日期即为见票后期间开始之日。

《日内瓦统一支票法公约》

（1931 年 3 月 19 日订于日内瓦，自 1934 年 1 月 1 日起生效）

第一章　支票之签发及款式

第一条　支票应记载下列事项：

（一）在票据主文中包含“支票”一词，并以票据所使用的语言表明；

（二）无条件支付一定金额；

（三）付款人名称；

（四）付款地；

（五）出票日及出票地；

（六）出票人的签章。

第二条　票据上如欠缺上条所指任一要件，不产生支票效力，但下列各款规定的情况除外。

如无特别记载，付款人名称旁边记载的地点视为付款地，如付款人名称旁边记载的地点有多处，以第一处为付款地。

如未记载付款地又无其他记载的，以付款人的主要营业场所为支票付款地。

支票如未记载出票地，出票人名称旁边记载的地点视为出票地。

第三条　支票必须由出票人可处分资金的银行为付款人，且必须符合包含出票人以支票处分款项的明示或默示协议，但出票人不按此规定签发的票据仍有支票效力。

第四条　支票不得承兑，有承兑记载的视为无记载。

第五条　支票可付给：

指定人，不论是否载有“可付指定人”的明示条款；

指定人，并载有“不可付指定人”或同义条款；

持票人。

签发给特定之人并有“或付持票人”或任何同义记载的支票，视为不记名支票。

未记载收款人的支票视为不记名支票。

第六条　支票可以：

以出票人本人为收款人；

为第三人签发。

支票不得向出票人本人开出，但如两营业场所属同一出票人，则一营业场所可以对另一营业场所签发支票。

第七条　支票上任何关于利息之规定，均视为无记载。

第八条　支票可以在第三人住所地付款，此住所可位于付款人的住所地或其他地点，但该第三人须为银行。

第九条　支票金额以大写及数字记载，二者不一致时，以大写为准。

支票金额多次以大写或数字记载，所载金额不一致时，以最小金额为准。

第十条　如支票上有无承担责任能力的人的签章、伪造的签章、虚构之人的签章，或因其他理由不能使签章人或被代签人承担义务的签章，其他签章人应负的责任，仍然有效。

第十一条　无权代理而以代理人名义在支票上签章的人，应自负支票上的责任，如该人付款，即与其声称的被代理人具有同样权利；此规则亦适用于越权代理。

第十二条　出票人保证付款，任何免除出票人保证付款责任的声明,均视为无记载。

第十三条 出票时填写不完全的支票,如不按已达成的协议补全,不得以不遵守协议而对抗持票人,但持票人取得支票时有恶意或重大过失的除外。

第二章 移 转

第十四条 付给指定人的支票,不论是否载有“可付指定人”条款,均可背书移转。

如付给指定人的支票上有“不可付指定人”或同义记载,该票仅可按普通债权让与方式转让,并仅产生该让与的效力。

支票可背书转让给出票人或支票上其他债务人,这些人亦可再背书转让。

第十五条 背书不得附有条件,任何附记条件均视为无记载。

部分背书无效。

付款人的背书亦无效。

对持票人所作背书的效力等同于空白背书。

对付款人所作的背书,仅产生受领证书的效力,但付款人有若干营业场所而背书是对非付款营业场所作出的除外。

第十六条 背书须写于支票或其黏单(附页)上,并由背书人签章。

背书可不指定受益人,或仅有背书人之签章(空白背书);如属后者,背书须写于支票背面或其黏单上方有效。

第十七条 背书转让支票上的一切权利。

如为空白背书,持票人可以:

(一)以自己或他人的名称填入空白;

(二)再作空白背书或再背书给他人;

(三)不填空白及不作背书而将支票转让给第三人。

第十八条　背书人保证付款，但另有规定者除外。

背书人可禁止再背书；在此情况下，对禁止后再经背书而取得支票的人不保证付款。

第十九条　支票的持票人如以背书的连续证明其对支票的权利，即使最后背书为空白背书，也应视为该支票的合法持票人；在此情况下，已涂销的背书视为无记载；如在空白背书后又接另一背书，后一背书人视为该空白背书的被背书人。

第二十条　不记名支票的背书人应依追索权的规定负责，但该票据并不因此转变为记名支票。

第二十一条　不论一人如何失去支票，也不论其为不记名支票或可背书支票，如持票人以第十九条所指方式证明其权利，则无义务将支票返还该人，但取得时有恶意或重大过失者除外。

第二十二条　因支票而被诉的人，不得以基于其与出票人或持票人前手之间的个人关系对抗持票人，但持票人在取得支票时明知其行为有损债务人的除外。

第二十三条　如背书上有“为收款”“为托收”“委托代理”或其他表明单纯委托之词语，持票人可行使支票上的一切权利，但仅可以代理人资格背书。

在上款所指情况下，债务人仅可以对抗背书人的抗辩对抗持票人。

代理背书所作的委托并不因委托人的死亡或丧失法律行为能力而终止。

第二十四条　在作出拒绝证明或同类声明后，或在提示期限届满后的背书，仅产生普通债权转让的效力。

未载明日期的背书，视为作出拒绝证书或同类声明前，或上款所指提示期限届满前在支票上作出，但有相反证明的除外。

第三章 保 证

第二十五条 支票的全部或部分金额可以保证的方式保证付款。

上述保证除付款人外，第三人或在支票上的签章人均可作出。

第二十六条 保证应在支票或其黏单上作出。

保证可以以“与保证同”或任何其他同义词语表示，并由保证人签章。

仅有保证人在票面上签章，亦视为保证成立，但出票人的签章除外。

保证须载明被保证人名称，如未载明，视为为出票人保证。

第二十七条 保证人承担的责任与被保证人相同。

即使被保证的债务因任何理由而无效，保证人的担保仍然有效，但担保方式有瑕疵的除外。

保证人对支票付款后，取得被保证人及向被保证人就支票负有责任的人的票据权利。

第四章 提示及付款

第二十八条 支票为见票即付，任何相反记载视为无记载。

如支票于所载出票日前提示付款，应于提示日付款。

第二十九条 在同一国家出票及付款的支票，应于八日内提示付款。

在不同国家出票及付款的支票，如出票地与付款地位于同一洲，则应于二十日内提示付款；如出票地与付款地不位于同一洲，则应于七十日内提示付款。

就本条而言，在欧洲国家出票及在地中海沿岸国家付款，抑或相反，应视为在同一洲出票及付款。

上述期限，应自支票上的出票日起算。

第三十条　如支票出票地与付款地的日历不同，应以付款地日历的相应日期为出票日。

第三十一条　向票据交换所提示支票，视为提示付款。

第三十二条　支票的废止，仅于提示期限届满后方产生效力。

对于未废止的支票，付款人即使于提示期限届满后亦可付款。

第三十三条　出票人于签发支票后死亡或丧失行为能力的，不影响支票的效力。

第三十四条　支付支票款项的付款人，可要求持票人签发收据，并将其与支票一并交还付款人。

持票人不可拒绝部分付款。

如属部分付款，付款人可要求在支票上载明该部分付款，并应要求持票人给予收据。

第三十五条　付款人支付可背书的支票时，应负责核对背书的连续是否符合规定，但无须核对背书人签章的真伪。

第三十六条　支票的应付货币如在付款地无流通力，则按提示期限内付款日的汇率以付款国的货币支付；如不在提示日付款，持票人可自行选择，要求按提示日或付款日的汇率以付款国的货币支付。

外币价格按付款地的惯例决定，但出票人也可规定按支票上载明的汇率折算该应付金额。

上述规则不适用于出票人已规定须以某一指定货币（以外币作实际支付的条款）支付的情况。

如表示支票金额的货币在出票国及付款国为同名异价的货币，以付款地的货币为准。

第五章　划线支票及转账支票

第三十七条　支票出票人或持票人可在支票上划线，以产生下条所指效力。

划线以在支票正面划两条平行线的方式作出;划线可为普通划线或特别划线。

如仅在票面上划两条平行线,或在两线之间记载“银行”一词或其他同义词语,为普通划线支票;如将银行名称记载于两线之间,为特别划线支票。

普通划线支票可转为特别划线支票,而特别划线支票则不可转为普通划线支票。

平行线或所载银行名称被涂销的,视为未涂销。

第三十八条 普通划线支票的付款人仅可对银行或付款人的客户支付。

特别划线支票的付款人仅可对指定的银行支付,如后者为付款人,可对其客户支付,但该指定的银行可委托另一银行收取支票款项。

银行仅可从其客户或另一银行收受划线支票;除其客户或另一银行外,不得代收支票款项。

如支票上有多处特别划线,付款人不得付款;但有两处特别划线而其一系经票据交换所收款的除外。

如付款人或银行不遵守上述规定,应对由此造成的损害负赔偿责任,但赔偿责任以票面金额为限。

第三十九条 支票出票人或持票人可于支票正面横写“转账”或同义词语以禁止支付现金。

在上述情况下,付款人仅可以记账方式结算支票(记入贷方账、由一账户转入另一账户、抵销或票据交换所结算),记账结算等于支付支票。

“转账”一词即使被涂销,亦视为未涂销。

如付款人不遵守上述规定,应对由此造成的损害负赔偿责任,但赔偿责任以票面金额为限。

第六章　因拒绝付款之追索权

第四十条　如于期限内提示支票而不获付款,持票人可向背书人、出票人及其他债务人行使追索权,但须有下列任一证明:

(一) 要式文件(拒绝证明);

(二) 付款人在支票上作出具有日期的声明,并载明支票提示日期;

(三) 票据交换所记载附有日期的声明,认定该支票已于期限内提示而不获付款。

第四十一条　拒绝证明或同类声明应于提示期限届满前作出。

如在提示期限的最后一日提示支票,则拒绝证明或同类声明可于其后第一个工作日作出。

第四十二条　持票人应于作出拒绝证明或同类声明之日后四个工作日内,将拒绝付款的事宜通知背书人及出票人,如支票上有"免费返还"的条款,应于提示日后四个工作日内为之,各背书人应于收到通知后两个工作日内将收到通知的事宜通知其前手背书人,并记明此前各通知人之名称及地址,如此依次通知,直至出票人,此期限自收到上一通知之日起计算。

按上款规定通知支票上的签章人时,对其保证人,亦应于同一期限内发送同样通知。

背书人未于支票上记载其地址或记载不明时,则此项通知发给其前手背书人。

应发出通知的人可以任何方式为之,甚至仅将支票退回亦可。

发出通知的人须证明其于规定期限内发出;于规定期限内将通知信投邮,应视为已遵守规定期限。

未于上指期限发出通知之人,并不丧失其权利;如其过失造成损害，应负责赔偿，但赔偿责任以票面金额为限。

第四十三条 出票人、背书人或保证人可于票据上记载“免费返还”“免作拒绝证明”或其他同义条款并签章，以免除持票人为行使追索权而必须作出拒绝证明或同类声明的责任。

该条款并不免除持票人于规定期限内提示支票或发出必要通知的责任，不遵守期限的举证责任，由对抗持票人的人承担。

该条款如由出票人记载，对所有支票上的签章人均产生效力；如由背书人或保证人记载，则仅对该背书人或保证人产生效力。

如持票人无视出票人所记载的规定而作出拒绝证明或同类声明，有关费用由其承担；如该条款由背书人或保证人记载，作出拒绝证明的人或提出同类声明的人可就其费用向所有支票上的签章人要求偿还。

第四十四条 支票的所有债务人均对持票人负连带责任。

持票人有权对上述债务人个别或集体提起诉讼，无须按债务人承担债务的先后顺序。

支票上的签章人对支票作出清偿后，与持票人享有同等权利。

对债务人之一提起诉讼，亦可对其他债务人提起诉讼，即使其他债务人为被诉债务人的后手亦然。

第四十五条 持票人行使追索权时，可向被追索人索偿下列款项：

（一）支票金额的未付款；

（二）自到期日起按6%的利率计算的利息；

（三）作出拒绝证明或同类声明及所发通知的费用，以及其他费用。

第四十六条 对支票作出清偿的人，可向负有责任的人索偿下列款项：

（一）已付的全部金额；

（二）自支付上述金额之日起按6%的利率计算的利息；

（三）所支付的费用。

第四十七条　任何被追索或可被追索的债务人作出清偿后，可要求持票人交付支票、拒绝证明或同类声明及收据。

背书人对支票作出清偿后，可涂销其背书及其后手背书人的背书。

第四十八条　如因不可抗力（任何国家的法律禁令或其他不可抗力）而无法于所定期限内提示支票或作出拒绝证明或同类声明，此期限应予以延长。

持票人有责任将不可抗力的情况立即通知其背书人，将通知内容详载于支票或其黏单上，并载明日期及签名；其他方面，适用第四十二条的规定。

不可抗力的情况终止后，持票人应立即将支票提示付款，并于必要时作出拒绝证明或同类声明。

自持票人将不可抗力的情况通知背书人之日起，如超过十五日而不可抗力的情况仍延续时，即使提示期限尚未届满，持票人亦可行使追索权，无须作出提示、拒绝证书或同类声明。

持票人的纯个人事宜，或经其委托提示支票、作出拒绝证明或同类声明之人的纯个人事宜，不视为不可抗力。

第七章　复　本

第四十九条　除不记名支票外，如支票的出票地在一国而付款地在另一国，反之亦然，或在同一海外国家的同一地区或不同地区出票及付款，可签发多份同样的复本。支票如签发复本，复本的文本上应编号，如未编号，各复本应视为独立支票。

第五十条　就复本之一付款的，即使支票上无载明此项付款会使其他复本失效，亦获免除责任。

背书人将多份复本转让给数人时，该背书人及其后手背书人均应对有他们的签章而未收回的各份复本负责。

第八章 变　造

第五十一条 支票文义如有变造，则签章在变造之后的，依变造后的文义负责；签章在变造之前的，依原有文义负责。

第九章 时　效

第五十二条 持票人对背书人、出票人及其他债务人的诉讼时效期间为自规定的提示期限届满日起六个月。

应对支票作出清偿的债务人之一对其他债务人的诉讼时效期间为自其作出清偿之日或被诉之日起六个月。

第五十三条 时效中断仅对发生中断事由的人产生效力。

第十章 一般规定

第五十四条 本法所谓“银行”，包括法律上视同银行的人或机构。

第五十五条 支票的提示及作出拒绝证明，仅可于工作日办理。

支票行为尤其提示付款、作出拒绝证明或提出同类声明，应在法律规定的期限内完成而期限的最后一日为法定节假日的，该期限延长至期限届满后第一个工作日；计算期限时应包括期限中的节假日。

第五十六条 本法所规定的期限，不包括该期限的首日。

第五十七条 任何宽限日，不论其为法律上或司法上的，均不许可。

《中华人民共和国票据法》

（1995年5月10日第八届全国人民代表大会常务委员会第十三次会议通过 根据2004年8月28日第十届全国人民代表大会常务委员会第十一次会议《关于修改〈中华人民共和国票据法〉的决定》修正）

第一章 总 则

第一条 为了规范票据行为，保障票据活动中当事人的合法权益，维护社会经济秩序，促进社会主义市场经济的发展，制定本法。

第二条 在中华人民共和国境内的票据活动，适用本法。

本法所称票据，是指汇票、本票和支票。

第三条 票据活动应当遵守法律、行政法规，不得损害社会公共利益。

第四条 票据出票人制作票据，应当按照法定条件在票据上签章，并按照所记载的事项承担票据责任。

持票人行使票据权利，应当按照法定程序在票据上签章，并出示票据。

其他票据债务人在票据上签章的，按照票据所记载的事项承担票据责任。

本法所称票据权利，是指持票人向票据债务人请求支付票据金额的权利，包括付款请求权和追索权。

本法所称票据责任，是指票据债务人向持票人支付票据金额的义务。

第五条 票据当事人可以委托其代理人在票据上签章，并应当在票据上表明其代理关系。

没有代理权而以代理人名义在票据上签章的，应当由签章人承担票据责任；代理人超越代理权限的，应当就其超越权限的部分承担票据责任。

第六条 无民事行为能力人或者限制民事行为能力人在票据上签章的，其签章无效，但是不影响其他签章的效力。

第七条 票据上的签章，为签名、盖章或者签名加盖章。

法人和其他使用票据的单位在票据上的签章，为该法人或者该单位的盖章加其法定代表人或者其授权的代理人的签章。

在票据上的签名，应当为该当事人的本名。

第八条 票据金额以中文大写和数码同时记载，二者必须一致，二者不一致的，票据无效。

第九条 票据上的记载事项必须符合本法的规定。

票据金额、日期、收款人名称不得更改，更改的票据无效。

对票据上的其他记载事项，原记载人可以更改，更改时应当由原记载人签章证明。

第十条 票据的签发、取得和转让，应当遵循诚实信用的原则，具有真实的交易关系和债权债务关系。

票据的取得，必须给付对价，即应当给付票据双方当事人认可的相对应的代价。

第十一条 因税收、继承、赠与可以依法无偿取得票据的，不受给付对价的限制。但是，所享有的票据权利不得优于其前手的权利。

前手是指在票据签章人或者持票人之前签章的其他票据债务人。

第十二条 以欺诈、偷盗或者胁迫等手段取得票据的，或者明知有前列情形，出于恶意取得票据的，不得享有票据权利。

持票人因重大过失取得不符合本法规定的票据的，也不得享有票据权利。

第十三条　票据债务人不得以自己与出票人或者与持票人的前手之间的抗辩事由，对抗持票人。但是，持票人明知存在抗辩事由而取得票据的除外。

票据债务人可以对不履行约定义务的与自己有直接债权债务关系的持票人，进行抗辩。

本法所称抗辩，是指票据债务人根据本法规定对票据债权人拒绝履行义务的行为。

第十四条　票据上的记载事项应当真实，不得伪造、变造。伪造、变造票据上的签章和其他记载事项的，应当承担法律责任。

票据上有伪造、变造的签章的，不影响票据上其他真实签章的效力。

票据上其他记载事项被变造的，在变造之前签章的人，对原记载事项负责；在变造之后签章的人，对变造之后的记载事项负责；不能辨别是在票据被变造之前或者之后签章的，视同在变造之前签章。

第十五条　票据丧失，失票人可以及时通知票据的付款人挂失止付，但是，未记载付款人或者无法确定付款人及其代理付款人的票据除外。

收到挂失止付通知的付款人，应当暂停支付。

失票人应当在通知挂失止付后三日内，也可以在票据丧失后，依法向人民法院申请公示催告，或者向人民法院提起诉讼。

第十六条　持票人对票据债务人行使票据权利，或者保全票据权利，应当在票据当事人的营业场所和营业时间内进行，票据当事人无营业场所的，应当在其住所进行。

第十七条　票据权利在下列期限内不行使而消灭：

（一）持票人对票据的出票人和承兑人的权利，自票据到期日起二年。见票即付的汇票、本票，自出票日起二年；

（二）持票人对支票出票人的权利，自出票日起六个月；

（三）持票人对前手的追索权，自被拒绝承兑或者被拒绝付款之日起六个月；

（四）持票人对前手的再追索权，自清偿日或者被提起诉讼之日起三个月。

票据的出票日、到期日由票据当事人依法确定。

第十八条 持票人因超过票据权利时效或者因票据记载事项欠缺而丧失票据权利的，仍享有民事权利，可以请求出票人或者承兑人返还其与未支付的票据金额相当的利益。

第二章 汇 票

第一节 出 票

第十九条 汇票是出票人签发的，委托付款人在见票时或者在指定日期无条件支付确定的金额给收款人或者持票人的票据。

汇票分为银行汇票和商业汇票。

第二十条 出票是指出票人签发票据并将其交付给收款人的票据行为。

第二十一条 汇票的出票人必须与付款人具有真实的委托付款关系，并且具有支付汇票金额的可靠资金来源。

不得签发无对价的汇票用以骗取银行或者其他票据当事人的资金。

第二十二条 汇票必须记载下列事项：

（一）表明“汇票”的字样；

（二）无条件支付的委托；

（三）确定的金额；

（四）付款人名称；

（五）收款人名称；

（六）出票日期；

（七）出票人签章。

汇票上未记载前款规定事项之一的，汇票无效。

第二十三条　汇票上记载付款日期、付款地、出票地等事项的，应当清楚、明确。

汇票上未记载付款日期的，为见票即付。

汇票上未记载付款地的，付款人的营业场所、住所或者经常居住地为付款地。

汇票上未记载出票地的，出票人的营业场所、住所或者经常居住地为出票地。

第二十四条　汇票上可以记载本法规定事项以外的其他出票事项，但是该记载事项不具有汇票上的效力。

第二十五条　付款日期可以按照下列形式之一记载：

（一）见票即付；

（二）定日付款；

（三）出票后定期付款；

（四）见票后定期付款。

前款规定的付款日期为汇票到期日。

第二十六条　出票人签发汇票后，即承担保证该汇票承兑和付款的责任。出票人在汇票得不到承兑或者付款时，应当向持票人清偿本法第七十条、第七十一条规定的金额和费用。

第二节　背　　书

第二十七条　持票人可以将汇票权利转让给他人或者将一定的汇票权利授予他人行使。

出票人在汇票上记载“不得转让”字样的，汇票不得转让。

持票人行使第一款规定的权利时，应当背书并交付汇票。

背书是指在票据背面或者粘单上记载有关事项并签章的票据行为。

第二十八条 票据凭证不能满足背书人记载事项的需要，可以加附粘单，粘附于票据凭证上。

粘单上的第一记载人，应当在汇票和粘单的粘接处签章。

第二十九条 背书由背书人签章并记载背书日期。

背书未记载日期的，视为在汇票到期日前背书。

第三十条 汇票以背书转让或者以背书将一定的汇票权利授予他人行使时，必须记载被背书人名称。

第三十一条 以背书转让的汇票，背书应当连续。持票人以背书的连续，证明其汇票权利；非经背书转让，而以其他合法方式取得汇票的，依法举证，证明其汇票权利。

前款所称背书连续，是指在票据转让中，转让汇票的背书人与受让汇票的被背书人在汇票上的签章依次前后衔接。

第三十二条 以背书转让的汇票，后手应当对其直接前手背书的真实性负责。

后手是指在票据签章人之后签章的其他票据债务人。

第三十三条 背书不得附有条件。背书时附有条件的，所附条件不具有汇票上的效力。

将汇票金额的一部分转让的背书或者将汇票金额分别转让给二人以上的背书无效。

第三十四条 背书人在汇票上记载“不得转让”字样，其后手再背书转让的，原背书人对后手的被背书人不承担保证责任。

第三十五条 背书记载“委托收款”字样的，被背书人有权代背书人行使被委托的汇票权利。但是，被背书人不得再以背书转让汇票权利。

汇票可以设定质押；质押时应当以背书记载“质押”字样。被背书人依法实现其质权时，可以行使汇票权利。

第三十六条　汇票被拒绝承兑、被拒绝付款或者超过付款提示期限的，不得背书转让；背书转让的，背书人应当承担汇票责任。

第三十七条　背书人以背书转让汇票后，即承担保证其后手所持汇票承兑和付款的责任。背书人在汇票得不到承兑或者付款时，应当向持票人清偿本法第七十条、第七十一条规定的金额和费用。

第三节　承　　兑

第三十八条　承兑是指汇票付款人承诺在汇票到期日支付汇票金额的票据行为。

第三十九条　定日付款或者出票后定期付款的汇票，持票人应当在汇票到期日前向付款人提示承兑。

提示承兑是指持票人向付款人出示汇票，并要求付款人承诺付款的行为。

第四十条　见票后定期付款的汇票，持票人应当自出票日起一个月内向付款人提示承兑。

汇票未按照规定期限提示承兑的，持票人丧失对其前手的追索权。

见票即付的汇票无需提示承兑。

第四十一条　付款人对向其提示承兑的汇票，应当自收到提示承兑的汇票之日起三日内承兑或者拒绝承兑。

付款人收到持票人提示承兑的汇票时，应当向持票人签发收到汇票的回单。回单上应当记明汇票提示承兑日期并签章。

第四十二条　付款人承兑汇票的，应当在汇票正面记载“承兑”字样和承兑日期并签章；见票后定期付款的汇票，应当在承兑时记载付款日期。

汇票上未记载承兑日期的，以前条第一款规定期限的最后一日为承兑日期。

第四十三条 付款人承兑汇票,不得附有条件;承兑附有条件的,视为拒绝承兑。

第四十四条 付款人承兑汇票后,应当承担到期付款的责任。

第四节 保 证

第四十五条 汇票的债务可以由保证人承担保证责任。

保证人由汇票债务人以外的他人担当。

第四十六条 保证人必须在汇票或者粘单上记载下列事项:

(一)表明"保证"的字样;

(二)保证人名称和住所;

(三)被保证人的名称;

(四)保证日期;

(五)保证人签章。

第四十七条 保证人在汇票或者粘单上未记载前条第(三)项的,已承兑的汇票,承兑人为被保证人;未承兑的汇票,出票人为被保证人。

保证人在汇票或者粘单上未记载前条第(四)项的,出票日期为保证日期。

第四十八条 保证不得附有条件;附有条件的,不影响对汇票的保证责任。

第四十九条 保证人对合法取得汇票的持票人所享有的汇票权利,承担保证责任。但是,被保证人的债务因汇票记载事项欠缺而无效的除外。

第五十条 被保证的汇票,保证人应当与被保证人对持票人承担连带责任。汇票到期后得不到付款的,持票人有权向保证人请求付款,保证人应当足额付款。

第五十一条 保证人为二人以上的,保证人之间承担连带责任。

第五十二条 保证人清偿汇票债务后,可以行使持票人对被保证人及其前手的追索权。

第五节 付 款

第五十三条 持票人应当按照下列期限提示付款:

(一)见票即付的汇票,自出票日起一个月内向付款人提示付款;

(二)定日付款、出票后定期付款或者见票后定期付款的汇票,自到期日起十日内向承兑人提示付款。

持票人未按照前款规定期限提示付款的,在作出说明后,承兑人或者付款人仍应当继续对持票人承担付款责任。

通过委托收款银行或者通过票据交换系统向付款人提示付款的,视同持票人提示付款。

第五十四条 持票人依照前条规定提示付款的,付款人必须在当日足额付款。

第五十五条 持票人获得付款的,应当在汇票上签收,并将汇票交给付款人。持票人委托银行收款的,受委托的银行将代收的汇票金额转账收入持票人账户,视同签收。

第五十六条 持票人委托的收款银行的责任,限于按照汇票上记载事项将汇票金额转入持票人账户。

付款人委托的付款银行的责任,限于按照汇票上记载事项从付款人账户支付汇票金额。

第五十七条 付款人及其代理付款人付款时,应当审查汇票背书的连续,并审查提示付款人的合法身份证明或者有效证件。

付款人及其代理付款人以恶意或者有重大过失付款的,应当自行承担责任。

第五十八条 对定日付款、出票后定期付款或者见票后定期付款的汇票，付款人在到期日前付款的，由付款人自行承担所产生的责任。

第五十九条 汇票金额为外币的，按照付款日的市场汇价，以人民币支付。

汇票当事人对汇票支付的货币种类另有约定的，从其约定。

第六十条 付款人依法足额付款后，全体汇票债务人的责任解除。

第六节 追 索 权

第六十一条 汇票到期被拒绝付款的，持票人可以对背书人、出票人以及汇票的其他债务人行使追索权。

汇票到期日前，有下列情形之一的，持票人也可以行使追索权：

（一）汇票被拒绝承兑的；

（二）承兑人或者付款人死亡、逃匿的；

（三）承兑人或者付款人被依法宣告破产的或者因违法被责令终止业务活动的。

第六十二条 持票人行使追索权时，应当提供被拒绝承兑或者被拒绝付款的有关证明。

持票人提示承兑或者提示付款被拒绝的，承兑人或者付款人必须出具拒绝证明，或者出具退票理由书。未出具拒绝证明或者退票理由书的，应当承担由此产生的民事责任。

第六十三条 持票人因承兑人或者付款人死亡、逃匿或者其他原因，不能取得拒绝证明的，可以依法取得其他有关证明。

第六十四条 承兑人或者付款人被人民法院依法宣告破产的，人民法院的有关司法文书具有拒绝证明的效力。

承兑人或者付款人因违法被责令终止业务活动的，有关行政主管部门的处罚决定具有拒绝证明的效力。

第六十五条 持票人不能出示拒绝证明、退票理由书或者未按照规定期限提供其他合法证明的，丧失对其前手的追索权。但是，承兑人或者付款人仍应当对持票人承担责任。

第六十六条　持票人应当自收到被拒绝承兑或者被拒绝付款的有关证明之日起三日内，将被拒绝事由书面通知其前手；其前手应当自收到通知之日起三日内书面通知其再前手。持票人也可以同时向各汇票债务人发出书面通知。

未按照前款规定期限通知的，持票人仍可以行使追索权。因延期通知给其前手或者出票人造成损失的，由没有按照规定期限通知的汇票当事人，承担对该损失的赔偿责任，但是所赔偿的金额以汇票金额为限。

在规定期限内将通知按照法定地址或者约定的地址邮寄的，视为已经发出通知。

第六十七条　依照前条第一款所作的书面通知，应当记明汇票的主要记载事项，并说明该汇票已被退票。

第六十八条　汇票的出票人、背书人、承兑人和保证人对持票人承担连带责任。

持票人可以不按照汇票债务人的先后顺序，对其中任何一人、数人或者全体行使追索权。

持票人对汇票债务人中的一人或者数人已经进行追索的，对其他汇票债务人仍可以行使追索权。被追索人清偿债务后，与持票人享有同一权利。

第六十九条　持票人为出票人的，对其前手无追索权。持票人为背书人的，对其后手无追索权。

第七十条　持票人行使追索权，可以请求被追索人支付下列金额和费用：

（一）被拒绝付款的汇票金额；

（二）汇票金额自到期日或者提示付款日起至清偿日止，按照中国人民银行规定的利率计算的利息；

（三）取得有关拒绝证明和发出证书的费用。

被追索人清偿债务时，持票人应当交出汇票和有关拒绝证明，并出具所收到利息和费用的收据。

第七十一条 被追索人依照前条规定清偿后，可以向其他汇票债务人行使再追索权，请求其他汇票债务人支付下列金额和费用：

（一）已清偿的全部金额；

（二）前项金额自清偿日起至再追索清偿日止，按照中国人民银行规定的利率计算的利息；

（三）发出证书的费用。

行使再追索权的被追索人获得清偿时，应当交出汇票和有关拒绝证明，并出具所收到利息和费用的收据。

第七十二条 被追索人依照前二条规定清偿债务后，其责任解除。

第三章 本 票

第七十三条 本票是出票人签发的，承诺自己在见票时无条件支付确定的金额给收款人或者持票人的票据。

本法所称本票，是指银行本票。

第七十四条 本票的出票人必须具有支付本票金额的可靠资金来源，并保证支付。

第七十五条 本票必须记载下列事项：

（一）表明“本票”的字样；

（二）无条件支付的承诺；

（三）确定的金额；

（四）收款人名称；

（五）出票日期；

（六）出票人签章。

本票上未记载前款规定事项之一的，本票无效。

第七十六条　本票上记载付款地、出票地等事项的，应当清楚、明确。

本票上未记载付款地的，出票人的营业场所为付款地。

本票上未记载出票地的，出票人的营业场所为出票地。

第七十七条　本票的出票人在持票人提示见票时，必须承担付款的责任。

第七十八条　本票自出票日起，付款期限最长不得超过二个月。

第七十九条　本票的持票人未按照规定期限提示见票的，丧失对出票人以外的前手的追索权。

第八十条　本票的背书、保证、付款行为和追索权的行使，除本章规定外，适用本法第二章有关汇票的规定。

本票的出票行为，除本章规定外，适用本法第二十四条关于汇票的规定。

第四章　支　　票

第八十一条　支票是出票人签发的，委托办理支票存款业务的银行或者其他金融机构在见票时无条件支付确定的金额给收款人或者持票人的票据。

第八十二条　开立支票存款账户，申请人必须使用其本名，并提交证明其身份的合法证件。

开立支票存款账户和领用支票，应当有可靠的资信，并存入一定的资金。

开立支票存款账户，申请人应当预留其本名的签名式样和印鉴。

第八十三条　支票可以支取现金，也可以转账，用于转账时，应当在支票正面注明。

支票中专门用于支取现金的,可以另行制作现金支票,现金支票只能用于支取现金。

支票中专门用于转账的,可以另行制作转账支票,转账支票只能用于转账,不得支取现金。

第八十四条 支票必须记载下列事项:

(一)表明“支票”的字样;

(二)无条件支付的委托;

(三)确定的金额;

(四)付款人名称;

(五)出票日期;

(六)出票人签章。

支票上未记载前款规定事项之一的,支票无效。

第八十五条 支票上的金额可以由出票人授权补记,未补记前的支票,不得使用。

第八十六条 支票上未记载收款人名称的,经出票人授权,可以补记。

支票上未记载付款地的,付款人的营业场所为付款地。

支票上未记载出票地的,出票人的营业场所、住所或者经常居住地为出票地。

出票人可以在支票上记载自己为收款人。

第八十七条 支票的出票人所签发的支票金额不得超过其付款时在付款人处实有的存款金额。

出票人签发的支票金额超过其付款时在付款人处实有的存款金额的,为空头支票。禁止签发空头支票。

第八十八条 支票的出票人不得签发与其预留本名的签名式样或者印鉴不符的支票。

第八十九条 出票人必须按照签发的支票金额承担保证向该持

票人付款的责任。

出票人在付款人处的存款足以支付支票金额时,付款人应当在当日足额付款。

第九十条　支票限于见票即付,不得另行记载付款日期。另行记载付款日期的,该记载无效。

第九十一条　支票的持票人应当自出票日起十日内提示付款;异地使用的支票,其提示付款的期限由中国人民银行另行规定。

超过提示付款期限的,付款人可以不予付款;付款人不予付款的,出票人仍应当对持票人承担票据责任。

第九十二条　付款人依法支付支票金额的,对出票人不再承担受委托付款的责任,对持票人不再承担付款的责任。但是,付款人以恶意或者有重大过失付款的除外。

第九十三条　支票的背书、付款行为和追索权的行使,除本章规定外,适用本法第二章有关汇票的规定。

支票的出票行为,除本章规定外,适用本法第二十四条、第二十六条关于汇票的规定。

第五章　涉外票据的法律适用

第九十四条　涉外票据的法律适用,依照本章的规定确定。

前款所称涉外票据,是指出票、背书、承兑、保证、付款等行为中,既有发生在中华人民共和国境内又有发生在中华人民共和国境外的票据。

第九十五条　中华人民共和国缔结或者参加的国际条约同本法有不同规定的,适用国际条约的规定。但是,中华人民共和国声明保留的条款除外。

本法和中华人民共和国缔结或者参加的国际条约没有规定的,可以适用国际惯例。

第九十六条 票据债务人的民事行为能力，适用其本国法律。

票据债务人的民事行为能力，依照其本国法律为无民事行为能力或者为限制民事行为能力而依照行为地法律为完全民事行为能力的，适用行为地法律。

第九十七条 汇票、本票出票时的记载事项，适用出票地法律。

支票出票时的记载事项，适用出票地法律，经当事人协议，也可以适用付款地法律。

第九十八条 票据的背书、承兑、付款和保证行为，适用行为地法律。

第九十九条 票据追索权的行使期限，适用出票地法律。

第一百条 票据的提示期限、有关拒绝证明的方式、出具拒绝证明的期限，适用付款地法律。

第一百零一条 票据丧失时，失票人请求保全票据权利的程序，适用付款地法律。

第六章 法 律 责 任

第一百零二条 有下列票据欺诈行为之一的，依法追究刑事责任：

（一）伪造、变造票据的；

（二）故意使用伪造、变造的票据的；

（三）签发空头支票或者故意签发与其预留的本名签名式样或者印鉴不符的支票，骗取财物的；

（四）签发无可靠资金来源的汇票、本票，骗取资金的；

（五）汇票、本票的出票人在出票时作虚假记载，骗取财物的；

（六）冒用他人的票据，或者故意使用逾期或者作废的票据，骗取财物的；

（七）付款人同出票人、持票人恶意串通，实施前六项所列行为之一的。

第一百零三条　有前条所列行为之一，情节轻微，不构成犯罪的，依照国家有关规定给予行政处罚。

第一百零四条　金融机构工作人员在票据业务中玩忽职守，对违反本法规定的票据予以承兑、付款或者保证的，给予处分；造成重大损失，构成犯罪的，依法追究刑事责任。

由于金融机构工作人员因前款行为给当事人造成损失的，由该金融机构和直接责任人员依法承担赔偿责任。

第一百零五条　票据的付款人对见票即付或者到期的票据，故意压票，拖延支付的，由金融行政管理部门处以罚款，对直接责任人员给予处分。

票据的付款人故意压票，拖延支付，给持票人造成损失的，依法承担赔偿责任。

第一百零六条　依照本法规定承担赔偿责任以外的其他违反本法规定的行为，给他人造成损失的，应当依法承担民事责任。

第七章　附　　则

第一百零七条　本法规定的各项期限的计算，适用民法通则关于计算期间的规定。

按月计算期限的，按到期月的对日计算；无对日的，月末日为到期日。

第一百零八条　汇票、本票、支票的格式应当统一。

票据凭证的格式和印制管理办法，由中国人民银行规定。

第一百零九条　票据管理的具体实施办法，由中国人民银行依照本法制定，报国务院批准后施行。

第一百一十条　本法自 1996 年 1 月 1 日起施行。

《中华人民共和国票据管理实施办法》

（1997年6月23日国务院批准 1997年8月21日中国人民银行令第2号发布 根据2011年1月8日《国务院关于废止和修改部分行政法规的决定》修订）

第一条 为了加强票据管理，维护金融秩序，根据《中华人民共和国票据法》（以下简称票据法）的规定，制定本办法。

第二条 在中华人民共和国境内的票据管理，适用本办法。

第三条 中国人民银行是票据的管理部门。

票据管理应当遵守票据法和本办法以及有关法律、行政法规的规定，不得损害票据当事人的合法权益。

第四条 票据当事人应当依法从事票据活动，行使票据权利，履行票据义务。

第五条 票据当事人应当使用中国人民银行规定的统一格式的票据。

第六条 银行汇票的出票人，为经中国人民银行批准办理银行汇票业务的银行。

第七条 银行本票的出票人，为经中国人民银行批准办理银行本票业务的银行。

第八条 商业汇票的出票人，为银行以外的企业和其他组织。

向银行申请办理汇票承兑的商业汇票的出票人，必须具备下列条件：

（一）在承兑银行开立存款账户；

（二）资信状况良好，并具有支付汇票金额的可靠资金来源。

第九条　承兑商业汇票的银行，必须具备下列条件：

（一）与出票人具有真实的委托付款关系；

（二）具有支付汇票金额的可靠资金。

第十条　向银行申请办理票据贴现的商业汇票的持票人，必须具备下列条件：

（一）在银行开立存款账户；

（二）与出票人、前手之间具有真实的交易关系和债权债务关系。

第十一条　支票的出票人，为在经中国人民银行批准办理支票存款业务的银行、城市信用合作社和农村信用合作社开立支票存款账户的企业、其他组织和个人。

第十二条　票据法所称“保证人”，是指具有代为清偿票据债务能力的法人、其他组织或者个人。

国家机关、以公益为目的的事业单位、社会团体、企业法人的分支机构和职能部门不得为保证人；但是，法律另有规定的除外。

第十三条　银行汇票上的出票人的签章、银行承兑商业汇票的签章，为该银行的汇票专用章加其法定代表人或者其授权的代理人的签名或者盖章。

银行本票上的出票人的签章，为该银行的本票专用章加其法定代表人或者其授权的代理人的签名或者盖章。

银行汇票专用章、银行本票专用章须经中国人民银行批准。

第十四条　商业汇票上的出票人的签章，为该单位的财务专用章或者公章加其法定代表人或者其授权的代理人的签名或者盖章。

第十五条　支票上的出票人的签章，出票人为单位的，为与该单位在银行预留签章一致的财务专用章或者公章加其法定代表人或者其授权的代理人的签名或者盖章；出票人为个人的，为与该个人在银行预留签章一致的签名或者盖章。

第十六条 票据法所称“本名”，是指符合法律、行政法规以及国家有关规定的身份证件上的姓名。

第十七条 出票人在票据上的签章不符合票据法和本办法规定的，票据无效；背书人、承兑人、保证人在票据上的签章不符合票据法和本办法规定的，其签章无效，但是不影响票据上其他签章的效力。

第十八条 票据法所称“代理付款人”，是指根据付款人的委托，代其支付票据金额的银行、城市信用合作社和农村信用合作社。

第十九条 票据法规定可以办理挂失止付的票据丧失的，失票人可以依照票据法的规定及时通知付款人或者代理付款人挂失止付。

失票人通知票据的付款人或者代理付款人挂失止付时，应当填写挂失止付通知书并签章。挂失止付通知书应当记载下列事项：

（一）票据丧失的时间和事由；

（二）票据种类、号码、金额、出票日期、付款日期、付款人名称、收款人名称；

（三）挂失止付人的名称、营业场所或者住所以及联系方法。

第二十条 付款人或者代理付款人收到挂失止付通知书，应当立即暂停支付。付款人或者代理付款人自收到挂失止付通知书之日起12日内没有收到人民法院的止付通知书的，自第13日起，挂失止付通知书失效。

第二十一条 付款人或者代理付款人在收到挂失止付通知书前，已经依法向持票人付款的，不再接受挂失止付。

第二十二条 申请人申请开立支票存款账户的，银行、城市信用合作社和农村信用合作社可以与申请人约定在支票上使用支付密码，作为支付支票金额的条件。

第二十三条 保证人应当依照票据法的规定，在票据或者其粘单上记载保证事项。保证人为出票人、付款人、承兑人保证的，应当在票据的正面记载保证事项；保证人为背书人保证的，应当在票据的背面或者其粘单上记载保证事项。

第二十四条　依法背书转让的票据,任何单位和个人不得冻结票据款项;但是,法律另有规定的除外。

第二十五条　票据法第五十五条所称“签收”,是指持票人在票据的正面签章,表明持票人已经获得付款。

第二十六条　通过委托收款银行或者通过票据交换系统向付款人提示付款的,持票人向银行提交票据日为提示付款日。

第二十七条　票据法第六十二条所称“拒绝证明”应当包括下列事项:

(一)被拒绝承兑、付款的票据的种类及其主要记载事项;

(二)拒绝承兑、付款的事实依据和法律依据;

(三)拒绝承兑、付款的时间;

(四)拒绝承兑人、拒绝付款人的签章。

票据法第六十二条所称“退票理由书”应当包括下列事项:

(一)所退票据的种类;

(二)退票的事实依据和法律依据;

(三)退票时间;

(四)退票人签章。

第二十八条　票据法第六十三条规定的“其他有关证明”是指:

(一)医院或者有关单位出具的承兑人、付款人死亡的证明;

(二)司法机关出具的承兑人、付款人逃匿的证明;

(三)公证机关出具的具有拒绝证明效力的文书。

第二十九条　票据法第七十条第一款第(二)项、第七十一条第一款第(二)项规定的“利率”,是指中国人民银行规定的流动资金贷款利率。

第三十条　有票据法第一百零二条所列行为之一,情节轻微,不构成犯罪的,由公安机关依法予以处罚。

第三十一条　签发空头支票或者签发与其预留的签章不符的支票,不以骗取财物为目的的,由中国人民银行处以票面金额5%但不低于1000元的罚款；持票人有权要求出票人赔偿支票金额2%的赔偿金。

第三十二条 金融机构的工作人员在票据业务中玩忽职守，对违反票据法和本办法规定的票据予以承兑、付款、保证或者贴现的，对直接负责的主管人员和其他直接责任人员给予警告、记过、撤职或者开除的处分；造成重大损失，构成犯罪的，依法追究刑事责任。

第三十三条 票据的付款人对见票即付或者到期的票据，故意压票、拖延支付的，由中国人民银行处以压票、拖延支付期间内每日票据金额0.7‰的罚款；对直接负责的主管人员和其他直接责任人员给予警告、记过、撤职或者开除的处分。

第三十四条 违反中国人民银行规定，擅自印制票据的，由中国人民银行责令改正，处以1万元以上20万元以下的罚款；情节严重的，中国人民银行有权提请有关部门吊销其营业执照。

第三十五条 票据的格式、联次、颜色、规格及防伪技术要求和印制，由中国人民银行规定。

中国人民银行在确定票据格式时，可以根据少数民族地区和外国驻华使领馆的实际需要，在票据格式中增加少数民族文字或者外国文字。

第三十六条 本办法自1997年10月1日起施行。

中国香港特别行政区《汇票条例》

香港法例第十九章

本条例旨在将与汇票、支票及承付票有关的法律编纂为成文法则。

[1885 年 5 月 4 日]

第 I 部

(由 1911 年第 51 号增补;由 1911 年第 63 号附表增补)

导　　言

1. 简称

本条例可引称为《汇票条例》。

(由 1924 年第 5 号第 6 条修订)

2. 释义

在本条例中,除文意另有所指外——

人 (person) 包括众人组成的团体,不论其是否法团;

公众假期 (general holiday) 的涵义,与《公众假期条例》(第 149

章)中该词的涵义相同;(由 1912 年第 5 号第 8 条增补。由 1998 年第 35 号第 5 条修订)

交付(delivery)指将管有权由一人移转至另一人,不论是确实的或是法律构定的移转;

承兑(acceptance)指以交付或通知方式完成的承兑;

法律行动(action)指法律行动或诉讼,包括反申索及抵销申索;

持有人(holder)指管有汇票或承付书并且是该汇票或承付书的受款人或承背书人的人,亦指汇票或承付书的持票人;

持票人(bearer)指管有汇票或承付票的人,而该汇票或承付票是付款予持票人者;

背书(indorsement)指以交付方式完成的背书;

破产人(bankrupt)包括根据与破产有关的法律,其财产归属受托人或承让人的人;(由 1911 年第 50 号修订;由 1911 年第 62 号附表修订)

发给(issue)指将形式上完整的汇票或承付票首次交付予接收该汇票或承付票而成为其持有人的人;

银行(banker)包括经营银行业务的众人组成的团体,不论其是否法团;

价值(value)指有值代价。

(由 1912 年第 43 号附表修订)

第 Ⅱ 部

(由 1911 年第 51 号修订;由 1911 年第 63 号附表修订)

汇　　票

形式及释义

3. 汇票的定义

(1) 汇票是无条件的书面命令,由一人出具予另一人,并由给予汇票的人签名,要求该另一人,在有人凭票要求付款时或在某指定时间或可以确定的未来时间,向某指明的人或其指定的人支付或向持票人支付一笔数目确定的款项。

(2) 不符合上述条件的票据,或除命令付款外尚命令作出任何作为的票据,均不是汇票。

(3) 规定从某笔资金付款的命令,并非本条意指的无条件命令;但附有以下指示或说明的无规限付款命令,则是无条件命令——

(a) 受票人从某笔资金支取款项偿还给自己的指示,或受票人在某账户的借方记入该笔款额的指示;或

(b) 导致产生该汇票的交易的说明。

(4) 汇票不因以下理由而成为无效——

(a) 没有注明日期;

(b) 没有指明为该汇票而给予的价值,或没有指明是否已为该汇票给予任何价值;

(c) 没有指明出票地方或付款地方。

4. 本地及外地汇票

(1) 本地汇票是一种符合或票面上看来符合以下情况的汇票——

(a) 在香港出票及付款;或

(b) 在香港出票，由在香港居住的人付款。

(2) 其他汇票均属外地汇票。

(3) 除非某汇票票面上出现相反情况，否则持有人可将该汇票视为本地汇票。

5. 汇票各方是同一人时所产生的影响

(1) 汇票可用以付款予出票人或其指定的人；亦可用以付款予受票人或其指定的人。

(2) 凡汇票的出票人和受票人是同一人，或受票人是虚构的人或无订约行为能力的人，则持有人可选择将该票据视为汇票或承付票。

6. 汇票出具予受票人

(1) 汇票上必须有受票人的姓名或名称或以其他合理地明确的方式显示受票人。

(2) 汇票可以是出具予两名或超过两名受票人，不论该等受票人是否合伙人，但出具予两名可任择其一的受票人，或出具予两名或超过两名按先后次序排列的受票人的命令，不是汇票。

7. 受款人须予以确定

(1) 凡汇票并非付款予持票人，汇票上必须有受款人的姓名或名称或以其他合理地明确的方式显示受款人。

(2) 汇票可用以付款予两名或超过两名联名受款人，或用以付款予两名受款人的其中一人，或多名受款人的其中一人或数人。汇票亦可用以付款予当其时出任某职位的人。

(3) 凡受款人是虚构的人或并不存在的人，汇票可视为用以付款予持票人。

8. 何类汇票可予转让

(1) 凡汇票上载有文字，禁止将该汇票移转，或显示该汇票应不可移转的意向，则该汇票在其各方之间属有效，但不可转让。

(2) 可转让的汇票可用以付款予指定人或持票人。

(3) 汇票如明示须付款予持票人，或其唯一背书或最后背书是空白背书,则可用以付款予持票人。

(4) 汇票如明示须付款予指定人,或明示须付款予某人,而并无载有文字禁止将该汇票移转,亦无载有文字显示该汇票应不可移转的意向,则该汇票可用以付款予指定人。

(5) 汇票如原先明示或以背书明示,须付款予某指明的人所指定的人,而非明示可付款予该人或其指定的人,则该汇票仍可用以付款予该人或其指定的人,按该人的选择而定。

9. 应付的款项

(1) 汇票的应付款项,是本条例所指的一笔数目确定的款项,即使该笔款项须——

(a) 连同利息予以支付;

(b) 按述明的分期予以支付;

(c) 按述明的分期予以支付,但规定任何分期不获支付时,整笔款项须立即予以支付;

(d) 按照所示汇率或按照该汇票上所指示而确定的汇率予以支付。

(2) 凡应付的款项以文字亦以数字明示,但两者有差异,则须以文字表示的款项为应付的款项。

(3) 汇票上如明示是连同利息支付,则除非该票据另有规定,否则利息由该汇票的日期起计,如该汇票没有注明日期,则由该汇票的发给日期起计。

10. 凭票要求付款的汇票

(1) 符合以下情况的汇票,即为凭票要求付款的汇票——

(a) 明示为凭票要求付款、见票付款或于出示时付款的汇票;或

(b) 汇票上没有明示付款日期。

(2) 凡汇票逾期而被承兑或背书,对如此承兑该汇票的承兑人或如此背书该汇票的背书人而言,该汇票须当作是凭票要求付款的汇票。

11. 在未来时间付款的汇票

(1) 符合以下情况的汇票,即为本条例所指的在可以确定的未来时间付款的汇票——

(a) 汇票上明示在注明日期后的指定期间或见票后的指定期间付款;

(b) 汇票上明示在某指明事件出现时或在其出现后的指定期间付款,而该事件肯定会发生,虽然发生时间可能不肯定。

(2) 任何票据如明示在某项不确定事件发生时付款,则不是汇票,而即使该事件发生,亦于事无补。

12. 在注明日期后付款的汇票漏注日期

明示在所注明日期后的指定期间付款的汇票,如在发给时没有注明日期,或在见票后的指定期间付款的汇票在承兑时没有注明日期,则任何持有人均可在该汇票上填上发给或承兑该汇票的确实日期,而该汇票须如期付款:

但——

(a) 凡该持有人真诚而错误地填上错误日期;及

(b) 在填上错误日期的每宗个案中,如该汇票其后在当期持有人手中,则该汇票不得因此而无效,却须发挥效用及予以付款,犹如错误填上的日期是确实的日期一样。

13. 注明过去日期或未来日期

(1) 汇票、汇票的承兑或汇票的背书如注明日期,除非相反证明成立,否则该日期须当作是出票、承兑或背书的确实日期。

(2) 汇票不会仅由于注明过去日期或未来日期,或所注明日期为星期日或公众假期而无效。(由 1912 年第 5 号第 8 条修订)

14. 付款时间的计算

任何汇票如非凭票要求付款者,则用以下方法决定其到期日——

(a) 在所有情况下,该汇票须在其指定付款时间最后一天到期支付;如当天是公众假期,则该汇票须在下一个营业日到期支付;

(b) 凡汇票在所注明的日期后、见票后或在某指明事件发生后的指定期间付款，则付款时间的决定方法，是开始计时间的一天不计在内，但付款当日则计算在内；

(c) 在见票后的指定期间付款的汇票如被承兑，则时间由承兑日期开始计算，但如该汇票因不承兑或不交付而作拒付纪录或拒付证明，则时间由作拒付纪录或拒付证明的日期开始计算；

(d) 在汇票上，"月"指公历月。

15. 票据的预备支付人

汇票的出票人或任何背书人，可在汇票上填上某人的姓名或名称，以便持有人在需要时，即是在汇票因不承兑或不付款而不兑现时，可向该人追究。该人称为票据的预备支付人。持有人可选择是否向票据的预备支付人追究，按其认为适宜者而定。

16. 由出票人或背书人加入的选择性规定

汇票的出票人或任何背书人可在汇票上加入明文规定——

(a) 否定或限制其本人须向持有人承担的法律责任；

(b) 免除持有人对他承担的部分或全部责任。

17. 承兑的定义及必要条件

(1) 汇票的承兑是指受票人表示同意按出票人的命令付款。

(2) 承兑除非符合以下条件，否则无效——

(a) 必须在汇票上书明承兑，并由受票人签名。只有受票人的签名而无其他文字亦已足够；

(b) 不得明示受票人会以付款以外的其他方式履行其承诺。

18. 承兑的时间

(1) 汇票可在以下时间承兑——

(a) 在出票人在该汇票上签名之前，或在该汇票的其他方面尚未完成之时；

(b) 在该汇票逾期时，或在该汇票已因先前的拒绝承兑或拒绝付款而不兑现之后。

(2) 凡见票后付款的汇票因被拒绝承兑而不兑现，而其后被受票人承兑，则在没有任何不同协议的情况下，持有人有权以该汇票首次向受票人出示以供承兑之日，作为承兑的日期。

19. 一般承兑及有规限承兑

(1) 承兑分为——

(a) 一般承兑；及

(b) 有规限承兑。

(2) 一般承兑是在无规限的情况下同意按出票人的命令付款。有规限承兑则是以明示的条款将该汇票出票时的效用更改。

(3) 以下的承兑，尤其属有规限承兑——

(a) 附有条件的承兑，即是承兑人的付款视乎汇票上所述的条件是否已获履行而定；

(b) 部分承兑，即是只支付汇票款额的一部分的承兑；

(c) 当地承兑，即是只在某指明地方付款的承兑；在某地方付款的承兑属一般承兑，但如有明文述明该汇票只在该地方付款而不在其他地方付款，则属例外；

(d) 有时间规限的承兑；

(e) 由一名或超过一名受票人作出而非由全部受票人作出的承兑。

20. 不完整的票据

(1) 凡空白纸张上的普通签名，由签名人交付予其他人，以将该纸张转成为汇票，则该签名所发挥的效用，是表面授权任何人在该纸张上填上任何款额，使其成为完成的汇票，而利用该签名作为出票人、承兑人或背书人的签名；同样地，如汇票上漏填任何要项，则管有该汇票的人亦获表面授权按其认为适当的方式填上漏填项目。

(2) 为使上述票据在完成后可向在其完成前已成为汇票一方的人强制执行，该票据必须在合理时间内严格按照所授权力予以填妥。为此目的，何谓合理时间，属事实问题；但如任何该等票据在完成后转让予当期持有人，则该票据在该当期持有人手中时，就所有目的而言，均属有效及有作用，而该当期持有人亦可执行该票据，犹如该票据是在合理时间内严格按照所授权力而填妥一样。

21. 交付

（1）就汇票订立的每宗合约，不论是由出票人、承兑人或背书人所订，均属未完成及可予撤销的合约，直至该票据予以交付而生效为止：

但凡汇票上书明承兑，而受票人向有权享有该汇票的人或按照其指示发出通知，表示他已承兑该汇票，则该承兑即属已完成及不可撤销。

（2）在有直接关系的各方之间，及就当期持有人以外的间接一方而言——

（a）为使交付有效，交付必须由出票、承兑或背书的一方作出或根据该人授权而作出；

（b）交付可被显示为附有条件或只为某特别目的而作出，而并非为将该汇票的产权移转而作出；

但如该汇票是在当期持有人手中，则须决定性推定，在该当期持有人之前的各方已将该汇票作有效交付，使他们对该当期持有人负有法律责任。

（3）汇票如不再由以出票人、承兑人或背书人身份在该汇票上签名的一方管有，则须推定该一方已作出有效及无条件的交付，直至相反证明成立。

汇票各方的行为能力及权能

22. 汇票各方的行为能力

（1）以汇票一方的身份承担法律责任的行为能力，与订约的行为能力范围相同：

但除非根据关于法团的法律，某法团有行为能力以汇票出票人、承兑人或背书人身份承担法律责任，否则本条并不使该法团能够以汇票出票人、承兑人或背书人身份承担法律责任。（由 1911 年第 50 号修订；由 1911 年第 62 号附表修订）

(2) 凡汇票由幼年人、未成年人出票或背书，或由无行为能力或权力就汇票承担法律责任的法团出票或背书，则该项出票或背书令持有人有权收取就该汇票而支付的款项，以及有权要求该汇票的任何其他一方强制执行该汇票的付款责任。

23. 对承担法律责任而言签名乃属必需

任何人如没有在汇票上以出票人、背书人或承兑人身份签名，则无须以该身份承担法律责任：

(a) 凡某人在汇票上签上营业名称或称号，则须就该汇票承担法律责任，犹如他已在该汇票上签上自己的姓名一样；

(b) 凡签上商号的名称，即相等于作出该项签署的人已将所有须就该商号承担法律责任的合伙人姓名签上。

24. 假冒或未经授权的签名

除本条例另有规定外，汇票上的签名如属假冒，或是未经该签名看来所属的人授权而作出，则该假冒或未经授权的签名完全不发挥效用，任何人均不能透过或根据该签名而获得任何权利以保留该汇票，或解除该汇票的付款责任，或要求该汇票的任何一方执行付款责任；但如属针对某一方而寻求保留该汇票或要求某一方执行付款责任的情况，而该一方并不可以提出该项假冒或缺乏授权事，则属例外：

但任何未经授权的签名如不至于是假冒签名者，其追认不受本条影响。

25. 代理签名

代理签名的效用是作出通知，表示有关的代理人只获有限度授权签名；如该代理人如此签名时，是在其确实获授权的范围内行事，委托人方受该签名约束。

26. 以代理人或代表身份签名的人

(1) 凡任何人以出票人、背书人或承兑人身份在汇票上签名，并在其签名处加上文字，表示他是为了委托人或代表委托人签名或是以代表身份签名，则无须对该汇票承担个人的法律责任；但除第 26A 条另有规定外，如只是在其签名处加上文字形容他是代理人或形容其身份是代表，则并不豁免其个人的法律责任。(由 1983 年第 16 号第 2 条修订)

(2) 在决定汇票上的签名是委托人的签名或是由代理人写上的委托人姓名或名称时，须采纳对该汇票的有效性最有利的解释。

26A. 法团的签名

(1) 任何人为公司、以公司名义、代公司或因为公司而开立、承兑或背书任何汇票，如对该汇票整体上予以适当解释后，认为该项开立、承兑或背书，是该公司的开立、承兑或背书，则该人无须对该项开立、承兑或背书承担法律责任。(由 2012 年第 28 号第 912 及 920 条修订)

(2) 在第(1)款中，公司 (company) 具有《公司条例》(第 622 章)第 2(1)条给予该词的涵义，并包括该条所界定的非香港公司。

(3) 本条适用于在《1983 年汇票 (修订)条例》(Bills of Exchange (Amendment) Ordinance 1983) (1983 年第 16 号) 生效日期后任何汇票的开立、承兑或背书。

(由 1983 年第 16 号第 3 条增补)

汇票的代价

27. 价值及已付价值的持有人

(1) 汇票的有值代价可由以下组成——

(a) 足以支持简单合约的代价;

(b) 先前的债项或法律责任。不论该汇票是凭票要求付款的汇票或是在未来时间付款的汇票,该债项或法律责任均当作是有值代价。

(2) 凡持有人在任何时间为任何汇票付出价值,则对承兑人以及所有在该时间之前已成为该汇票一方的人来说,该持有人须当作是已付价值的持有人。

(3) 凡任何汇票的持有人由于合约规定或法律上的含义而对该汇票享有留置权,则在该人享有留置权的款额的范围内,该人须被当作是已付价值的持有人。

28. 汇票代发人

(1) 汇票代发人是以出票人、承兑人或背书人身份在汇票上签名而并无为此收取任何价值的人,且其目的是让其他人借用其姓名或名称。

(2) 汇票代发人须就上述汇票向已付价值的持有人承担法律责任;该持有人在取得该汇票时是否知道该人是汇票代发人,均无关重要。

29. 当期持有人

(1) 当期持有人是已在以下情况下取得票面上完成及符合规格的汇票的持有人——

(a) 他在该汇票逾期前成为该汇票的持有人;如该汇票以前曾不兑现,则他在不知悉此项事实的情况下成为该汇票的持有人;

(b) 他真诚地并付出价值而取得该汇票,并且在该汇票转让予他时,他并不知悉转让该汇票的人的所有权欠妥。

(2) 当转让汇票的人是以欺诈、威胁、武力及引起恐惧的方式,或以其他非法手段,或以违法代价获得该汇票或将其承兑,或在不真诚或相等于欺诈的情况下转让该汇票,则该人的所有权尤属本条例所指的欠妥。

(3) 任何持有人(不论曾否付出价值),如透过当期持有人得到任何汇票的所有权,但其本人并非对该汇票有影响的欺诈行为或违法行为的一方,则就该汇票的承兑人以及在该持有人之前的各方而言,该持有人享有上述当期持有人所享有的一切权利。

30. 对于价值及真诚方面的推定

(1) 如任何一方的签名在汇票上出现,该一方即表面当作已成为该汇票的已付价值的一方。

(2) 汇票的每名持有人,均表面当作是当期持有人;但在就该汇票而进行的法律行动中,如有人承认或经证明该汇票的承兑、发给或其后的转让,是受到欺诈、威胁、武力及引起的恐惧或违法行为所影响,则举证责任即转移至该持有人身上,除非及直至该持有人证明,在所指称的欺诈或违法行为发生后,他已真诚地就该汇票付出价值。

汇票的转让

31. 汇票的转让

(1) 当汇票由一人移转至另一人,而移转的方式使承转人成为该汇票的持有人,即为汇票转让。

(2) 凡属付款予持票人的汇票,须以交付方式转让。

(3) 凡属付款予指定人的汇票,须以持有人的背书转让,并以交付方式完成。

(4) 凡属付款予持有人所指定的人的汇票,如由其持有人收取价值而未经背书便予以移转,则该项移转将移转人就该汇票享有的所有权,给予承转人;此外,承转人尚有取得移转人背书的权利。

(5) 凡有义务以代表身份在汇票上背书的人,可加上否定其个人法律责任的条款而在该汇票上背书。

32. 有效背书的要素

为使背书发挥将汇票转让的效用,该背书须符合以下条件——

(a) 必须在汇票上书明，并由背书人签名。只有背书人的普通签名而没有加上文字，亦已足够。背书如写在附笺上，或写在汇票的“副本”上而该汇票是在承认“副本”的国家发给或转让的，则当作是写在汇票上；

(b) 背书必须是对整张汇票的背书。部分背书，亦即是说，该背书看来是只将应付款项的一部分移转予承背书人，或看来是将该汇票分别移转予两名或超过两名承背书人，均不能发挥将该汇票转让的效用；

(c) 汇票如可付款予两名或超过两名受款人或承背书人所指定的人，而该等受款人或承背书人并非合伙人，则所有该等受款人或承背书人均须背书，但如作出背书的人获授权代表其他人背书，则属例外；

(d) 凡属付款予指定人的汇票，如其受款人或承背书人在称呼上或该人在姓名或名称的书写上有错误，则该人可按该汇票上所述而在该汇票上背书，但如他认为适当的话，可加上其正确签名；

(e) 汇票上如有两项或超过两项背书，每项背书均当作是按其在该汇票上出现的次序作出，直至相反证明成立；

(f) 背书可以是空白背书或记名背书。该背书亦可载有条款，使其成为限制性背书。

33. 附有条件的背书

任何汇票，如看来是经附有条件地背书，则付款人可不理会该条件，而不论该条件是否获得履行，向承背书人所作付款均属有效。

34. 空白背书及记名背书

(1) 空白背书并不指明任何承背书人，经如此背书的汇票即成为付款予持票人的汇票。

(2) 记名背书指明付款予某人或其指定的人。

(3) 本条例中关于受款人的条文，在作出需要的修改后，适用于记名背书的承背书人。

(4) 在汇票上作空白背书后，任何持有人均可将该空白背书转为记名背书,方法是在背书人的签名上方加一项指示,表示该汇票须付款予该持有人本人或其他人,或须付款予由该持有人本人或其他人指定的人。

35. 限制性背书

(1) 任何背书如禁止将有关汇票再度转让,或明示只授权按背书的指示处理该汇票而非将该汇票的拥有权移转,则该项背书即为限制性背书,例如,汇票上有以下的背书:“Pay D only”,或“Pay D for the account of X”,或“Pay D or order for collection”。

(2) 限制性背书赋予承背书人权利,使其能收取汇票上所示的付款,并使其能起诉其背书人本可起诉的该汇票的任何一方,但该项背书并不赋予其权力将其作为承背书人的权利移转,但如该背书明示授权该承背书人可如此移转其权利,则属例外。

(3) 限制性背书如授权将有关汇票再度移转,则所有其后的承背书人取得该汇票时,均享有首名承背书人根据该限制性背书而享有的同样权利,并承担该首名承背书人根据该背书而承担的同样的法律责任。

36. 逾期汇票或不兑现汇票的转让

(1) 任何汇票如原本为可转让的,则继续为可转让的,直至该汇票——

(a) 已有限制性背书作出为止;或

(b) 以付款或其他方式予以清偿为止。

(2) 凡转让逾期的汇票,只能在于其到期日对其有影响的所有权欠妥之处的规限下进行转让;之后,任何取得该汇票的人可得到或可授予的所有权,均不能优于将该汇票转让给他的人所享有者。

(3) 就本条的施行而言,凭票要求付款的汇票如票面上显示该汇票已流通了一段长至不合理的时间,则须当作是本条所指的逾期汇票。为此目的,何谓长至不合理的时间,乃属事实问题。

(4) 除非汇票的背书注有汇票到期日之后的日期,否则每宗转让均表面当作是在该汇票逾期之前作出。

(5) 凡非逾期的汇票不兑现，则任何人在知悉该项不兑现的情况下取得该汇票，须受该汇票不兑现时附于该汇票的所有权欠妥之处的规限；但本款对当期持有人的权利并无影响。

37. 将汇票转让予原已须对该汇票承担法律责任的一方

任何汇票如转让回出票人、以前的背书人或承兑人，则除本条例条文另有规定外，该一方可重新发给及再度转让该汇票，但他无权要求以前他须对其承担法律责任的任何介入的一方强制执行该汇票的付款责任。

38. 持有人的权利及权力

汇票持有人享有以下权利及权力——

(a) 他可以本身的名义就该票提出起诉；

(b) 如他是当期持有人，则其持有该汇票，并不受以前各方的所有权欠妥之处的规限，亦不受以前各方之间仅属个人性质的免责辩护所规限，而他可要求须对该汇票承担法律责任的各方强制执行该汇票的付款责任；

(c) 在其所有权欠妥的情况下——

(i) 如他将该汇票转让予当期持有人，则该当期持有人即获得该汇票妥善及完备的所有权；及

(ii) 如他获得该汇票的付款，则按期付款予他的人即获有效解除该汇票的付款责任。

持有人的一般责任

39. 需要出示汇票以求承兑的情况

(1) 凡属见票后付款的汇票，则需要出示该汇票以求承兑，以定出该票据的到期日。

(2) 任何汇票上如明文规定须出示该汇票以求承兑,或在出票时书明可在受票人营业地或居住地以外的地方付款,则必须先出示该汇票以求承兑,然后才能出示该汇票以求付款。

(3) 在其他情况下,无须为使任何一方对该汇票承担法律责任而出示该汇票以求承兑。

(4) 持有人的汇票如在出票时书明可在受票人营业地或居住地以外的地方付款,而该汇票的持有人在作出合理努力后,于该汇票到期日,仍没有时间在出示该汇票以求付款之前,先出示该汇票以求承兑,则为了须在出示该汇票以求付款之前,先出示该汇票以求承兑,因而导致的延迟须予宽宥,而出票人及背书人须对该汇票承担的法律责任并不因该项延迟而获解除。

40. 见票后付款汇票的出示时间

(1) 除本条例条文另有规定外,持有人如将见票后付款的汇票转让,他必须在合理时间内,出示该汇票以求承兑或将该汇票转让。

(2) 上述持有人如没有照办,则出票人及在该持有人之前的所有背书人对该汇票承担的法律责任,即获解除。

(3) 在决定何谓本条所指的合理时间时,须考虑有关汇票的性质、有关行业就同类汇票的惯常做法及有关个案的事实。

41. 出示汇票以求承兑的规则及可免出示汇票的情况

(1) 任何汇票如按照以下规则予以出示,即属妥为出示以求承兑——

(a) 必须在该汇票尚未逾期之前任何营业日的合理时间,由持有人或其代表,向受票人出示,或向获授权代受票人作出承兑或拒绝承兑的人出示;

(b) 汇票如出具予两名或超过两名并非合伙人的受票人,则须向所有受票人出示该汇票,但如其中一人已获授权代表所有受票人承兑,则可只向该人出示该汇票;

(c) 受票人如死亡,则可向其遗产代理人出示该汇票;

(d) 受票人如破产，则可向其本人或其受托人或承让人出示该汇票；

(e) 如已藉协议或惯常做法授权，则经由邮局出示该汇票，亦已足够。

(2) 凡有以下情况，须免按照此等规则出示汇票，而有关的汇票可作为因不承兑而不兑现的汇票处理——

(a) 受票人死亡或破产，或属虚构的人，或属无行为能力以汇票订立合约的人；

(b) 在作出合理的努力后仍不能有效地作出上述的出示；

(c) 虽然汇票的出示有不妥当之处，但汇票的承兑是基于其他理由而被拒绝。

(3) 将汇票出示的规定，并不因持有人有理由相信该汇票于出示时会不兑现而获免。

42. 不承兑

如汇票经妥为出示以求承兑，但在惯例时间内未获承兑，则出示该汇票的人必须将该汇票作为因不承兑而不兑现的汇票处理。如他不如此办理，则持有人即丧失向出票人及背书人追索的权利。

43. 因不承兑而不兑现以及其后果

(1) 凡有以下情况，汇票即因不承兑而不兑现——

(a) 汇票经妥为出示以求承兑，但被拒绝按本条例所订明者予以承兑，或不能获得本条例所订明的承兑；或

(b) 已获免将汇票出示以求承兑，但该汇票仍不获承兑。

(2) 除本条例条文另有规定外，当汇票因不承兑而不兑现时，持有人即有向出票人及背书人追索的权利，而无须出示汇票以求付款。

44. 关于有规限承兑的责任

(1) 汇票持有人可拒绝接受有规限承兑；如他不能获得无规限承兑，可将该汇票作为因不承兑而不兑现的汇票处理。

(2) 凡接受有规限承兑，而出票人或背书人并无明示授权或默示

授权持有人接受该项有规限承兑,或其后并无对此项接受表示同意,则该出票人或背书人就该汇票所承担的法律责任即获解除。本款条文不适用于已给予妥当通知的部分承兑。外地汇票如已获部分承兑,则必须就其余额作出拒付证明。

(3) 汇票的出票人或背书人如收到关于有规限承兑的通知,而不在合理时间内向持有人表示不同意该项承兑,则须当作他已同意该项有规限承兑。

45. 出示汇票以求付款的规则

除本条例条文另有规定外,汇票必须予以妥为出示以求付款。汇票如不予以如此出示,其出票人及背书人的法律责任即获解除。凡任何汇票按以下规则予以出示,即属妥为出示以求付款——

(a) 凡属并非凭票要求付款的汇票,必须在汇票到期日予以出示;

(b) 凡属凭票要求付款的汇票,则除本条例条文另有规定外,必须在该汇票发给后的合理时间内予以出示,以使其出票人承担法律责任,并在作出背书后的合理时间内予以出示,以使其背书人承担法律责任。在决定何谓合理时间时,须考虑该汇票的性质、有关行业就同类汇票的惯常做法及有关个案的事实;

(c) 汇票必须由持有人出示,或由获授权代持有人接受付款的人出示,且须在任何营业日的合理时间在下文界定的适当地方,向汇票指定为付款人的人出示,或如作出合理努力后能在该地方找到获授权代该付款人付款或拒绝付款的人,则向该人出示;

(d) 凡汇票在以下情况予以出示,即属在适当地方出示——

(i) 汇票上指明付款地方,而汇票在该地方出示;

(ii) 汇票上并无指明付款地方,但有注明受票人或承兑人的地址,而汇票在该地址出示;

(iii) 汇票上并无指明付款地方,亦无注明地址,而汇票在受票人或承兑人的营业地(如为人所知)出示,如不知道该营业地,则汇票在所知的该人通常的居住地(如为人所知)出示;

(iv) 在其他情况下,汇票在受票人或承兑人可被寻获的地方向该人出示,或在该人最后为人所知的营业地或居住地出示;

(e) 凡在适当地方出示汇票,且在作出合理努力后仍不能在该地方找到获授权付款或拒绝付款的人,则无须再向受票人或承兑人出示汇票;

(f) 凡汇票由两名或超过两名并非合伙人的人出票或承兑,且无指明付款地方者,则须向他们各人出示;

(g) 凡汇票的受票人或承兑人已死亡,且汇票并无指明付款地方者,则如有遗产代理人以及在作出合理努力后能找到该人,必须向该遗产代理人出示汇票;

(h) 凡已藉协议或惯常做法授权,则经由邮局出示该汇票,亦已足够。

46. 延迟出示或不出示汇票以求付款获予宽宥的情况

(1) 凡由于持有人不能控制的情况导致延迟出示汇票以求付款,而非归咎于持有人的过失、行为失当或疏忽者,须予宽宥。在延迟出示汇票的因由停止产生作用时,须尽合理努力出示该汇票。

(2) 凡有以下情况,则可免出示汇票以求付款——

(a) 在经合理努力后,仍不能按本条例的规定出示汇票。出示汇票的需要,并不因持有人有理由相信汇票于出示时会不兑现而获得免除;

(b) 受票人属虚构的人;

(c) 就出票人而言,受票人或承兑人与出票人之间,并无任何约束须承兑或支付汇票,而出票人并无理由相信汇票于出示时会获得付款;

(d) 就任何背书人而言,汇票是代该背书人发出而获承兑或开立,而他并无理由预期该汇票于出示时会获得付款;

(e) 获明示或默示豁免出示汇票。

47. 因不付款而不兑现

(1) 凡有以下情况,汇票即属因不付款而不兑现——

(a) 汇票经妥为出示以求付款,但付款被拒绝或不能获得付款;或

(b) 已获免将汇票出示以求付款,而汇票已逾期及未获付款。

(2) 除本条例条文另有规定外,当汇票因不付款而不兑现时,持有人即有向出票人及背书人追索的权利。

48. 关于不兑现的通知及不给予通知的影响

除本条例条文另有规定外,当汇票因不承兑或不付款而不兑现时,必须向出票人及每个背书人发出不兑现通知,如有任何出票人或背书人不获给予该通知,其对该汇票的法律责任即获解除:

但——

(a) 凡汇票因不承兑而不兑现,而并无不兑现通知发出,则在该项遗漏之后成为当期持有人者,其权利不因该项遗漏而受到损害;

(b) 凡汇票因不承兑而不兑现,而不兑现通知已妥为发出,则无须就其后因不付款而不兑现发出通知,但如汇票在此期间被承兑,则属例外。

49. 关于不兑现通知的规则

为使不兑现通知有效及有作用,必须按照以下规则作出通知——

(a) 必须由持有人或其代表,或由背书人或其代表作出通知,而在作出通知时,该背书人对有关汇票负有法律责任;

(b) 可由代理人以自己名义或以有权作出通知的一方的名义作出通知,不论该一方是否其委托人;

(c) 凡由持有人或其代表作出通知,则所有其后持有人及所有有权向获给予通知的一方作出追索的以前背书人,均因该通知而受益;

(d) 凡由某背书人或其代表作出通知,而该背书人是有权按以上的规定作出通知者,则持有人以及所有在获给予通知的一方之后的背书人,均因该通知而受益;

(e) 可用书面方式或以亲自传达方式作出通知,通知并可用足以

识别有关汇票的任何措辞及表明该汇票已因不承兑或不付款而不兑现的任何措辞；

(f) 将不兑现的汇票交还出票人或背书人，就形式而言，须当作是足够的不兑现通知；

(g) 书面通知无须予以签署，有不足之处的书面通知可以口头传达方式予以补充及使其有效。关于汇票的错误描述不得使通知无效，除非获给予通知的一方事实上受该项错误描述所误导；

(h) 凡规定须向任何人作出通知，则可向该一方本人或获其委托接收通知的代理人作出该通知；

(i) 凡出票人或背书人死亡，而作出通知的一方知道此事，则如有遗产代理人，并且经合理努力后能找到该人，必须向该遗产代理人作出通知；

(j) 凡出票人或背书人破产，则可向该一方本人或其受托人或承让人作出通知；

(k) 凡有两名或超过两名并非合伙人的出票人或背书人，则除非其中一人已获授权代其他人接收通知，否则必须向每名出票人或背书人作出通知；

(l) 通知可在汇票不兑现后立即作出，但必须在一段合理时间内作出。如没有特殊情况，则通知除非在以下情况下作出，否则不当作已在合理时间内作出——

(i) 作出通知的人和接收通知的人在同一地方居住，而通知是及时作出或送出，使其在汇票不兑现后的翌日送抵接收通知的人；

(ii) 作出通知的人和接收通知的人在不同地方居住，而通知在汇票不兑现后的翌日（如在当日方便的时间有邮件送递）送出，或（如当日并无如此的邮件送递）在下一次邮件送递时送出；

(m) 汇票不兑现时，如在代理人手中，则该代理人可亲自向须对该汇票承担法律责任的各方作出通知，或向其本人的委托人作出通知。如他向其委托人作出通知，则必须在犹如他是持有人一样的时限内作出，而该委托人在收到该通知后，必须在犹如该代理人是独立持有人一样的时限内作出通知；

(n) 任何汇票一方如收到妥当通知，则他在收到该通知后，犹如持有人在汇票不兑现后一样，须在同一时限内向以前的各方作出通知；

(o) 凡任何通知经妥为书明收件人的姓名或名称及地址，并以邮递方式妥为寄出，即使邮局有任何邮误，寄件人须被当作已妥为作出不兑现通知。

50. 不通知与延迟通知获予宽宥的情况

(1) 凡由于作出通知的一方不能控制的情况导致延迟作出不兑现通知，而非归咎于其过失、行为失当或疏忽者，则须予宽宥。在延迟作出不兑现通知的因由停止产生作用时，必须以合理努力作出通知。

(2) 凡有以下情况，则免除作出不兑现通知——

(a) 在经合理努力后，仍不能将本条例规定的通知给予或送达被寻求予以控告的出票人或背书人；

(b) 获明示或默示豁免作出通知。不兑现通知可以在须作出通知的时间来临之前或在遗漏作出妥当通知之后予以豁免；

(c) 就出票人来说——

(i) 出票人及受票人是同一人；

(ii) 受票人属虚构的人或无订约行为能力的人；

(iii) 出票人是获出示汇票以求付款的人；

(iv) 受票人或承兑人在其本人与出票人之间，并无任何义务承兑或支付汇票；

(v) 出票人已取消付款；

(d) 就背书人来说——

(i) 受票人属虚构的人或无订约行为能力的人，而背书人在汇票上背书时已知道此事实；

(ii) 背书人是获出示汇票以求付款的人；

(iii) 汇票是代他发出而被承兑或开立。

51. 汇票的拒付纪录或拒付证明

(1) 本地汇票不兑现后,如持有人认为适当,则在该汇票上可就不承兑或不付款作出拒付纪录;但无须为保留向出票人或背书人追索的权利而在该汇票上作拒付纪录或拒付证明。

(2) 外地汇票如票面上看来是外地汇票,在因不承兑而不兑现后,必须就该项不承兑而妥为作出拒付证明,而以前并未曾因不承兑而不兑现的该等汇票,因不付款而不兑现时,则必须就该项不付款而妥为作出拒付证明。如并无就该等汇票如此作出拒付证明,汇票的出票人及背书人的法律责任即获解除。凡汇票票面上看来不是外地汇票,则无须在其不兑现时作出拒付证明。

(3) 凡已就任何汇票的不承兑而作出拒付证明,其后亦可就不付款而作出拒付证明。

(4) 除本条例条文及《公众假期条例》(第 149 章)的条文另有规定外,凡就任何汇票作拒付纪录或拒付证明,则该拒付纪录可以在该汇票不兑现的当日作出,但必须在不迟于下一个营业日作出。如已就汇票妥为作拒付纪录,则其后可扩为拒付证明,而以拒付纪录的日期作为其日期。(由 1912 年第 5 号第 8 条修订;由 1918 年第 4 号第 2 条修订;由 1998 年第 35 号第 5 条修订)

(5) 汇票的承兑人如在汇票到期前破产或无力偿债或暂停付款,持有人可安排就该汇票作出拒付证明,以求在向出票人及背书人追索时有较佳保障。

(6) 汇票的拒付证明必须在汇票不兑现的地方作出,但——

(a) 汇票如经邮局出示,并在不兑现后以邮递方式送回,则可在汇票被送回的地方作出拒付证明,如在营业时间收到,则可在送回当日作出该拒付证明,如在非营业时间收到,则可在不迟于下一个营业日作出该拒付证明;

(b) 凡任何汇票在出票时注明在受票人以外的某人的营业地或

居住地付款，如因不承兑而不兑现，则必须在汇票明示的付款地方就该项不付款作出拒付证明，且无须再向受票人出示汇票以求付款或要求付款。

(7) 拒付证明必须载有汇票的副本一份，并须由作出拒付证明的公证人签名，以及须指明——

(a) 请求就该汇票作出拒付证明的人；

(b) 作出拒付证明的地方及日期、作出拒付证明的因由或理由、已作出的要求及获给予的答复(如有的话)，或无法寻获受票人或承兑人的事实。

(8) 汇票如遗失、毁坏或错误地扣留不发予有权持有它的人，则可凭该汇票的副本或书面资料作出拒付证明。

(9) 凡在任何情况下免除作出不兑现通知，在该情况下亦可免作出拒付证明。凡由于持有人不能控制的情况导致延迟就汇票作拒付纪录或拒付证明，而非归咎于其过失、行为失当或疏忽者，则须予宽宥。在延迟的因由停止产生作用时，须以合理努力就该汇票作拒付纪录或拒付证明。

52. 持有人对受票人或承兑人的责任

(1) 汇票如获一般承兑，则无须为使承兑人对汇票承担法律责任而出示该汇票以求付款。

(2) 有规限承兑的条款如规定须出示汇票以求付款者，承兑人并不因汇票没有在到期日出示以求付款而获解除其法律责任，除非有明示规定其法律责任在此情况下即获解除。

(3) 为使汇票的承兑人承担法律责任，无须就汇票作出拒付证明或向承兑人作出不兑现通知。

(4) 凡汇票持有人出示汇票以求付款，须向他要求付款的人展示汇票；在就汇票获得付款时，持有人须随即将汇票交付予付款的一方。

各方的法律责任

53. 受票人手上的款项

汇票本身不具有将受票人手上可用作支付汇票的款项转让的效用；汇票受票人如不作出本条例所规定的承兑，无须就该票据承担任何法律责任。

54. 承兑人的法律责任

任何汇票的承兑人一旦承兑该汇票，即——

(a) 允诺按照承兑时所定的条款支付该汇票；

(b) 不得向当期持有人否定——

(i) 出票人的存在、出票人的签名的真实性以及出票人在出票方面的行为能力和权能；

(ii)（如属可付款予出票人所指定的人的汇票）出票人当时作出背书的行为能力，但出票人背书的真实性及有效性则不在不得否定之列；

(iii)（如属可付款予第三者指定的人的汇票）受款人的存在及受款人当时作出背书的行为能力，但受款人背书的真实性及有效性则不在不得否定之列。

55. 出票人或背书人的法律责任

(1) 汇票的出票人一旦出票，即——

(a) 允诺汇票在妥为出示时会按照其所示条款获得承兑及付款，并允诺在汇票不兑现时会对持有人或被迫就汇票付款的背书人作出补偿，但必须妥为采取汇票不兑现时所须采取的必要程序；

(b) 不得向当期持有人否定受款人的存在及受款人当时作出背书的行为能力。

(2) 汇票的背书人一旦在汇票上背书，即——

(a) 允诺汇票在妥为出示时会按照其所示条款获得承兑及付款,并允诺在汇票不兑现时会对持有人或被迫就汇票付款的其后背书人作出补偿,但必须妥为采取汇票不兑现时所须采取的必要程序;

(b) 不得向当期持有人否定出票人的签名及所有以前的背书的真实性及在各方面均符合规格;

(c) 不得向其直接承背书人或其后承背书人否定,在他作出背书时汇票是有效的及现存的汇票,而他当时对汇票有良好的所有权。

56. 非汇票一方的人在汇票上签名须承担背书人的法律责任

任何人以出票人或承兑人以外的身份在汇票上签名,须向当期持有人承担背书人的法律责任。

57. 不兑现汇票的各方须付的损害赔偿的衡量

凡汇票不兑现,损害赔偿须当作算定损害赔偿,并须按以下各段衡量——

(a) 持有人可向任何就汇票负有法律责任的一方追讨,而被迫就汇票付款的出票人则可向承兑人追讨,而被迫就汇票付款的背书人则可向承兑人、出票人或以前的背书人追讨——

(i) 汇票的款额;

(ii) (如属凭票要求付款汇票)由出示汇票以求付款之时起计的利息,或(在其他情况下)由汇票的到期日起计的利息;

(iii) 在汇票上作拒付纪录的费用,或如在需要作拒付证明的情况下已扩为拒付证明,则作该拒付证明的费用;

(b) 如属在香港以外任何地方不兑现的汇票,持有人可向出票人或背书人追讨再兑换的款额,连同该款额计至付款之时的利息,以代替上述损害赔偿,而被迫就该汇票付款的出票人或背书人则可向对他负有法律责任的任何一方追讨再兑款额连同上述利息,以代替上述损害赔偿;(由 1998 年第 23 号第 2 条修订)

(c) 凡藉本条例可追讨利息作为损害赔偿,而为求公正起见须将该利息扣留不发,则该利息可予以全部或部分扣留不发;又凡汇票上明示应连同按某既定利率计算的利息而支付，则作为损害赔偿的利息，可按原本应付的利率计算或不按该利率计算而予以支付。

58. 以交付方式转让汇票的移转人及承转人

(1) 凡付款予持票人的汇票的持有人以交付方式转让汇票而没有在汇票上背书，则该人被称为“以交付方式转让汇票的移转人”(transferor by delivery)。

(2) 以交付方式转让汇票的移转人，无须就该票据承担任何法律责任。

(3) 以交付方式转让汇票的移转人如转让汇票，即是向作为已付价值持有人的直接承转人保证，该汇票是看来所属的汇票，并保证该移转人有权移转该汇票，以及在移转该汇票时该移转人并不察觉有任何事实使该汇票毫无价值。

汇票的清偿

59. 按期付款

(1) 汇票由受票人或承兑人或由该等人士的代表按期付款，即获清偿。按期付款 (Payment in due course) 指在汇票到期日或之后，真诚地及在不知悉持有人对汇票的所有权欠妥的情况下，付款予持有人。

(2) 除以下条文另有规定外，汇票如由出票人或背书人付款，并不属获得清偿；但——

(a) 凡属付款予第三者或其指定的人的汇票，如由出票人付款，则出票人可要求承兑人强制执行该汇票的付款责任，但出票人不可重新发给该汇票；

(b) 凡汇票由背书人付款，或付款予出票人指定的人的，汇票由出票人付款，则付款一方重获其以前对承兑人或以前各方的权利，如他认为适当，可删去其本人及其后的背书，并再次转让该汇票。

（3）任何代发的汇票，如由获代发汇票的一方按期付款，该汇票即获清偿。

60. 银行支付可凭票要求付款而其上有假冒背书的银票

凡属可凭票要求付款予指定人的汇票，如其受票人是一间银行，而该银行真诚地并在通常业务运作中就该汇票付款，则该银行并无责任证明受款人的背书或任何其后的背书，是由看来是作出该背书的人所作出或授权作出，而虽然该背书属假冒或未经授权而作出，该银行仍被当作已就该汇票按期付款。

61. 承兑人于汇票到期日成为持有人

凡任何汇票的承兑人凭借其本身权利，在该汇票的到期日或之后，作为或成为该汇票的持有人，则该汇票的付款责任即获解除。

62. 明示弃权

（1）如任何汇票的持有人在该汇票的到期日或之后，绝对而无条件地放弃他对承兑人的权利，该汇票的付款责任即获解除。除非承兑人已获交出该汇票，否则该项放弃必须以书面作出。

（2）汇票持有人可在汇票到期日、之前或之后，以同样方式放弃其权利，以解除汇票任何一方对汇票的法律责任；但对于不知悉该项放弃的当期持有人，本条并不影响其权利。

63. 汇票的取消

（1）凡汇票由持有人或其代理人蓄意取消，而该项取消在该汇票上明显作出，该汇票的付款责任即获解除。

（2）如上述方式一样，汇票任何一方就汇票所负法律责任，可由持有人或其代理人蓄意取消该一方的签名而予以解除。在此情况下，原先对签名被取消的一方有追索权的背书人，其法律责任亦予以解除。

（3）非蓄意作出、错误地作出或未经持有人授权而作出的取消，均不具效用；但凡任何汇票或其上任何签名看来已被取消，则指称该项取消是非蓄意作出、错误地作出或未经授权而作出的一方，须负举证责任。

64. 汇票的更改

(1) 凡任何汇票或承兑,未经对该汇票承担法律责任的各方同意而在要项上有所更改,该汇票即属无效,但对亲自作出、授权作出或同意作出该项更改的任何一方及其后的背书人则属例外:

但凡任何汇票曾在要项上有所更改,而该项更改并不明显,且该汇票在当期持有人手上,则该持有人可使用该汇票,犹如该汇票未经更改一样,并可按该汇票的原先条款要求强制执行该汇票的付款责任。

(2) 以下各更改事项尤其属要项上的更改:日期、应付款额、付款时间及付款地方;如汇票已获一般承兑,则未经承兑人同意而加上付款地方,亦属要项上更改。

参加承兑及参加付款

65. 参加承兑已拒付的汇票

(1) 凡已就任何因不承兑而不兑现的汇票作出拒付证明,或为有较佳保障而已就任何汇票作出拒付证明,而该汇票并非逾期,则任何人如非已对该汇票负有法律责任的一方,可为维护对该汇票负有法律责任的任何一方的信誉,或为维护以自己账户出票的人的信誉,而在持有人的同意下,介入而参加承兑该已拒付的汇票。

(2) 参加承兑汇票,可以只参加承兑出票款额的其中一部分。

(3) 为使已拒付汇票的参加承兑有效,必须——

(a) 在该汇票上书明该项承兑,并显示该项承兑为参加承兑;

(b) 由参加承兑人签名。

(4) 任何参加承兑,如无述明是为维护何人的信誉而作出,则须当作是为维护出票人的信誉而作出。

(5) 凡参加承兑见票后付款的汇票,则该汇票的到期日是由作出不承兑拒付纪录的日期起计,而非由参加承兑的日期起计。

66. 参加承兑人的法律责任

(1) 任何汇票的参加承兑人一旦承兑该汇票,即允诺在该汇票妥为出示时,如受票人不就该汇票付款,他会依照其承兑时所定的条款就该汇票付款,但该汇票必须已妥为出示以求付款,并已就不付款而有拒付证明作出,而他已获关于此等事实的通知。

(2) 参加承兑人须对持有人承担法律责任,并须对所有在获其承兑以维护信誉的一方之后成为汇票一方的人,承担法律责任。

67. 向参加承兑人出示汇票

(1) 凡有人参加承兑任何已拒付的不兑现的汇票,或任何不兑现的汇票载有预备支付字样,则在向参加承兑人或预备支付人出示该汇票以求付款之前,必须就不付款作出拒付证明。

(2) 凡参加承兑人的地址所在,与该汇票因不付款而作出拒付证明的地方为同一地方,则该汇票必须在不迟于其到期日的翌日,向该参加承兑人出示;而凡参加承兑人的地址所在,并非该汇票因不付款而作出拒付证明的地方者,则该汇票必须在不迟于其到期日的翌日发送,以向该参加承兑人出示。

(3) 如延迟出示汇票以求付款或不出示汇票以求付款因任何情况而获予宽宥,该情况亦使延迟向参加承兑人出示汇票或不向其出示汇票获予宽宥。

(4) 当参加承兑人不兑现汇票时,必须就其不付款而对该汇票作出拒付证明。

68. 参加已拒付汇票的付款

(1) 凡已就任何汇票的不付款作出拒付证明,则任何人均可为维护对该汇票负有法律责任的任何一方的信誉,或为维护以自己账户出票的人的信誉,介入而就该已拒付的汇票参加付款。

(2) 凡有两人或超过两人为维护不同的各方的信誉而作出就任

何汇票付款的要约，则如某人的付款会解除最多数的各方对该汇票的法律责任者，该人须获得优先权。

(3) 为使就任何拒付汇票而作出的参加付款发挥如此效用，而非仅作为一项自愿的付款，则须以公证承付的方式证明该项参加付款，该项公证承付可作为拒付证明的附录或延长部分而作出。

(4) 公证承付须以参加付款人所作的声明书为根据，或以代表其作出声明的代理人所作的声明书为根据，该声明书须声明参加付款人就该汇票参加付款的意向以及声明为维护何人的信誉而参加付款。

(5) 任何汇票如已由参加付款人为维护某方的信誉而付款，则所有在该一方之后成为该汇票一方的人，其法律责任均获解除，但就该一方以及对该一方负有法律责任的各方而言，该名参加付款人即取代持有人的地位，并继承持有人的权利和责任。

(6) 参加付款人一旦向持有人支付该汇票所注明的款额以及因该汇票不兑现而附带引起的公证开支，即有权接收该汇票及其拒付证明。持有人如被要求而不将该汇票及其拒付证明交出，则须向参加付款人承担支付损害赔偿的法律责任。

(7) 凡汇票的持有人拒绝收取已拒付汇票的付款，即丧失向任何可借该项付款而获得解除法律责任的一方追索的权利。

遗 失 票 据

69. 持有人取得遗失汇票的复本的权利

(1) 凡任何汇票在逾期前已遗失，在遗失时是该汇票持有人的人可向出票人申请取得另一张具有相同条款的汇票，如出票人要求的话，该人须向出票人提供保证，以在指称已遗失的汇票寻回而出票人遭索偿时，对出票人作出弥偿。

（2）如出票人在有上述请求作出时拒绝给予该汇票复本，可依法强迫出票人给予该复本。

70. 就遗失汇票而采取的法律行动

在就任何汇票而采取的法律行动或进行的法律程序中，法庭或法官可命令，只要有人对任何其他人就有关票据提出的申索提供令法庭或法官满意的弥偿，则不得确立该票据的遗失事宜。

汇票联票

71. 关于汇票联票的规则

（1）凡汇票以联票形式出票，而该汇票联票每一部分已加上编号及载有对其他部分的提述，则所有部分合而组成一张汇票。

（2）凡汇票联票的持有人将汇票联票的两个或超过两个部分背书予不同的人，他须对该每一部分承担法律责任，而在他之后的每名背书人，则须对其本人背书的部分承担法律责任，犹如上述各部分为独立汇票一样。

（3）凡汇票联票的两个或超过两个部分被转让予不同的当期持有人，则就该等持有人之间而言，首先取得汇票所有权的持有人须被当作是该汇票的真正拥有人；但任何人将首先向其出示的汇票联票部分按期承兑或付款，其权利并不受本款影响。

（4）承兑可书明于任何部分，但必须只书明于其中一个部分。如受票人承兑超过一个部分，而该等承兑部分由不同的当期持有人持有，则受票人须对该每一部分承担法律责任，犹如该每一部分为一独立汇票一样。

（5）任何汇票联票的承兑人就该汇票联票付款时，如没有要求对方交出载有其承兑的汇票联票部分，而该部分于到期日在某当期持有人手上尚未清偿，则该承兑人须对该汇票联票部分的持有人承担法律责任。

(6) 除上述规则另有规定外，凡汇票联票的任何一个部分以付款或其他方式清偿，则整张汇票的付款责任即获解除。

法律上的冲突

72. 法律上有冲突时适用的规则

凡在某一国家出票的汇票在另一国家予以转让、承兑或付款，则该汇票的各方的权利、责任及法律责任按以下各项而决定——

(a) 汇票的有效性，在形式的规定方面，由发给地方的法律决定，而附加合约例如承兑、背书或参加承兑已拒付汇票，其有效性在形式的规定方面，则由订约地方的法律决定：

(i) 凡属在香港以外地方发给的汇票，不会仅由于并无按照发给地方的法律加上印花而无效；

(ii) 凡属在香港以外地方发给的汇票，而在形式的规定方面符合香港法律者，则为了执行其付款的规定，该汇票就所有在香港转让该汇票、持有该汇票或成为该汇票各方的人之间而言，可视为有效；

(b) 除本条例条文另有规定外，汇票的出票、背书、承兑或参加承兑已拒付汇票的释义，均由此等合约的订立地方的法律决定；但凡本地汇票在香港以外地方背书，则就付款人而言，该背书须按照香港的法律予以解释；(由 1998 年第 23 号第 2 条修订)

(c) 持有人在出示汇票以求承兑或以求付款方面的责任，以及是否需要作出拒付证明或不兑现通知，或任何拒付证明或不兑现通知是否足够，或其他事宜，均由该作为作出的地方或该汇票不兑现的地方的法律决定；

(d) 凡属在香港以外地方出票但须在香港付款的汇票，而应缴付的款额并非以港币所示者，如该汇票在香港以港币支付，则在没有明示规定的情况下，该款额须按照就该汇票实际付款之日，香港见票即付银行汇票的兑换率计算；及（由 1921 年第 18 号第 2 条代替）

（e）凡属在某一国家出票而在另一国家付款的汇票，其应付款日期须由该汇票的付款地方的法律决定。

第　Ⅲ　部

（由 1911 年第 51 号修订；由 1911 年第 63 号附表修订）

向银行发出的支票

73. 支票的定义

（1）支票是一种以银行为受票人的汇票，在有人凭票要求付款时须予付款。

（2）除本部另有规定外，本条例中适用于凭票要求付款汇票的条文，亦适用于支票。

73A. 出示支票以求付款：另一种由银行出示的方法

（1）就第 45 条所订的出示汇票以求付款的规则而言，凡银行出示支票，均可借着向作为支票受票人的银行发送采用电子纪录形式的支票正面及背面影像以及关乎该支票的基要资料而进行，以代替按照该条(c)段指明的规则进行。

（2）如在根据第（1）款出示支票当日后的下一个营业日的正午前，作为支票受票人的银行依照与出示支票的银行协定的方式，要求出示该支票的实物，则 ——

(a) 根据第(1)款进行的出示须不予理会;及

(b) 本条不适用于随后进行的该支票的出示。

(3) 根据第(2)款要求出示支票的实物,并不构成因不付款而不兑现支票。

(4) 就本条而言,关乎支票的基要资料指——

(a) 作为支票受票人的银行编配予支票的编号;

(b) 印在支票上以识别作为支票受票人的银行的代号;

(c) 支票的出票人在作为支票受票人的银行开立的账户的账号;及

(d) 支票的出票人所填写的支票款额。

(5) 在本条中,电子纪录(electronic record)的涵义与《电子交易条例》(第553章)中该词的涵义相同。

(由2003年第10号第2条增补)

73B. 持有人就根据第73A(1)条出示的支票所负有的责任

第52(4)条——

(a) 在它关乎出示汇票以求付款的范围内,不适用于根据第73A(1)条出示支票以求付款的情况;及

(b) 在它关乎就汇票获得付款的范围内,不适用于在根据第73A(1)条出示支票后就该支票获得付款的情况。

(由2003年第10号第2条增补)

74. 延迟出示支票以求付款

(由2003年第10号第2条增补)

除本条例条文另有规定外——

(a) 如有任何支票没有在其发给后的合理时间内予以出示以求付款,而该支票若已在上述合理时间出示,则就出票人或以自己账户出票的人与银行之间而言,该出票人或该人有权利使银行就该支票付款,但由于该支票延迟出示,致使上述的人蒙受实际损害,则该人获解除其法律责任,但以该实际损害的款额为限;换言之,该出票人或以自

己账户出票的人作为银行债权人而被欠的款额,较该支票假若已获支付则该人作为银行债权人会被欠的款额为大,而该增大部分的款额,即该人获解除法律责任的范围;

(b) 在决定何谓合理时间时,须考虑有关票据的性质、有关行业和银行的惯常做法,以及有关个案的事实;

(c) 凡上述支票的出票人或以自己账户出票的人已获解除对该支票的某持有人的法律责任,则该持有人须代替该出票人或以自己账户出票的人而成为该银行的债权人,但仅以该项解除所涉款额为限,该持有人并有权向该银行追讨该款额。

75. 银行权能的撤销

在支付由银行客户所发以银行为受票人的支票方面,银行的责任及权能在以下情况终止——

(a) 付款的取消;

(b) 银行知悉客户死亡。

划 线 支 票

76. 普通划线及特别划线的定义

(1) 凡任何支票的票面上——

(a) 加添两条平行横线,两线中间并有"and company"字样或其缩写,不论有无"not negotiable"字样;或

(b) 仅加添两条平行横线,不论有无"not negotiable"字样,该项加添即构成划线,而该支票是普通划线支票。

(2) 凡任何支票的票面上加添任何银行名称,不论有无"not negotiable"字样,该项加添即构成划线,而该支票是划给该银行的特别划线支票。

77. 由出票人划线或在发给后划线

(1) 任何支票均可由出票人作普通划线或特别划线。

（2）凡支票未经划线，其持有人可将其作普通划线或特别划线。

（3）凡支票已作普通划线，其持有人可将其作特别划线。

（4）凡支票已作普通划线或特别划线，其持有人可加添“not negotiable”字样。

（5）凡支票已作特别划线划给某银行，该银行可将该支票再作特别划线划给另一银行，以供托收。

（6）凡未经划线或已作普通划线的支票送交任何银行托收，该银行可将该支票作特别划线，划给该银行。

78. 划线是支票的重要部分

由本条例授权作出的划线，是支票的重要部分；任何人将划线除掉或作未经本条例批准的增添或更改，即属违法。

79. 银行在划线支票方面的责任

（1）凡支票经特别划线划给超过一间银行，则作为该支票受票人的银行须拒绝就该支票付款，但划线予担任托收代理人的银行，则属例外。

（2）凡作为支票受票人的银行就任何经上述划线的支票付款，或就任何经普通划线的支票付款予并非银行的人，或就任何经特别划线的支票付款，但并非付款予该支票所划予的银行或担任其托收代理人的银行，则该受票人银行须对该支票的真正拥有人因该支票如此付款而可能蒙受的损失，承担法律责任：

但凡任何支票于出示以求付款时，表面看来并无划线或被除掉的划线，亦无未经本条例批准的增添或更改，则就该支票而真诚地及在并无疏忽情况下付款的银行，无须负责或承担任何法律责任，该项付款亦不得因该支票曾经划线，或因该划线曾被除掉或曾作并非本条例所批准的增添或更改而受到质疑，亦不得因该项付款并非付予银行，或并非付予该支票现时或以往的划线所划予的银行，或并非付予担任其托收代理人的银行（视属何情况而定）而受到质疑。

80. 银行及出票人在划线支票方面的保障

作为任何划线支票受票人的银行，如真诚地及在并无疏忽情况下就该支票（如属普通划线支票）付款予另一银行或（如属特别划线支票）付款予该支票所划予的银行或担任其托收代理人的银行，则就该支票付款的银行以及该支票（如在受款人手中）的出票人所分别享有的权利和所处的地位，犹如该支票的付款是向该支票的真正拥有人作出一样。

81. 划线对持有人的影响

凡任何人取得票面注有“not negotiable”字样的划线支票，则他就该支票享有的所有权，以及他能够给予别人的所有权，不得优于将该支票给予他的人所享有者。

82. 可凭票要求银行付款予指定人的银票足以授权付款而无须证明背书

任何银票或付款令票如以银行为受票人，而凭该票可要求支付某数额的款项予指定人，而该票于出示以求付款时，看来是由获出票的收款人背书，则该票足以授权该银行向该银票或付款令票的持票人支付该银票或付款令票的款额；而该银行并无责任证明，该背书或其后的任何背书，是由该银票或付款令票的出票人或背书人在票上注明的、曾经或现在就该票而可获付款的人所作出，或根据该人的指示或授权而作出。

（由 1907 年第 7 号第 3 条增补）

83. 银行就未经背书或经不合规格背书的支票等付款的保障

（1）任何银行如真诚地并在通常业务运作中就以其为受票人的支票付款，而该支票未经背书或经不合规格的背书，则该银行无须仅因该支票无背书或背书不合规格而招致任何法律责任，并且该银行须被当作已按期付款。

（2）任何银行如真诚地并在通常业务运作中就以下票据付款——

(a) 由其客户发给的文件，该文件虽非汇票，但其用意在于使某人可自该银行获得该文件所述款项者；

(b) 可凭票要求付款的票据，由该银行出票予自己为受票人，不论是在该银行总行或其任何分行付款者，则该银行无须仅因该票据无背书或背书不合规格而招致任何法律责任，而该项付款即解除银行就该票据所负法律责任。

(由 1960 年第 55 号第 2 条增补)

84. 银行收取并无持有人背书的支票的付款时所享权利

付款予指定人的支票如由其持有人未经背书而交付予银行托收，而该银行为此付出任何价值或享有该支票的留置权，则银行享有的权利(如有的话)，与该支票若于交付时已由其持有人作出空白背书则该银行会享有的权利一样。

(由 1960 年第 55 号第 2 条增补)

85. 以未经背书的支票作为付款证据

(1) 任何未经背书的支票如表面看来已由作为受票人的银行付款，即为受款人已收取就该支票须付款额的证据。(由 2003 年第 10 号第 4 条修订)

(2) 任何未经背书的支票的副本如表面看来载有由作为该支票受票人的银行作出的陈述，述明——

(a) 该副本是该银行就根据第 73A(1)条出示该支票以求付款一事所接收的该支票的影像的真确副本；及

(b) 该银行已向进行该项出示的银行作出该支票的付款，则该副本即为受款人已收取就该支票须付款额的证据。(由 2003 年第 10 号第 4 条增补)

(由 1960 年第 55 号第 2 条增补)

86. 银行收取支票付款等的保障

(1) 凡任何银行真诚地及在并无疏忽的情况下——

(a) 替客户收取本条所适用票据的付款；或

(b) 将上述票据的款额记入客户账户的贷方后,为银行本身收回该票据的付款,而该客户对该票据并无所有权,或其所有权欠妥,则银行无须仅因已收取该票据的付款而对该票据的真正拥有人负上任何法律责任。

(2) 本条适用于以下票据——

(a) 支票;

(b) 由银行客户发给的文件,该文件虽非汇票,但其用意在于使某人可自该银行获得该文件所述款项者;

(c) 由公职人员发出的文件,其用意在于使某人能从库务署署长获得该文件所述款项者,而该文件并非汇票;(由 1977 年第 16 号法律公告修订)

(d) 可凭票要求付款的银票,由任何银行出票予自己为受票人,不论是在该银行总行或其任何分行付款者。

(3) 为施行本条,银行不得仅因未有关注任何票据无背书或背书不合规格而被视为疏忽。

(由 1960 年第 55 号第 2 条增补)

87. 本部条文对并非汇票的票据适用

本条例中本部关于划线支票的条文,在适用范围内,对第 86 条所适用的票据(支票除外)具有效力,犹如该等条文对支票具有效力一样。

(由 1960 年第 55 号第 2 条增补)

88. 保留条文

任何票据如非因本条例中本部的条文则为不得转让票据,本部条文并不令该等票据成为可转让者。

(由 1960 年第 55 号第 2 条增补)

第 Ⅳ 部

（由1911年第51号修订；由1911年第63号附表修订）

承 付 票

89. 承付票的定义

（1）承付票是一项无条件的票面承诺，由一人向另一人开立，并由发票人签名，允诺在有人凭票要求付款时、在指定时间或在可以确定的未来时间，向某指明的人或其指定的人支付一笔数额确定的款项，或向持票人或其指定的人支付一笔数额确定的款项。

（2）任何票据如属可付款予发票人所指定的人的承付票形式，则非本条所指的承付票，除非由发票人作出背书及直至发票人作出背书为止。

（3）承付票不得仅因另载有附属抵押品的质押，并授权将该抵押品出售或处置，而致无效。

（4）凡在香港境内开立及付款，或票面上看来是在香港境内开立及付款的承付票，均属本地承付票。任何其他承付票均属外地承付票。

90. 需要作出交付

承付票在未交付予受款人或持票人之前，属不完整及未完成的票据。

91. 共同及各别的承付票

（1）承付票可由两名或超过两名发票人开立，该等人士可按照该承付票的条款,共同就该承付书承担法律责任,或共同及个别就该承付票承担法律责任。

(2) 凡承付票上载有“I promise to pay”字样,并由两人或超过两人签名,则须当作是该等人士共同及各别的承付票。

92. 可凭票要求付款的承付票

(1) 凡可凭票要求付款的承付票已经背书,则须于背书后的合理时间内,出示该承付票以求付款。若不如此出示,则背书人的法律责任即告解除。

(2) 在决定何谓合理时间时,须考虑该票据的性质、有关行业的惯常做法及有关个案的事实。

(3) 可凭票要求付款的承付票如已转让,则在持有人因其不知悉所有权欠妥而受影响方面,不得由于该承付票自发给后可予出示以求付款的一段合理时间看来已过去,而将该承付票当作已经逾期。

93. 出示承付票以求付款

(1) 凡承付票内文注明在某地方付款,则为使发票人对该承付票承担法律责任,必须在该地方出示该承付票以求付款。在其他情况下,则无须为使发票人承担法律责任而出示承付票以求付款。

(2) 为使任何承付票的背书人对该承付票承担法律责任,必须出示该承付票以求付款。

(3) 凡承付票内文注明在某地方付款,则为使背书人对该承付票承担法律责任,必须在该地方出示该承付票;但如付款地方仅以提要形式表示,则在该地方出示已足以使背书人承担法律责任,但如在其他地方向发票人出示,而在其他方面已属足够者,则亦足以使背书人承担法律责任。

94. 发票人的法律责任

凡开立承付票,其发票人即——

(a) 允诺他会按照承付票的条款付款;

(b) 不得向当期持有人否定受款人的存在及受款人当时作出背

书的行为能力。

95. 对承付票适用

(1) 在不抵触本部条文的规定下以及除本条另有规定外,本条例中关于汇票的条文,在作出需要的变通后,适用于承付票。

(2) 在引用该等条文时,承付票的发票人须当作相当于汇票的承兑人,而承付票的首名背书人,须当作相当于付款予出票人指定的人而又已承兑的汇票的出票人。

(3) 以下关于汇票的条文,不适用于承付票——

(a) 关于出示汇票以求承兑的条文;

(b) 关于汇票承兑的条文;

(c) 关于参加承兑已拒付汇票的条文;

(d) 关于汇票联票的条文。

(4) 凡任何外地承付票不兑现,无须就该承付票作拒付证明。

第 V 部

(由 1911 年第 51 号修订;由 1911 年第 63 号附表修订)

补 充 条 文

96. 真诚

任何事如事实上是真诚地作出,则不论是否有疏忽之处,均当作是本条例所指的真诚地作出。

97. 签名

(1) 凡任何票据或文字根据本条例须由任何人签名者,均无须由该人亲笔签名，而经由或根据该人授权行事的其他人于该票据或文字上代写上该人的姓名或名称，亦已足够。

(2) 就法团而言，任何票据或文字如根据本条例须予签名者，则在该票据或文字盖上该法团印章，即已足够。

(3) 但本条不得解释为规定法团的汇票或承付票须盖上印章。

98. 时间的计算

(1) 凡本条例规定作出任何作为或事情的时限少于三日者，则在计算时间方面，非营业日不计算在内。

(2) 就本条例而言，非营业日(Non-business days)指公众假日。(由1912年第5号第8条修订)

99. 作拒付纪录相等于作拒付证明的情况

为施行本条例，凡汇票或承付票须在指明时间内或于采取进一步程序前作拒付证明者，则如于指明时间届满前或于采取上述程序前，已为作出拒付证明而就该汇票作拒付纪录，即已足够；而可于其后任何时间扩为正式的拒付证明，而以拒付纪录的日期作为其日期。

100. 无公证人时的拒付证明

(1) 凡获授权或规定就不兑现的汇票或承付票作拒付证明，而在该汇票不兑现的地方不能获得公证人的服务，则可由该地方的任何户主或真正居民，在两名见证人在场下，发出经他们签名的证明书，证明该汇票不兑现，而该证明书在各方面所发挥的效用，犹如是该汇票的正式拒付证明一样。

(2) 附表所载表格可予使用，并可加以需要的变通，如予以使用，即属足够。(由1911年第50号第4条修订)

101. 股息证的划线

本条例中关于划线支票的条文，适用于支付股息的股息证。

102. 保留条文

(1) 不论本条例有何规定，破产法内关于汇票、承付票及支票的规则，须继续适用于此等票据。

(2) 普通法,包括商法的规则,除与本条例明订的条文有抵触者外,须继续适用于汇票、承付票及支票。

(3) 本条例并不影响——

(a)《印花税条例》(第 117 章)的条文,或关于税务的任何法律或成文法则;或(由 1981 年第 31 号第 65 条修订)

(b) 关于合股银行或公司的任何条例的条文;或

(c) 关于股息证或其背书的任何惯常做法的有效性。(由 1911 年第 50 号第 4 条修订)

附　表

[第 100 条]

未能获得公证人服务时可予使用的拒付证明表格

本人 A. B.,地址为________,鉴于未能觅得公证人,应 C. D. 的请求,于 19 __年__月__日在________,要求 E. F. 就以下汇票付款[或作出承兑],而该 E. F. 对该项要求答复[如有答复,述明内容];现由 G. H. 及 J. K. 在场见证,本人就该汇票作出拒付证明。

日期:19 __年__月__日

(签名) A. B.

G. H. 见证人

J. K. 见证人

注意——汇票的正本应附于本证明书之后,或在本证明书之下依照该汇票及其上所载一切抄录一份。

中国澳门特别行政区《商法典》
第四卷第二编　特别债权证券

第一章　汇　　票

第一节　汇票之签发及款式

第一千一百三十四条　（汇票之要件）

汇票须记载下列事项：

a）“汇票”一词，载于票据主文中，并以票据文本所使用之语文表明；

b）无条件支付一定金额之委托；

c）支付者（付款人）之名称；

d）付款日期；

e）付款地；

f）受款人或其指定人之名称；

g）出票日及出票地；

h）开票人（出票人）之签名。

第一千一百三十五条　（要件之欠缺）

一、汇票上如欠缺上条所指任一要件，不产生汇票效力，但下列各款规定之情况除外。

二、汇票上如未记载付款日期，视为见票即付。

三、汇票上如无特别记载，付款人名称旁所记载之地点视为付款地，并视为付款人之住所地。

四、汇票上如未记载出票地，出票人名称旁所记载之地点视为出票地。

第一千一百三十六条 （出票之种类）

汇票得：

a）以出票人本人为受款人；

b）以出票人本人为付款人；

c）为第三人签发。

第一千一百三十七条 （在第三人之住所付款）

汇票得在第三人之住所付款，此住所得位于付款人之住所所在地或其他地点。

第一千一百三十八条 （利息之约定）

一、见票即付或见票后定期付款之汇票上，出票人得约定应对汇票金额支付利息；其他种类汇票上之利息约定，视为无记载。

二、利率应在汇票上载明，否则，上指利息条款视为无记载。

三、利息自出票日起算，但载明其他日期者除外。

第一千一百三十九条 （金额记载之不一致）

一、汇票应付金额同时以大写及数码记载，二者不一致时，以大写为准。

二、汇票应付金额不止一次以大写或数码记载，所载金额不一致时，以最小之金额为准。

第一千一百四十条 （有效签名之独立性）

如汇票上有无承担责任能力之人之签名、伪造之签名、虚拟之人之签名，或因任何其他理由不能使签名人或被代签人承担义务之签名，其他签名人应负之责任，仍然有效。

第一千一百四十一条 （无权代理或越权代理）

无权代理而以代理人名义在汇票上签名之人，应自负汇票上之责任，如该人付款，即与其所声称之被代理人具有同样权利；此规则亦适用于越权代理。

第一千一百四十二条　(出票人之责任)

一、汇票之承兑及付款由出票人保证。

二、出票人得免除其保证承兑之责任;但任何免除出票人保证付款之责任之条款,均视为无记载。

第一千一百四十三条　(填写协议之违反)

出票时填写不完全之汇票,如不按已达成之协议补全,不得以不遵守协议而对抗持票人,但持票人取得汇票时有恶意或重大过失者除外。

第二节　背　　书

第一千一百四十四条　(移转方式)

一、所有汇票,即使未明示记载指定人条款,亦得背书移转。

二、如出票人在汇票上有"不可付指定人"或同义记载,该票仅得按普通债权让与方式移转,并仅产生该让与之效力。

三、不论付款人是否已承兑,汇票亦得背书转让予付款人,或背书转让予出票人或汇票上其他共同债务人,彼等亦得再背书转让。

第一千一百四十五条　(背书之种类)

一、背书不得附有条件,任何附记条件均视为无记载。

二、部分背书无效。

三、转让予持票人之背书之效力与空白背书同。

第一千一百四十六条　(背书方式)

一、背书须写于汇票或其黏单(附页)上,并由背书人签名。

二、背书得不指定受益人,或仅有背书人之签名(空白背书);如属后者,背书须写于汇票背面或其黏单上方有效。

第一千一百四十七条　(背书之效力及空白背书)

一、背书转让汇票上一切权利。

二、如为空白背书，持票人得：

a）以自己或他人之名称填入空白；

b）再作空白背书或再背书予他人；

c）不填空白及不作背书而将汇票转让予第三人。

第一千一百四十八条 （背书人之责任）

一、背书人保证汇票之承兑及付款，但另有规定者除外。

二、背书人得禁止再背书，在此情况下，对禁止后再经背书而取得汇票之人不保证付款。

第一千一百四十九条 （正当持票人之要件）

一、汇票之持有人如以背书之连续证明其对汇票之权利，即使最后背书为空白背书，亦应视为该汇票之正当持票人。在连续之背书中，已涂销之背书视为无记载。如空白背书后又接另一背书，后一背书人视为该空白背书之被背书人。

二、不论一人如何失去汇票，如持票人系以上款所指方式证明其权利，则无义务将汇票返还前者，但取得汇票时有恶意或重大过失者除外。

第一千一百五十条 （不得对抗持票人之抗辩）

因汇票而被诉之人，不得以基于其与出票人或前手持票人间之个人关系之抗辩对抗持票人，但持票人在取得汇票时明知其行为有损债务人者除外。

第一千一百五十一条 （委托代理背书）

一、如背书上有“为收款”“为托收”“委托代理”或其他表明单纯委托之记载，持票人得行使汇票上之一切权利，但仅得以代理人资格背书。

二、在上款所指情况下，共同债务人仅得以对抗背书人之抗辩对抗持票人。

三、代理背书所作之委托并不因受任人之死亡或嗣后无行为能力而终止。

第一千一百五十二条　(担保背书)

一、如背书有“为担保”“为出质”,或其他担保之记载,持票人得行使汇票上之一切权利,但仅得以代理人资格背书。

二、共同债务人不得以基于其与出票人或前手持票人间之个人关系之抗辩对抗持票人,但持票人在取得汇票时明知其行为有损债务人者除外。

第一千一百五十三条　(到期后之背书)

一、汇票到期后之背书与到期前之背书有同等效力,然而,因拒付而作出拒绝证书后,或为作出拒绝证书而规定之期限届满后作出之背书,仅产生普通债权让与之效力。

二、未载明日期之背书视为系在为作出拒绝证书而规定之期限届满前所作,但有相反证明者除外。

第三节　承　　兑

第一千一百五十四条　(承兑之提示)

汇票到期前,持票人甚或单纯占有人得在付款人住所向其提示承兑。

第一千一百五十五条　(承兑之规定)

一、在任何汇票中,出票人均得规定汇票应提示承兑,并得规定或不规定提示期限。

二、除在第三人住所付款、在付款人住所以外地点付款,或见票后定期付款之汇票外,出票人得禁止提示承兑。

三、出票人亦得规定在指定日期前不得提示承兑。

四、所有背书人均得规定提示承兑,并得规定或不规定提示期限,但出票人声明汇票不得承兑者除外。

第一千一百五十六条　(提示承兑期限)

一、见票后定期付款之汇票应于出票日起一年内提示承兑。

二、出票人得缩短或延长此期限。

三、上指期限，背书人得予以缩短。

第一千一百五十七条 （第二次提示承兑）

一、付款人得要求于第一次提示之翌日作第二次提示；除于拒绝证书上载明者外，有关当事人不得以该要求未经照办为由而不履行。

二、持票人无义务将提示承兑之汇票交予承兑人。

第一千一百五十八条 （表明承兑之方式）

一、承兑应写于汇票上，以“已承兑”或其他同义词语表明，并由付款人签名；仅有付款人于票面签名亦构成承兑。

二、见票后定期付款或按特别规定应在一定期限内提示承兑之汇票，承兑时应记载承兑日期，但持票人要求以提示日作为承兑日者除外；如未记载承兑日期，持票人为保留其向背书人及出票人之追索权，须于期限内作出拒绝证书以证明此遗漏。

第一千一百五十九条 （承兑之种类）

一、承兑不得附有条件，但付款人得将其承兑限于应付金额之一部分。

二、承兑时如修改汇票上之文字，视为拒绝承兑，但承兑人仍应按其承兑条件承担责任。

第一千一百六十条 （付款地）

一、如出票人载明以付款人住所以外之地为付款地，但未指定应在住所付款之第三人时，付款人得于承兑时指定应对汇票付款之人；如未指定，即视为承兑人承担在付款地付款之责任。

二、如汇票在付款人住所支付，付款人在承兑时得载明在相同地点之另一住所付款。

第一千一百六十一条 （承兑人之责任）

一、付款人承兑后须于到期日付款。

二、如承兑人到期不付款，即使持票人为出票人，亦得对承兑人行使汇票所生之追索权，索偿第一千一百八十一条及第一千一百八十二条所规定之一切款项。

第一千一百六十二条　（已作出之承兑之撤销）

一、在汇票上作出承兑之付款人如于归还汇票前涂销承兑，视为拒绝承兑；该涂销视为归还汇票前所作，但有相反证明者除外。

二、但如付款人已以书面将承兑通知持票人或任一在汇票上签名之当事人，则仍按其承兑条件向上指各当事人承担责任。

第四节　保　证

第一千一百六十三条　（保证之作用）

一、汇票之全部或部分金额得以保证方式保证付款。

二、上指保证得由第三人或在汇票上签名之人作出。

第一千一百六十四条　（保证方式）

一、保证应在汇票或其黏单上作出。

二、保证得以“与保证同”或其他同义词语表示，并由保证人签名。

三、仅有保证人在票面上签名，亦视为保证成立，但付款人或出票人之签名除外。

四、保证须载明被保证人名称，如未载明，视为为出票人保证。

第一千一百六十五条　（保证人之责任）

一、保证人承担之责任与被保证人同。

二、即使被保证之债务因任何理由而无效，保证人之担保仍然有效，但担保方式有瑕疵者除外。

三、保证人对汇票付款后，代位取得被保证人及向被保证人就汇票负有责任之人之汇票权利。

第五节　到　期　日

第一千一百六十六条　（到期之种类）

一、汇票得签发为：

a）见票即付；

b）见票后定期付款；

c）出票日后定期付款；

d）定日付款。

二、设定其他到期日之汇票或分期付款之汇票均无效。

第一千一百六十七条 （见票即付之汇票之到期日）

一、见票即付之汇票应于提示时付款，并应于出票日起一年内提示付款；对该付款期限，出票人得予以缩短或延长，背书人亦得予以缩短。

二、出票人得规定，见票即付之汇票不得在指定日期前提示付款，在此情况下，提示期限自上指日期起算。

第一千一百六十八条 （见票后定期付款之汇票之到期日）

一、见票后定期付款之汇票之到期日得由承兑日或作出拒绝证书之日起算。

二、如无拒绝证书，未载明日期之承兑视为由承兑人于提示承兑期限之最后一日作出。

第一千一百六十九条 （其他特别情况之到期日）

一、出票日或见票后一个月或数个月付款之汇票，以付款月之相应日期为到期日；如无相应日期，则以该月最后一日为到期日。

二、出票日或见票后一个月半或数个月半付款之汇票，首先应计算整月。

三、到期日为月初、月中或月底者，应理解为该月第一日、第十五日或最后一日。

四、“八日”或“十五日”等词语并非指一周或两周，乃实指八日或十五日。

五、“半月”一词指十五日。

第一千一百七十条 （日历不同时之到期日）

一、如定日付款之汇票之付款地与出票地之日历不同，到期日以付款地之日历为准。

二、如见票后定期付款之汇票之出票地与付款地之日历不同,则应以付款地日历之相应日期为出票日,并据以计算到期日。

三、汇票之提示期间按上款之规定计算。

四、如汇票之条款或票据之简单记载表明拟采用其他规定,则不适用以上各款之规定。

第六节　付　　款

第一千一百七十一条　(提示付款之期间)

一、定日付款、出票日后定期付款或见票后定期付款之汇票之持票人,应于付款日或其后两个工作日内提示付款。

二、向票据交换所提示汇票,视为提示付款。

第一千一百七十二条　(作出付款之付款人之权利及部分付款)

一、支付汇票款项之付款人,得要求持票人交付汇票及有关受领证书。

二、持票人不得拒绝部分付款。

三、在部分付款之情况下,付款人得要求在汇票上载明该部分付款金额,并应要求持票人作出受领证书。

第一千一百七十三条　(到期日前付款及到期日付款)

一、不得强制汇票持票人接受到期日前之付款。

二、如于到期日前付款,付款人须自负其责。

三、于到期日付款者,获有效免除责任,但有欺诈行为或重大过失者除外;付款人应负责核对背书之连续是否符合规定,但无须认定背书人签名之真伪。

第一千一百七十四条　(应付货币)

一、汇票之应付货币如在付款地无法定流通力,则按到期日之汇率以付款国之货币支付;债务人如迟延付款,持票人得自行选择,要求按到期日或付款日之汇率以付款国之货币支付。

二、外币价格按付款地之惯例决定，但出票人亦得规定按汇票上载明之汇率折算该应付金额。

三、上指规则不适用于出票人已规定必须以某一指定货币（以外币作实际支付之条款）支付之情况。

四、如表示汇票金额之货币在出票国及付款国为同名异价之货币，以付款地之货币为准。

第一千一百七十五条 （提存）

汇票如未于第一千一百七十一条规定之期限内提示付款，任何债务人均得将款项提存于有权限当局，所有费用及风险由持票人承担。

第七节 因拒绝承兑或拒绝付款之追索权

第一千一百七十六条 （付款之诉之被诉人）

一、汇票到期不获付款时，持票人得对背书人、出票人及其他共同债务人行使追索权。

二、在下列任一情况下，虽于到期前，持票人亦得行使追索权：

a）全部或部分拒绝承兑；

b）付款人破产，不论其是否已承兑；或受票人止付，即使该止付未经法院判决确认；或对其财产作出执行而无效果；

c）未承兑之汇票之出票人破产。

第一千一百七十七条 （拒绝承兑证书或拒绝付款证书）

一、拒绝承兑或拒绝付款须由要式文件（拒绝承兑证书或拒绝付款证书）证明。

二、拒绝承兑证书应于规定之提示承兑期限内作出，如发生第一千一百五十七条第一款所指情况，第一次提示系在该期限之最后一日作出者，得于翌日作出拒绝证书。

三、定日付款或在出票日后或见票后定期付款之汇票，其拒绝付款证书须于应对汇票付款之日后两个工作日内作出；见票即付汇票，拒绝证书须按上款关于作出拒绝承兑证书之条件作出。

四、作出拒绝承兑证书后，无须提示付款及作出拒绝付款证书。

五、不论是否已对汇票承兑，如付款人止付，或对其财产经执行而无效果，持票人在将汇票向付款人提示付款及作出拒绝证书前，不得行使追索权。

六、不论是否已对汇票承兑，如付款人受破产宣告，或未获承兑之汇票之出票人受破产宣告，持票人得透过出示宣告破产之裁决行使追索权。

第一千一百七十八条　(拒绝承兑或拒绝付款之通知)

一、持票人应于作出拒绝证书之日后四个工作日内将拒绝承兑或拒绝付款之事宜通知背书人及出票人；如汇票上有“免费返还”之条款，应于提示日后四个工作日内作出上指通知，各背书人应于收到通知后两个工作日内将收到通知之事宜连同上指通知之各人名称及地址通知其前手背书人，依次直至出票人，上指期限自收到上一通知之日起算。

二、按上款之规定通知汇票上之签名人时，对其保证人，亦应于同一期限内发给同样通知。

三、如某一背书人未于汇票上记载其地址或记载不明，则将通知发给其前手背书人。

四、应发出通知之人得以任何方式为之，甚至仅将汇票退回亦可。

五、发出通知之人须证明其于规定期限内发出；于规定期限内将通知信投邮，应视为已遵守规定期限。

六、未于上指期限发出通知之人，并不丧失其权利；如其过失造成损害，应负责赔偿，但赔偿责任以票面金额为限。

第一千一百七十九条　(免作拒绝证书之条款)

一、出票人、背书人或保证人得于票据上记载“免费返还”“免作拒绝证书”或其他同义条款并签名,以免除持票人为行使追索权而必须作出拒绝承兑证书或拒绝付款证书之责任。

二、该条款并不免除持票人于规定期限内提示汇票或发出必要通知之责任;对不遵守期限之举证责任,由对抗持票人之人承担。

三、该条款如由出票人记载,对所有在汇票上签名之人均产生效力;如由背书人或保证人记载,则仅对该背书人或保证人产生效力;如持票人无视出票人所记载之规定而作出拒绝证书,有关费用由其承担;如该条款由背书人或保证人记载,作出拒绝证书之人得就其费用向所有在汇票上签名之人请求偿还。

第一千一百八十条 (签名人之连带责任)

一、所有出票人、承兑人、背书人或保证人均对持票人负连带责任。

二、持票人有权对上指之人个别或集体提起诉讼,无须按彼等承担责任之先后顺序。

三、在汇票上签名之人对汇票作出清偿后,与持票人享有同等权利。

四、对共同债务人之一提起诉讼后,亦得对其他债务人提起诉讼,即使其他债务人为被诉债务人之后手亦然。

第一千一百八十一条 (持票人对被诉人之权利)

一、持票人行使追索权时,得向被追索人索偿下列款项:

a) 未承兑或未付款之汇票金额,如有约定利息者,其利息;

b) 自到期日起按 6%之利率计算之利息;

c) 作出拒绝证书及所发通知之费用,以及其他费用。

二、如于到期日前行使追索权,汇票金额应扣除贴息,贴息应按在持票人住所地行使追索权之日之官方贴现率(银行利率)计算。

第一千一百八十二条 (支付票款之人之权利)

支付汇票款项之人,得向其担保人索偿下列款项:

a) 已付之全部款项;

b）自支付上指款项之日起按6%之利率计算之利息；

c）所支付之费用。

第一千一百八十三条　（汇票之交出及背书之涂销）

一、任何被追索或可被追索之共同债务人支付汇票款项后，得请求持票人交付汇票、拒绝证书及收据。

二、背书人支付汇票款项后，得涂销其背书及其后手背书人之背书。

第一千一百八十四条　（部分承兑之全部付款）

如于部分承兑后行使追索权，对汇票未承兑部分付款之当事人，得要求在汇票上载明此项付款，并要求作出受领证书，持票人亦须向其交付经认证之汇票副本及拒绝证书，以便其能行使追索权。

第一千一百八十五条　（重开汇票之权利）

一、有追索权之人得向共同债务人签发在该共同债务人住所地付款之见票即付之新汇票（重开汇票），以资取偿，但另有约定者除外。

二、重开汇票之金额，除第一千一百八十一条及第一千一百八十二条规定之金额外，尚包括经纪费及重开汇票之印花费。

三、重开汇票如由持票人签发，应付金额按原汇票付款地汇往共同债务人住所地之见票即付汇票之汇率订定；如由背书人签发，应付金额按其住所所在地汇往共同债务人住所所在地之见票即付汇票之汇率订定。

第一千一百八十六条　（对承兑人以外之签名人之追索权之消灭）

一、于下列期限届满后，持票人对背书人、出票人，以及除承兑人以外之其他共同债务人丧失追索权：

a）见票即付或见票后定期付款之汇票之提示期限；

b）作出拒绝承兑证书或拒绝付款证书之期限；

c）如有“免费返还”之条款，提示付款期限。

二、如未于出票人规定之期限内提示承兑，持票人即丧失拒绝承兑及拒绝付款之追索权，但约定之条款表明出票人之意仅为免除自己担保承兑之责任者除外。

三、背书中所载之提示期限,仅对该背书人有效。

第一千一百八十七条 (因不可抗力而延长期限)

一、如因不可克服之障碍(任何国家宣告之法律时效或其他不可抗力之情况)导致无法于所定期限内提示汇票或作出拒绝证书,此期限应予以延长。

二、持票人有责任将不可抗力之情况立即通知其背书人,将通知内容记载于汇票或其黏单上,并载明日期及签名;其他方面,适用第一千一百七十八条之规定。

三、不可抗力之情况终止后,持票人应立即将汇票提示承兑或提示付款,并于必要时作出拒绝证书。

四、到期日起,如超过三十日而不可抗力之情况仍延续时,持票人即得行使追索权,无须作出提示或拒绝证书。

五、如为见票即付或见票后定期付款之汇票,上指期限应从持票人向其背书人发出不可抗力之情况通知之日起算,不论该日是否在提示期限届满之前;如为见票后定期付款之汇票,三十日之期限应加在汇票规定之见票后之该段时期内。

六、持票人之纯个人事宜或经其委托提示汇票或作出拒绝证书之人之纯个人事宜,不视为不可抗力之情况。

第八节 参 加

第一分节 一般规定

第一千一百八十八条 (参加之种类)

一、出票人、背书人或保证人得指定预备承兑人或预备付款人。

二、汇票得由为维护被追索之任何债务人之信誉而参加之人按规定承兑或支付。

三、参加人得为第三人,亦得为付款人或除承兑人以外之已对汇票承担责任之当事人。

四、参加人有责任于两个工作日内向被参加人发出其参加之通知；如未发出通知而其过失造成损害，应负责赔偿，但损害赔偿之责任以汇票上之金额为限。

第二分节 参加承兑

第一千一百八十九条 （参加承兑之情况及参加人之指定之效果）

一、于到期前对可承兑之汇票行使追索权之持票人，在任何情况下均得参加承兑。

二、如汇票上指定在付款地之预备承兑人或预备付款人，持票人不得于到期日前向已指定预备兑承人或预备付款人之人及后手签名人行使追索权，但向预备承兑人或预备付款人提示汇票而遭拒绝承兑且已作出拒绝证书者除外。

三、在其他参加承兑之情况下，持票人得拒绝参加承兑；如同意参加承兑，即丧失其于到期前对被参加承兑人及其后手签名人之追索权。

第一千一百九十条 （参加承兑方式）

参加承兑应在汇票上载明，由参加人签名，并应载明被参加人之名称；如无该项记载，应视出票人为被参加承兑人。

第一千一百九十一条 （参加承兑人之地位）

一、参加承兑人对持票人及被参加承兑人之后手背书人承担之责任，与被参加人承担之责任同。

二、即使参加承兑，被参加承兑人及其保证人于支付第一千一百八十一条规定之金额时，得要求持票人交付汇票、拒绝证书及倘有之附受领证书之收据。

第三分节 参加付款

第一千一百九十二条 （参加付款）

一、不论在汇票到期日或到期前均有追索权之持票人，在任何情况下，均得参加付款。

二、参加付款，应就被参加人应付之全部金额为之。

三、上款所指付款至迟须于容许作出拒绝付款证书期限最后一日之翌日为之。

第一千一百九十三条 （对参加人之提示及拒绝证书）

一、汇票如由在付款地有住所之人参加承兑，或在该地指定有预备付款人，持票人应先向各人提示，如有必要，并应至迟于容许作出拒绝证书期限最后一日之翌日作出拒绝付款证书。

二、如未于期限内作出拒绝证书，指定预备付款人之人或被参加承兑人及所有后手背书人均获免除责任。

第一千一百九十四条 （拒绝参加付款之效果）

拒绝参加付款之持票人，对任何因参加付款而可获免除责任之人丧失追索权。

第一千一百九十五条 （参加付款证明）

一、参加付款须以记载在汇票上之收据证明，并须载明被参加人名称；如无该项记载，视为为出票人付款。

二、汇票及倘有之拒绝证书应交予参加付款人。

第一千一百九十六条 （参加付款人之权利及参加人间之优先权）

一、参加付款人付款后，代位取得被参加人及向被参加人就汇票负有责任之人在汇票上之权利，但不得再将汇票背书。

二、被参加人之后手背书人因参加付款而获免除责任。

三、如有数人参加付款，以参加付款后能免除多数债务人之责任之人有优先权；任何知悉该事实，仍违反本规则而参加付款之人，对因此而可获免除责任之人丧失追索权。

第九节　复本及副本

第一分节　复　　本

第一千一百九十七条　（多份复本之签发）

一、汇票得签发多份复本。

二、复本上应编号；如未编号，各复本应视为独立汇票。

三、未载明为单张汇票之汇票之持票人，得请求交付多份复本，费用自负；为此，该持票人应向其直接前手背书人提出请求，以便后者再向上一手背书人提出请求，依次直至出票人，而前手背书人均有义务协助；背书人有义务在新签发之多份复本上再作同样之背书。

第一千一百九十八条　（就复本之一付款之效力）

一、就复本之一付款者，即使汇票上无载明此项付款使其他复本失效，亦获免除责任，但付款人对经其承兑而未收回之复本仍应负责。

二、背书人将多份复本转让予数人时，该背书人及其后手背书人均应对经彼等签名而未收回之各份复本负责。

第一千一百九十九条　（为提示承兑送出复本之一人之后果）

一、为提示承兑送出复本之一者，须在其余复本上注明占有该复本之人之名称；该人有义务将该复本交予另一复本之合法持票人。

二、如该人拒绝交出，持票人仅于以拒绝证书载明下列事项后，方得行使追索权：

a）经其请求后仍未获归还为提示承兑而送出之复本；

b）未能根据另一复本获承兑或付款。

第二分节　副　　本

第一千二百条　（作成副本之权利）

一、汇票持票人有作成汇票副本之权利。

二、副本上须载有正本上之一切内容，并记载正本上之背书及所有其他事项，副本应注明迄至何处为正本内容。

三、背书及保证得在副本上作出，其效力与在正本上所作者同。

第一千二百零一条 （副本之法律制度）

一、副本须载明由何人持有票据正本，该人有义务将票据正本交予汇票副本之合法持票人。

二、如该人拒绝交出，持票人仅于以拒绝证书载明正本经其要求未获归还后，方得对在副本上背书或作出保证之人行使追索权。

三、作成副本前，票据正本上最后一个背书后载有“此后仅在副本上所作之背书有效”或同义词语，则正本上后加之背书无效。

第十节 变 造

第一千二百零二条 （变造汇票文义之后果）

汇票文义如有变造，则签名在变造之后者，依变造后文义负责，签名在变造之前者，依原有文义负责。

第十一节 时 效

第一千二百零三条 （时效期间）

一、就汇票对承兑人之一切诉讼时效期间，自到期日起三年完成。

二、持票人对背书人及出票人之诉讼时效期间，自在适当时间内作出拒绝证书之日起一年完成，如有“免费返还”之条款，自到期日起一年完成。

三、背书人对其他背书人或对出票人之诉讼时效期间，自背书人对汇票付款之日起或自其本人被诉之日起六个月完成。

第一千二百零四条 （时效中断之效力）

时效中断，仅对中断事由之起因者产生效力。

第十二节　一 般 规 定

第一千二百零五条　(到期日为公众假期之期限之延长)

一、如汇票之到期日为法定公众假期，仅得于其后第一个工作日请求付款；汇票之其他事宜，尤其提示承兑及作出拒绝证书，仅得于工作日办理。

二、如票据行为须于一定期限内完成而期限之最后一日为法定公众假期，得延长该期限至假期后第一个工作日。

第一千二百零六条　(期限之计算)

法定或合约上之期限，不包括该期限之首日。

第一千二百零七条　(宽限日之不许可)

宽限日，不论其为法律上或司法上者，均不许可。

第二章　本　　票

第一千二百零八条　(本票之要件)

本票须记载下列事项：

a)“本票”一词，载于票据主文中，并以票据文本所使用之语文表明；

b) 无条件支付一定金额之承诺；

c) 付款日期；

d) 付款地；

e) 受款人或其指定人之名称；

f) 出票日及出票地；

g) 开票人(出票人)之签名。

第一千二百零九条　(要件之欠缺)

一、本票上如欠缺上条所指任一要件，不产生本票效力，但下列各款规定之情况除外。

二、本票上如未记载付款日期，视为见票即付。

三、本票上如无特别记载，票据之出票地视为付款地，并视为出票人之住所地。

四、本票上如未记载出票地，出票人名称旁所记载之地点视为出票地。

第一千二百一十条 （关于汇票之规定之适用）

一、下列关于汇票之规定，凡与本票之性质不相抵触者，均适用于本票：

a）背书（第一千一百四十四条至第一千一百五十三条）；

b）到期日（第一千一百六十六条至第一千一百七十条）；

c）付款（第一千一百七十一条至第一千一百七十五条）；

d）拒绝付款之追索权（第一千一百七十六条至第一千一百八十三条，第一千一百八十五条至第一千一百八十七条）；

e）参加付款（第一千一百八十八条，第一千一百九十二条至第一千一百九十六条）；

f）副本（第一千二百条及第一千二百零一条）；

g）变造（第一千二百零二条）；

h）时效（第一千二百零三条及第一千二百零四条）；

i）公众假期、期限之计算及宽限日之禁止（第一千二百零五条至第一千二百零七条）。

二、下列关于汇票之规定，亦适用于本票：汇票在第三人住址或在付款人住所以外地点付款（第一千一百三十七条及第一千一百六十条）；利息之约定（第一千一百三十八条）；应付金额记载之不一致（第一千一百三十九条）；在第一千一百四十条所指情况下签名之后果；无权代理及越权代理之人之签名之后果（第一千一百四十一条）；空白汇票（第一千一百四十三条）。

三、关于保证之第一千一百六十三条至第一千一百六十五条之规定，亦适用于本票：在第一千一百六十四条第四款之情况下，如保证未载明为何人保证，即视为为本票出票人保证。

第一千二百一十一条　（出票人之责任及见票后定期付款之本票）

一、本票出票人应负之责任，与汇票之承兑人同。

二、见票后定日付款之本票，须于第一千一百五十六条规定之期限内向出票人提示见票；期限自出票人在本票上见票签证之日起算；出票人拒绝见票签证之事实，须以拒绝证书证明（第一千一百五十八条），拒绝证书之日期即为见票后期间之首日。

第三章　支　　票

第一节　支票之签发及款式

第一千二百一十二条　（支票之要件）

支票须记载下列事项：

a）“支票”一词，载于票据主文中，并以票据文本所使用之语文表明；

b）无条件支付一定金额之委托；

c）支付者（付款人）之名称；

d）付款地；

e）出票日及出票地；

f）开票人（出票人）之签名。

第一千二百一十三条　（要件之欠缺）

一、票据上如欠缺上条所指任一要件，不产生支票效力，但下列各款规定之情况除外。

二、如无特别记载，付款人名称旁所记载之地点视为付款地；如付款人名称旁所记载地点有多处，以第一处为付款地。

三、如未记载付款地又无其他记载者，以付款人主营业场所所在地为支票付款地。

四、支票上如未记载出票地，出票人名称旁所记载之地点视为出票地。

第一千二百一十四条 （备付金）

支票须以持有出票人可处分之款项之银行为付款人，且须符合出票人以支票处分款项之明示或默示协议，但出票人不按此等规定而签发之票据仍有支票效力。

第一千二百一十五条 （承兑之禁止）

支票不得承兑，有承兑记载者视为无记载。

第一千二百一十六条 （受款人之种类）

一、支票得付给：

a）确定之人，不论是否载有“可付指定人”之明示条款；

b）确定之人，并载有“不可付指定人”或同义条款；

c）持票人。

二、签发予确定之人并有“或付持票人”或任何同义记载之支票，视为来人支票。

三、未记载受款人之支票视为来人支票。

第一千二百一十七条 （出票之种类）

一、支票得：

a）以出票人本人为受款人；

b）为第三人签发。

二、支票不得以出票人本人为付款人，但如两营业场所属同一出票人，则一营业场所得对另一营业场所签发支票。

第一千二百一十八条 （利息规定之无效）

支票上任何关于利息之规定，均视为无记载。

第一千二百一十九条 （在第三人住所付款之支票）

支票得在第三人之住所付款，此住所得位于付款人之住所所在地或其他地点，但该第三人须为银行。

第一千二百二十条　(金额之不一致)

一、支票金额以大写及数码记载,二者不一致时,以大写为准。

二、支票金额多次以大写或数码记载,所载金额不一致时,以最小之金额为准。

第一千二百二十一条　(有效签名之独立性)

如支票上有无承担责任能力之人之签名、伪造之签名、虚拟之人之签名,或因其他理由不能使签名人或被代签人承担义务之签名,其他签名人应负之责任,仍然有效。

第一千二百二十二条　(无权代理或越权代理)

无权代理而以代理人名义在支票上签名之人,应自负支票上之责任,如该人付款,即与其所声称之被代理人具有同样权利;此规则亦适用于越权代理。

第一千二百二十三条　(出票人之责任)

付款由出票人保证,任何免除出票人保证付款之责任之声明,均视为无记载。

第一千二百二十四条　(填写协议之违反)

出票时填写不完全之支票,如不按已达成之协议补全,不得以不遵守协议而对抗持票人,但持票人取得支票时有恶意或重大过失者除外。

第二节　移　　转

第一千二百二十五条　(移转方式)

一、付给确定之人之支票,不论是否载有"可付指定人"条款,均得背书移转。

二、如付给确定之人之支票上有"不可付指定人"或同义记载,该票仅得按普通债权让与方式移转,并仅产生该让与之效力。

三、支票得背书转让予出票人或支票上其他共同债务人,彼等亦得再背书转让。

第一千二百二十六条 (背书之种类)

一、背书不得附有条件,任何附记条件均视为无记载。

二、部分背书无效。

三、付款人之背书亦无效。

四、对持票人所作之背书之效力与空白背书同。

五、对付款人所作之背书,仅产生受领证书之效力,但付款人有若干营业场所而背书系对非付款营业场所作出者除外。

第一千二百二十七条 (背书方式)

一、背书须写于支票或其黏单(附页)上,并由背书人签名。

二、背书得不指定受益人,或仅有背书人之签名(空白背书);如属后者,背书须写于支票背面或其黏单上方有效。

第一千二百二十八条 (背书之效力及空白背书)

一、背书转让支票上一切权利。

二、如为空白背书,持票人得:

a) 以自己或他人之名称填入空白;

b) 再作空白背书或再背书予他人;

c) 不填空白及不作背书而将支票转让予第三人。

第一千二百二十九条 (背书人之责任)

一、背书人保证付款,但另有规定者除外。

二、背书人得禁止再背书;在此情况下,对禁止后再经背书而取得支票之人不保证付款。

第一千二百三十条 (正当持票人之要件)

支票之持有人如以背书之连续证明其对支票之权利,即使最后背书为空白背书,亦应视为该支票之正当持票人;在此情况下,已涂销之背书视为无记载;如在空白背书后又接另一背书,后一背书人视为该空白背书之被背书人。

第一千二百三十一条 (转让予来人之背书)

来人支票之背书人应依追索权之规定负责,但该票据并不因此转为指示式支票。

第一千二百三十二条　（不得因失去支票对抗正当持票人）

不论一人如何失去支票，亦不论其为来人支票或可背书支票，如持票人系以第一千二百三十条所指方式证明其权利，则无义务将支票返还该人，但取得时有恶意或重大过失者除外。

第一千二百三十三条　（不得对抗持票人之抗辩）

因支票而被诉之人，不得以基于其与出票人或前手持票人间之个人关系之抗辩对抗持票人，但持票人在取得支票时明知其行为有损债务人者除外。

第一千二百三十四条　（委托代理背书）

一、如背书上有“为收款”“为托收”“委托代理”或其他表明单纯委托之词语，持票人得行使支票上之一切权利，但仅得以代理人资格背书。

二、在上款所指情况下，共同债务人仅得以对抗背书人之抗辩对抗持票人。

三、代理背书所作之委托并不因受任人之死亡或嗣后无行为能力而终止。

第一千二百三十五条　（迟延背书）

一、在作出拒绝证书或同类声明后，又或在提示期限届满后之背书，仅产生普通债权让与之效力。

二、未载明日期之背书，视为系于作出拒绝证书或同类声明前，或在上款所指提示期限届满前在支票上所作，但有相反证明者除外。

第三节　保　证

第一千二百三十六条　（保证之作用）

一、支票之全部或部分金额得以保证方式保证付款。

二、上指保证，除付款人外，第三人甚或在支票上签名之人，均得作出。

第一千二百三十七条 (保证方式)

一、保证应在支票或其黏单上作出。

二、保证得以“与保证同”或任何其他同义词语表示，并由保证人签名。

三、仅有保证人在票面上签名，亦视为保证成立，但出票人签名除外。

四、保证须载明被保证人名称，如未载明，视为为出票人保证。

第一千二百三十八条 (保证人之责任)

一、保证人承担之责任与被保证人同。

二、即使被保证之债务因任何理由而无效，保证人之担保仍然有效，但担保方式有瑕疵者除外。

三、保证人对支票付款后，取得被保证人及向被保证人就支票负有责任之人之票据权利。

第四节 提示及付款

第一千二百三十九条 (见票即付)

一、支票限于见票即付，任何相反记载视为无记载。

二、如支票于所载出票日前提示付款，应于提示日付款。

第一千二百四十条 (提示付款之期限)

一、在澳门出票及付款之支票，应于八日内提示付款。

二、在澳门以外地方签发之支票，视乎出票地与付款地是否位于同一洲，应于二十日或七十日内提示付款。

三、上指期限，应自支票上所载之出票日起算。

第一千二百四十一条 (日历不同时之出票日)

如支票出票地与付款地之日历不同，应以付款地日历之相应日期为出票日。

第一千二百四十二条　(向票据交换所提示)

向票据交换所提示支票,视为提示付款。

第一千二百四十三条　(支票之废止)

一、支票之废止,仅于提示期限届满后方产生效力。

二、对于未废止之支票,付款人即使于提示期限届满后亦得付款。

第一千二百四十四条　(出票人之死亡或无行为能力)

出票人于签发支票后死亡或无行为能力,不影响支票之效力。

第一千二百四十五条　(付款时请求交出之权利)

一、支付支票款项之付款人,得要求持票人签发收据,并将之与支票一并交还付款人。

二、持票人不得拒绝部分付款。

三、如属部分付款,付款人得要求在支票上载明该部分付款,并应要求持票人给予收据。

第一千二百四十六条　(核对背书之连续是否符合规定之责任)

付款人支付可背书之支票时,应负责核对背书之连续是否符合规定,但无须核对背书人签名之真伪。

第一千二百四十七条　(应付之货币)

一、支票之应付货币如在付款地无流通力,则按提示期限内付款日之汇率以付款国之货币支付;如不在提示日付款,持票人得自行选择,要求按提示日或付款日之汇率以付款国之货币支付。

二、外币价格按付款地之惯例决定,但出票人亦得规定按支票上载明之汇率折算该应付金额。

三、上指规则不适用于出票人已规定须以某一指定货币(以外币作实际支付之条款)支付之情况。

四、如表示支票金额之货币在出票国及付款国为同名异价之货币,以付款地之货币为准。

第五节　划线支票及转账支票

第一千二百四十八条　(划线支票及划线之种类)

一、支票出票人或持票人得在支票上划线，以产生下条所指效力。

二、划线以在支票正面划两条平行线之方式为之；划线得为普通划线或特别划线。

三、如仅在票面上划两条平行线，或在两线之间记载“银行”一词或其他同义词语，为普通划线支票；如将银行名称记载于两线之间，为特别划线支票。

四、普通划线支票得转为特别划线支票，而特别划线支票则不得转为普通划线支票。

五、平行线或所载之银行名称经涂销者，视为未涂销。

第一千二百四十九条　(划线支票之付款)

一、普通划线支票之付款人仅得对银行或付款人之客户支付。

二、特别划线支票之付款人仅得对指定之银行支付，如后者为付款人，得对其客户支付，但该指定之银行得委托另一银行收取支票款项。

三、银行仅得从其客户或另一银行收受划线支票；除其客户或另一银行外，不得代收支票款项。

四、如支票上有多处特别划线，付款人不得付款；但有两处特别划线而其一系经票据交换所收款者除外。

五、如付款人或银行不遵守上指规定，应负责倘有之损害赔偿，但赔偿责任以票面金额为限。

第一千二百五十条　(转账支票制度)

一、支票出票人或持票人得于支票正面横写“转账”或同义词语以禁止支付现金。

二、在上指情况下，付款人仅得以记账方式结算支票（记入贷方账、由一账户转入另一账户、抵销），记账结算等于支票之支付。

三、“转账”一词即使被涂销，亦视为未涂销。

四、如付款人不遵守上指规定，应负责倘有之损害赔偿，但赔偿责任以票面金额为限。

第六节　因拒绝付款之追索权

第一千二百五十一条　（拒绝付款及因拒绝付款之追索权）

如于期限内提示支票而不获付款，持票人得向背书人、出票人及其他共同债务人行使追索权，但须有下列任一证明：

a）要式文件（拒绝证书）；

b）付款人在支票上作出具有日期之声明，载明支票提示日期；

c）票据交换所记载附有日期之声明，认定该支票已于期限内提示而不获付款。

第一千二百五十二条　（拒绝付款证书）

一、拒绝证书或同类声明应于提示期限届满前作出。

二、如于提示期限之最后一日提示支票，则拒绝证书或同类声明得于其后第一个工作日作出。

第一千二百五十三条　（拒绝付款之通知）

一、持票人应于作出拒绝证书或同类声明之日后四个工作日内，将拒绝付款之事宜通知背书人及出票人，如支票上有“免费返还”之条款，应于提示日后四个工作日内为之，各背书人应于收到通知后两个工作日内将收到通知之事宜通知其前手背书人，并记明此前各通知人之名称及地址，如此依次通知，直至出票人，此期限自收到上一通知之日起算。

二、按上款之规定通知支票上之签名人时，对其保证人，亦应于同一期限内发给同样通知。

三、背书人未于支票上记载其地址或记载不明时，则此项通知发给其前手背书人。

四、应发出通知之人得以任何方式为之，甚至仅将支票退回亦可。

五、发出通知之人须证明其于规定期限内发出；于规定期限内将通知信投邮，应视为已遵守规定期限。

六、未于上指期限发出通知之人，并不丧失其权利；如其过失造成损害，应负责赔偿，但赔偿责任以票面金额为限。

第一千二百五十四条　（免作拒绝证书之条款）

一、出票人、背书人或保证人得于票据上记载“免费返还”“免作拒绝证书”或其他同义条款并签名，以免除持票人为行使追索权而必须作出拒绝证书或同类声明之责任。

二、该条款并不免除持票人于规定期限内提示支票或发出必要通知之责任，不遵守期限之举证责任，由对抗持票人之人承担。

三、该条款如由出票人记载，对所有在支票上签名之人均产生效力；如由背书人或保证人记载，则仅对该背书人或保证人产生效力；如持票人无视出票人所记载之规定而作出拒绝证书或同类声明，有关费用由其承担；如该条款由背书人或保证人记载，作出拒绝证书之人或提出同类声明之人得就其费用向所有在支票上签名之人要求偿还。

第一千二百五十五条　（签名人之连带责任）

一、支票之所有债务人均对持票人负连带责任。

二、持票人有权对上指债务人个别或集体提起诉讼，无须按彼等承担债务之先后顺序。

三、在支票上签名之人对支票作出清偿后，与持票人享有同等权利。

四、对共同债务人之一提起诉讼，亦得对其他债务人提起诉讼，即使其他债务人为被诉债务人之后手亦然。

第一千二百五十六条　（持票人对被诉人之权利）

持票人行使追索权时，得向被追索人索偿下列款项：

a）未付款之支票金额；

b）自到期日起按6%之利率计算之利息；

c）作出拒绝证书或同类声明及所发通知之费用，以及其他费用。

第一千二百五十七条　（付款人之权利）

对支票作出清偿之人，得向负有责任之人索偿下列款项：

a）已付之全部金额；

b）自支付上指金额之日起按6%之利率计算之利息；

c）所支付之费用。

第一千二百五十八条　（请求交出已付款支票之权利）

一、任何被追索或可被追索之共同债务人作出清偿后，得要求持票人交付支票、拒绝证书或同类声明及收据。

二、背书人对支票作出清偿后，得涂销其背书及其后手背书人之背书。

第一千二百五十九条　（因不可抗力而延长期限）

一、如因不可克服之原因（任何国家宣告之法律时效或其他不可抗力之情况）而无法于所定期限内提示支票或作出拒绝证书或同类声明，此期限应予以延长。

二、持票人有责任将不可抗力之情况立即通知其背书人，将通知内容详载于支票或其黏单上，并载明日期及签名；其他方面，适用第一千二百五十三条之规定。

三、不可抗力之情况终止后，持票人应立即将支票提示付款，并于必要时作出拒绝证书或同类声明。

四、自持票人将不可抗力之情况通知背书人之日起，如超过十五日而不可抗力之情况仍延续时，即使提示期限尚未届满，持票人亦得行使追索权，无须作出提示、拒绝证书或同类声明。

五、持票人之纯个人事宜或经其委托提示支票、作出拒绝证书或同类声明之人之纯个人事宜，不视为不可抗力之情况。

第七节 复　　本

第一千二百六十条 （复本之许可）

一、除来人支票外，如支票之出票地在一国而付款地在另一国，得签发多份同样之复本。

二、支票如签发复本，复本之文本上应编号，如未编号，各复本应视为独立支票。

第一千二百六十一条 （就复本之一付款之效力）

一、就复本之一付款者，即使支票上无载明此项付款使其他复本失效，亦获免除责任。

二、背书人将多份复本转让予数人时，该背书人及其后手背书人均应对经彼等签名而未收回之各份复本负责。

第八节 变　　造

第一千二百六十二条 （变造文义之后果）

支票文义如有变造，则签名在变造之后者，依变造后文义负责，签名在变造之前者，依原有文义负责。

第九节 时　　效

第一千二百六十三条 （时效期间）

一、持票人对背书人、出票人及其他共同债务人之诉讼时效期间，自规定之提示期限届满日起六个月完成。

二、须对支票作出清偿之共同债务人之一对其他债务人之诉讼时效期间，自其作出清偿之日或被诉之日起六个月完成。

第一千二百六十四条 （时效中断之效力）

时效中断，仅对中断事由之起因者产生效力。

第十节　一 般 规 定

第一千二百六十五条　(银行一词之意义)

本法所谓“银行”,包括法律上视同银行之人或机构。

第一千二百六十六条　(终止日为公众假期之期限之延长)

一、支票之提示及作出拒绝证书,仅得于工作日办理。

二、支票行为,尤其提示付款、作出拒绝证书或提出同类声明,如须于法律规定之一定期限内完成而期限之最后一日为法定公众假期,该期限延长至期限届满后第一个工作日;计算期限时应包括期限中之公众假期。

第一千二百六十七条　(期限之计算)

本章所规定之期限,不包括该期限之首日。

第一千二百六十八条　(宽限日之不许可)

宽限日,不论其为法律上或司法上者,均不许可。

中国台湾地区“票据法”

（1929 年 10 月 30 日公布，1954 年 5 月 14 日、1960 年 3 月 31 日、1973 年 5 月 28 日、1977 年 7 月 23 日、1986 年 6 月 29 日、1987 年 6 月 29 日经过修正）

第一章　通　　则

第 1 条

本法所称票据，为汇票、本票及支票。

第 2 条

称汇票者，谓发票人签发一定之金额，委托付款人于指定之到期日，无条件支付与受款人或执票人之票据。

第 3 条

称本票者，谓发票人签发一定之金额，于指定之到期日，由自己无条件支付与受款人或执票人之票据。

第 4 条

称支票者，谓发票人签发一定之金额，委托金融业者于见票时，无条件支付与受款人或执票人之票据。

前项所称金融业者，系指经财政部核准办理支票存款业务之银行、信用合作社、农会及渔会。

第 5 条

在票据上签名者，依票上所载文义负责。

二人以上共同签名时，应连带负责。

第 6 条

票据上之签名，得以盖章代之。

第 7 条

票据上记载金额之文字与号码不符时，以文字为准。

第 8 条

票据上虽有无行为能力人或限制行为能力人之签名，不影响其他签名之效力。

第 9 条

代理人未载明为本人代理之旨而签名于票据者，应自负票据上之责任。

第 10 条

无代理权而以代理人名义签名于票据者，应自负票据上之责任。

代理人逾越权限时，就其权限外之部分，亦应自负票据上之责任。

第 11 条

欠缺本法所规定票据上应记载事项之一者，其票据无效。但本法别有规定者，不在此限。

执票人善意取得已具备本法规定应记载事项之票据者，得依票据文义行使权利；票据债务人不得以票据原系欠缺应记载事项为理由，对于执票人，主张票据无效。

票据上之记载，除金额外，得由原记载人于交付前改写之。但应于改写处签名。

第 12 条

票据上记载本法所不规定之事项者，不生票据上之效力。

第 13 条

票据债务人不得以自己与发票人或执票人之前手间所存抗辩之事由对抗执票人。但执票人取得票据出于恶意者，不在此限。

第 14 条

以恶意或有重大过失取得票据者，不得享有票据上之权利。

无对价或以不相当之对价取得票据者，不得享有优于其前手之权利。

第15条

票据之伪造或票上签名之伪造，不影响于真正签名之效力。

第16条

票据经变造时，签名在变造前者，依原有文义负责；签名在变造后者，依变造文义负责；不能辨别前后时，推定签名在变造前。

前项票据变造，其参与或同意变造者，不论签名在变造前后，均依变造文义负责。

第17条

票据上之签名或记载被涂销时，非由票据权利人故意为之者，不影响于票据上之效力。

第18条

票据丧失时，票据权利人得为止付之通知。但应于提出止付通知后五日内，向付款人提出已为声请公示催告之证明。

未依前项但书规定办理者，止付通知失其效力。

第19条

票据丧失时，票据权利人得为公示催告之声请。

公示催告程序开始后，其经到期之票据，声请人得提供担保，请求票据金额之支付；不能提供担保时，得请求将票据金额依法提存。其尚未到期之票据，声请人得提供担保，请求给与新票据。

第20条

为行使或保全票据上权利，对于票据关系人应为之行为，应在票据上指定之处所为之；无指定之处所者，在其营业所为之；无营业所者，在其住所或居所为之。票据关系人之营业所、住所或居所不明时，因作成拒绝证书，得请求法院公证处、商会或其他公共会所，调查其人之所在；若仍不明时，得在该法院公证处、商会或其他公共会所作成之。

第 21 条

为行使或保全票据上权利，对于票据关系人应为之行为，应于其营业日之营业时间内为之；如其无特定营业日或未订有营业时间者，应于通常营业日之营业时间内为之。

第 22 条

票据上之权利，对汇票承兑人及本票发票人，自到期日起算；见票即付之本票，自发票日起算；三年间不行使，因时效而消灭。对支票发票人自发票日起算，一年间不行使，因时效而消灭。

汇票、本票之执票人，对前手之追索权，自作成拒绝证书日起算，一年间不行使，因时效而消灭。支票之执票人，对前手之追索权，四个月间不行使，因时效而消灭。其免除作成拒绝证书者，汇票、本票自到期日起算；支票自提示日起算。

汇票、本票之背书人，对于前手之追索权，自为清偿之日或被诉之日起算，六个月间不行使，因时效而消灭。支票之背书人，对前手之追索权，二个月间不行使，因时效而消灭。

票据上之债权，虽依本法因时效或手续之欠缺而消灭，执票人对于发票人或承兑人，于其所受利益之限度，得请求偿还。

第 23 条

票据馀白不敷记载时，得黏单延长之。

黏单后第一记载人，应于骑缝上签名。

第二章　汇　　票

第一节　发票及款式

第 24 条

汇票应记载左列事项，由发票人签名。

一、表明其为汇票之文字。

二、一定之金额。

三、付款人之姓名或商号。

四、受款人之姓名或商号。

五、无条件支付之委托。

六、发票地。

七、发票年、月、日。

八、付款地。

九、到期日。

未载到期日者，视为见票即付。

未载付款人者，以发票人为付款人。

未载受款人者，以执票人为受款人。

未载发票地者，以发票人之营业所、住所或居所所在地为发票地。

未载付款地者，以付款人之营业所、住所或居所所在地为付款地。

第 25 条

发票人得以自己或付款人为受款人，并得以自己为付款人。

汇票未载受款人者，执票人得于无记名汇票之空白内，记载自己或他人为受款人，变更为记名汇票。

第 26 条

发票人得于付款人外，记载一人为担当付款人。

发票人亦得于付款人外，记载在付款地之一人为预备付款人。

第 27 条

发票人得记载在付款地之付款处所。

第 28 条

发票人得记载对于票据金额支付利息及其利率。

利率未经载明时，定为年利六厘。

利息自发票日起算。但有特约者，不在此限。

第 29 条

发票人应照汇票文义担保承兑及付款。但得依特约免除担保承兑之责。

前项特约,应载明于汇票。

汇票上有免除担保付款之记载者,其记载无效。

第二节　背　　书

第 30 条

汇票依背书及交付而转让。无记名汇票得仅依交付转让之。

记名汇票发票人有禁止转让之记载者,不得转让。

背书人于票上记载禁止转让者,仍得依背书而转让之。但禁止转让者,对于禁止后再由背书取得汇票之人,不负责任。

第 31 条

背书由背书人在汇票之背面或其黏单上为之。

背书人记载被背书人,并签名于汇票者,为记名背书。

背书人不记载被背书人,仅签名于汇票者,为空白背书。

前两项之背书,背书人得记载背书之年、月、日。

第 32 条

空白背书之汇票,得依汇票之交付转让之。

前项汇票,亦得以空白背书或记名背书转让之。

第 33 条

汇票之最后背书为空白背书者,执票人得于该空白内,记载自己或他人为被背书人,变更为记名背书,再为转让。

第 34 条

汇票得让与发票人、承兑人、付款人或其他票据债务人。

前项受让人,于汇票到期日前,得再为转让。

第 35 条

背书人得记载在付款地之一人为预备付款人。

第 36 条

就汇票金额之一部分所为之背书,或将汇票金额分别转让于数人之背书,不生效力,背书附记条件者,其条件视为无记载。

第 37 条

执票人应以背书之连续,证明其权利,但背书中有空白背书时,其次之背书人,视为前空白背书之被背书人。

涂销之背书,不影响背书之连续者,对于背书之连续,视为无记载。

涂销之背书,影响背书之连续者,对于背书之连续,视为未涂销。

第 38 条

执票人故意涂销背书者,其被涂销之背书人及其被涂销背书人名次之后,而于未涂销以前为背书者,均免其责任。

第 39 条

第二十九条之规定,于背书人准用之。

第 40 条

执票人以委任取款之目的而为背书时,应于汇票上记载之。

前项被背书人,得行使汇票上一切权利,并得以同一目的更为背书。

其次之被背书人所得行使之权利,与第一被背书人同。

票据债务人对于受任人所得提出之抗辩,以得对抗委任人者为限。

第 41 条

到期日后之背书,仅有通常债权转让之效力。

背书未记明日期者,推定其作成于到期日前。

第三节 承　　兑

第 42 条

执票人于汇票到期日前,得向付款人为承兑之提示。

第 43 条

承兑应在汇票正面记载承兑字样，由付款人签名。付款人仅在票面签名者，视为承兑。

第 44 条

除见票即付之汇票外，发票人或背书人得在汇票上为应请求承兑之记载，并得指定其期限。

发票人得为于一定日期前，禁止请求承兑之记载。

背书人所定应请求承兑之期限，不得在发票人所定禁止期限之内。

第 45 条

见票后定期付款之汇票，应自发票日起六个月内为承兑之提示。

前项期限，发票人得以特约缩短或延长之。但延长之期限不得逾六个月。

第 46 条

见票后定期付款之汇票，或指定请求承兑期限之汇票，应由付款人在承兑时，记载其日期。

承兑日期未经记载时，承兑仍属有效。但执票人得请求作成拒绝证书，证明承兑日期；未作成拒绝证书者，以前条所许或发票人指定之承兑期限之末日为承兑日。

第 47 条

付款人承兑时，经执票人之同意，得就汇票金额之一部分为之。但执票人应将事由通知其前手。

承兑附条件者，视为承兑之拒绝。但承兑人仍依所附条件负其责任。

第 48 条

付款人于执票人请求承兑时，得请其延期为之，但以三日为限。

第 49 条

付款人于承兑时，得指定担当付款人。

发票人已指定担当付款人者，付款人于承兑时，得涂销或变更之。

第 50 条

付款人于承兑时，得于汇票上记载付款地之付款处所。

第 51 条

付款人虽在汇票上签名承兑，未将汇票交还执票人以前，仍得撤销其承兑。但已向执票人或汇票签名人以书面通知承兑者，不在此限。

第 52 条

付款人于承兑后，应负付款之责。

承兑人到期不付款者，执票人虽系原发票人，亦得就第九十七条及第九十八条所定之金额，直接请求支付。

第四节 参加承兑

第 53 条

执票人于到期日前得行使追索权时，汇票上指定有预备付款人者，得请求其为参加承兑。

除预备付款人与票据债务人外，不问何人，经执票人同意，得以票据债务人中之一人为被参加人，而为参加承兑。

第 54 条

参加承兑，应在汇票正面记载左列各款，由参加承兑人签名：

一、参加承兑之意旨。

二、被参加人姓名。

三、年、月、日。

未记载被参加人者，视为为发票人参加承兑。

预备付款人为参加承兑时，以指定预备付款人之人为被参加人。

第 55 条

参加人非受被参加人之委托而为参加者，应于参加后四日内，将参加事由通知被参加人。

参加人怠于为前项通知因而发生损害时,应负赔偿之责。

第 56 条

执票人允许参加承兑后,不得于到期日前行使追索权。

被参加人及其前手,仍得于参加承兑后,向执票人支付第九十七条所定金额,请汇票及拒绝证书。

第 57 条

付款人或担当付款人,不于第六十九条及第七十条所定期限内付款时,参加承兑人应负支付第九十七条所定金额之责。

第五节　保　　证

第 58 条

汇票之债务,得由保证人保证之。

前项保证人,除票据债务人外,不问何人,均得为之。

第 59 条

保证应在汇票或其誊本上记载左列各款,由保证人签名。

一、保证人之意旨。

二、被保证人姓名。

三、年、月、日。

保证未载明年、月、日者,以发票年、月、日为年、月、日。

第 60 条

保证未载明被保证人者,视为为承兑人保证;其未经承兑者,视为为发票人保证。但得推知其为何人保证者,不在此限。

第 61 条

保证人与被保证人负同一责任。

被保证人之债务纵为无效,保证人仍负担其义务。但被保证人之债务,因方式之欠缺而为无效者,不在此限。

第 62 条

二人以上为保证时，均应连带负责。

第 63 条

保证得就汇票金额之一部分为之。

第 64 条

保证人清偿债务后，得行使执票人对承兑人、被保证人及其前手之追索权。

第六节 到 期 日

第 65 条

汇票之到期日，应依左列各式之一定之：

一、定日付款。

二、发票日后定期付款。

三、见票即付。

四、见票后定期付款。

分期付款之汇票，其中任何一期，到期不获付款时，未到期部分，视为全部到期。

前项视为到期之汇票金额中所含未到期之利息，于清偿时，应扣减之。

利息经约定于汇票到期日前分期付款者，任何一期利息到期不获付款时，全部汇票金额视为均已到期。

第 66 条

见票即付之汇票，以提示日为到期日。

第四十五条之规定，于前项提示准用之。

第 67 条

见票后定期付款之汇票，依承兑日或拒绝承兑证书作成日，计算到期日。

汇票经拒绝承兑而未作成拒绝承兑证书者，依第四十五条所规定承兑提示期限之末日，计算到期日。

第 68 条

发票日后或见票日后一个月或数个月付款之汇票，以在应付款之月与该日期相当之日为到期日；无相当日者，以该月末日为到期日。

发票日后或见票日后一个月半或数个月半付款之汇票，应依前项规定，计算全月后加十五日，以其末日为到期日。

票上仅载月初、月中、月底者，谓月之一日、十五日、末日。

第七节　付　款

第 69 条

执票人应于到期日或其后二日内，为付款之提示。

汇票上载有担当付款人者，其付款之提示，应向担当付款人为之。

为交换票据向票据交换所提示者，与付款之提示，有同一效力。

第 70 条

付款经执票人之同意，得延期为之。但以提示后三日为限。

第 71 条

付款人对于背书不连续之汇票而付款者，应自负其责。

付款人对于背书签名之真伪，及执票人是否票据权利人，不负认定之责。但有恶意或重大过失时，不在此限。

第 72 条

到期日前之付款，执票人得拒绝之。

付款人于到期日前付款者，应自负其责。

第 73 条

一部分之付款，执票人不得拒绝。

第 74 条

付款人付款时，得要求执票人记载收讫字样签名为证，并交出汇票。

付款人为一部分之付款时，得要求执票人在票上记载所收金额，并另给收据。

第 75 条

表示汇票金额之货币,如为付款地不通用者,得依付款日行市,以付款地通用之货币支付之。但有特约者,不在此限。

表示汇票金额之货币,如在发票地与付款地名同价异者,推定其为付款地之货币。

第 76 条

执票人在第六十九条所定期限内不为付款之提示时,票据债务人得将汇票金额依法提存;其提存费用,由执票人负担之。

第八节 参加付款

第 77 条

参加付款,应于执票人得行使追索权时为之。但至迟不得逾拒绝证明作成期限之末日。

第 78 条

参加付款,不问何人,均得为之。

执票人拒绝参加付款者,对于被参加人及其后手丧失追索权。

第 79 条

付款人或担当付款人,不于第六十九条及第七十条所定期限内付款者,有参加承兑人时,执票人应向参加承兑人为付款之提示;无参加承兑人而有预备付款人时,应向预备付款人为付款之提示。

参加承兑人或预备付款人,不于付款提示时为清偿者,执票人应请作成拒绝付款证书之机关,于拒绝证书上载明之。

执票人违反前二项规定时,对于被参加人与指定预备付款人之人及其后手,丧失追索权。

第 80 条

请为参加付款者,有数人时,其能免除最多数之债务者,有优先权。

故意违反前项规定为参加付款者,对于因之未能免除债务之人,丧失追索权。

能免除最多数之债务者有数人时,应由受被参加人之委托者或预备付款人参加之。

第 81 条

参加付款,应就被参加人应支付金额之全部为之。

第 82 条

参加付款,应于拒绝付款证书内记载之。

参加承兑人付款,以被参加承兑人为被参加付款人,预备付款人付款,以指定预备付款人之人为被参加付款人。

无参加承兑人或预备付款人,而汇票上未记载被参加付款人者,以发票人为被参加付款人。

第五十五条之规定,于参加付款准用之。

第 83 条

参加付款后,执票人应将汇票及收款清单交付参加付款人,有拒绝证书者,应一并交付之。

违反前项之规定者,对于参加付款人,应负损害赔偿之责。

第 84 条

参加付款人,对于承兑人、被参加付款人及其前手,取得执票人之权利。但不得以背书更为转让。

被参加付款人之后手,因参加付款而免除债务。

第九节　追　索　权

第 85 条

汇票到期不获付款时,执票人于行使或保全汇票上权利之行为后,对于背书人、发票人及汇票上其他债务人得行使追索权。

有左列情形之一者，虽在到期日前，执票人亦得行使前项权利：

一、汇票不获承兑时。

二、付款人或承兑人死亡、逃避或其他原因无从为承兑或付款提示时。

三、付款人或承兑人受破产宣告时。

第 86 条

汇票全部或一部不获承兑或付款或无从为承兑或付款提示时，执票人应请求作成拒绝证书证明之。

付款人或承兑人在汇票上记载提示日期，及全部或一部承兑或付款之拒绝，经其签名后，与作成拒绝证书有同一效力。

付款人或承兑人之破产，以宣告破产裁定之正本或节本证明之。

第 87 条

拒绝承兑证书，应于提示承兑期限内作成之。

拒绝付款证书，应以拒绝付款日或其后五日内作成之。但执票人允许延期付款时，应于延期之末日，或其后五日内作成之。

第 88 条

拒绝承兑证书作成后，无须再为付款提示，亦无须再请求作成付款拒绝证书。

第 89 条

执票人应于拒绝证书作成后四日内，对于背书人、发票人及其他汇票上债务人，将拒绝事由通知之。

如有特约免除作成拒绝证书时，执票人应于拒绝承兑或拒绝付款后四日内，为前项之通知。

背书人应于收到前项通知后四日内，通知其前手。

背书人未于票据上记载住所或记载不明时，其通知对背书人之前手为之。

第 90 条

发票人、背书人及汇票上其他债务人，得于第八十九条所定通知期限前，免除执票人通知之义务。

第 91 条

通知得用任何方法为之。但主张于第八十九条所定期限内曾为通知者，应负举证之责。

付邮递送之通知，如封面所记被通知人之住所无误，视为已经通知。

第 92 条

因不可抗力，不能于第八十九条所定期限内将通知发出者，应于障碍中止后，四日内行之。

证明于第八十九条所定期间内已将通知发出者，认为遵守通知期限。

第 93 条

不于第八十九条所定期限内为通知者，仍得行使追索权。但因其怠于通知发生损害时，应负赔偿之责；其赔偿金额，不得超过汇票金额。

第 94 条

发票人或背书人，得为免除作成拒绝证书之记载。

发票人为前项记载时，执票人得不请求作成拒绝证书，而行使追索权。但执票人仍请求作成拒绝证书时，应自负担其费用。

背书人为第一项记载时，仅对于该背书人发生效力。执票人作成拒绝证书者，得向汇票上其他签名人要求偿还其费用。

第 95 条

汇票上虽有免除作成拒绝证书之记载，执票人仍应于所定期限内为承兑或付款之提示。但对于执票人主张未为提示者，应负举证之责。

第 96 条

发票人、承兑人、背书人及其他票据债务人，对于执票人连带负责。

执票人得不依负担债务之先后，对于前项债务人之一人或数人或全体行使追索权。

执票人对于债务人之一人或数人已为追索者，对于其他票据债务人，仍得行使追索权。

被追索者已为清偿时，与执票人有同一权利。

第 97 条

执票人向汇票债务人行使追索权时，得要求左列金额：

一、被拒绝承兑或付款之汇票金额，如有约定利息者，其利息。

二、自到期日起如无约定利率者，依年利六厘计算之利息。

三、作成拒绝证书与通知及其他必要费用。

于到期日前付款者，自付款日至到期日前之利息，应由汇票金额内扣除。无约定利率者，依年利六厘计算。

第 98 条

为第九十七条之清偿者，得向承兑人或前手要求左列金额：

一、所支付之总金额。

二、前款金额之利息。

三、所支出之必要费用。

发票人为第九十七条之清偿者，向承兑人要求之金额同。

第 99 条

执票人为发票人时，对其前手无追索权。

执票人为背书人时，对该背书之后手无追索权。

第 100 条

汇票债务人为清偿时，执票人应交出汇票，有拒绝证书时，应一并交出。

汇票债务人为前项清偿，如有利息及费用者，执票人应出具收据及偿还计算书。

背书人为清偿时，得涂销自己及其后手之背书。

第 101 条

汇票金额一部分获承兑时，清偿未获承兑部分之人，得要求执票人在汇票上记载其事由，另行出具收据，并交出汇票之誊本及拒绝承兑证书。

第 102 条

有追索权者，得以发票人或前背书人之一人或其他票据债务人为付款人，向其住所所在地发见票即付之汇票。但有相反约定时，不在此限。

前项汇票之金额，于第九十七条及第九十八条所列者外，得加经纪费及印花税。

第 103 条

执票人依第一百零二条之规定发汇票时，其金额依原汇票付款地汇往前手所在地之见票即付汇票之市价定之。

背书人依第一百零二条之规定发汇票时，其金额依其所在地汇往前手所在地之见票即付汇票之市价定之。

前二项市价，以发票日之市价为准。

第 104 条

执票人不于本法所定期限内为行使或保全汇票上权利之行为者，对于前手丧失追索权。

执票人不于约定期限内为前项行为者，对于该约定之前手，丧失追索权。

第 105 条

执票人因不可抗力之事变，不能于所定期限内为承兑或付款之提示，应将其事由从速通知发票人、背书人及其他票据债务人。

第八十九条至第九十三条之规定，于前项通知准用之。

不可抗力之事变终止后，执票人应即对付款人提示。

如事变延至到期日后三十日以外时，执票人得迳行使追索权，无须提示或作成拒绝证书。

汇票为见票即付或见票后定期付款者，前项三十日之期限，自执票人通知其前手之日起算。

第十节 拒绝证书

第 106 条

拒绝证书,由执票人请求拒绝承兑地或拒绝付款地之法院公证处、商会或银行公会作成之。

第 107 条

拒绝证书,应记载左列各款,由作成人签名,并盖作成机关之印章:

一、拒绝者及被拒绝者之姓名或商号。

二、对于拒绝者,虽为请求未得允许之意旨,或不能会晤拒绝者之事由或其营业所、住所或居所不明之情形。

三、为前款请求,或不能为前款请求之地及其年月日。

四、于法定处所外作成拒绝证书时,当事人之合意。

五、有参加承兑时或参加付款时,参加之种类及参加人,并被参加人之姓名或商号。

六、拒绝证书作成之处所及其年月日。

第 108 条

付款拒绝证书,应在汇票或其黏单上作成之。

汇票有复本或誊本者,于提示时,仅须在复本之一份或原本或其黏单上作成之。但可能时,应在其他复本之各份或誊本上记载已作拒绝证书之事由。

第 109 条

付款拒绝证书以外之拒绝证书,应照汇票或其誊本作成抄本,在该抄本或其黏单上作成之。

第 110 条

执票人以汇票之原本请求承兑或付款而被拒绝,并未经返还原本时,其拒绝证书,应在誊本或其黏单上作成之。

第 111 条

拒绝证书应接续汇票上、复本上或誊本上原有之最后记载作成之。

在黏单上作成者，并应于骑缝处签名。

第 112 条

对数人行使追索权时，只须作成拒绝证书一份。

第 113 条

拒绝证书作成人，应将证书原本交付执票人，并就证书全文另作抄本，存于事务所，以备原本灭失时之用。

抄本与原本有同一效力。

第十一节　复　本

第 114 条

汇票之受款人，得自负担其费用，请求发票人发行复本。但受款人以外之执票人，请求发行复本时，须依次经由其前手请求之，并由其前手在各复本上，为同样之背书。

前项复本以三份为限。

第 115 条

复本应记载同一文句，标明复本字样，并编列号数，未经标明复本字样，并编列号数者，视为独立之汇票。

第 116 条

就复本之一付款时，其他复本失其效力。但承兑人对于经其承兑而未取回之复本，应负其责。

背书人将复本分别转让于二人以上时，对于经其背书而未收回之复本，应负其责。

将复本各份背书转让与同一人者，该背书人为偿还时，得请求执票人交出复本之各份。但执票人已立保证或提供担保者，不在此限。

第 117 条

为提示承兑送出复本之一者，应于其他各份上载明接收人之姓名或商号及其住址。

汇票上有前项记载者，执票人得请求接收人交还其所接收之复本。

接收人拒绝交还时，执票人非以拒绝证书证明左列各款事项，不得行使追索权：

一、曾向接收人请求交还此项复本，而未经其交还。

二、以他复本为承兑或付款之提示，而不获承兑或付款。

第十二节 誊 本

第 118 条

执票人有作成汇票誊本之权利。

誊本应标明誊本字样，誊写原本上之一切事项，并注明迄于何处为誊写部分。

执票人就汇票作成誊本时，应将已作成誊本之旨，记载于原本。

背书及保证，亦得在誊本上为之，与原本上所为之背书及保证有同一效力。

第 119 条

为提示承兑送出原本者，应于誊本上载明原本接收人之姓名或商号及其住址。

汇票上有前项记载者，执票人得请求接收人交还原本。

接收人拒绝交还时，执票人非将曾向接收人请求交还原本而未经其交还之事由，以拒绝证书证明，不得行使追索权。

第三章　本　　票

第 120 条

本票应记载左列事项，由发票人签名：

一、表明其为本票之文字。

二、一定之金额。

三、受款人之姓名或商号。

四、无条件担任支付。

五、发票地。

六、发票年、月、日。

七、付款地。

八、到期日。

未载到期日者，视为见票即付。

未载受款人者，以执票人为受款人。

未载发票地者，以发票人之营业所、住所或居所所在地为发票地。

未载付款地者，以发票地为付款地。

见票即付，并不记载受款人之本票，其金额须在五百元以上。

第 121 条

本票发票人所负责任，与汇票承兑人同。

第 122 条

见票后定期付款之本票，应由执票人向发票人为见票之提示，请其签名，并记载见票字样及日期，其提示期限，准用第四十五条之规定。

未载见票日期者，应以所定提示见票期限之末日为见票日。

发票人于提示见票时，拒绝签名者，执票人应于提示见票期限内，请求作成拒绝证书。

执票人依前项规定，作成见票拒绝证书后，无须再为付款之提示，亦无须再请求作成付款拒绝证书。

执票人不于第四十五条所定期限内为见票之提示或作成拒绝证书者，对于发票人以外之前手，丧失追索权。

第 123 条

执票人向本票发票人行使追索权时，得声请法院裁定后强制执行。

第 124 条

第二章第一节第二十五条第二项、第二十六条第一项及第二十八条，关于发票人之规定；第二章第二节关于背书之规定，除第三十五条外；第二章第五节关于保证之规定；第二章第六节关于到期日之规定，第二章第七节关于付款之规定；第二章第八节关于参加付款之规定，除第七十九条及第八十二条第二项外；第二章第九节关于追索权之规定，除第八十七条第一项、第八十八条及第一百零一条外；第二章第十节关于拒绝证书之规定；第二章第十二节关于誊本之规定，除第一百十九条外；均于本票准用之。

第四章　支　　票

第 125 条

支票应记载左列事项，由发票人签名：

一、表明其为支票之文字。

二、一定之金额。

三、付款人之商号。

四、受款人之姓名或商号。

五、无条件支付之委托。

六、发票地。

七、发票年、月、日。

八、付款地。

未载受款人者，以执票人为受款人。

未载发票地者，以发票人之营业所、住所或居所为发票地。

发票人得以自己或付款人为受款人，并得以自己为付款人。

第 126 条

发票人应照支票文义担保支票之支付。

第 127 条

支票之付款人，以第四条所定之金融业者为限。

第 128 条

支票限于见票即付，有相反之记载者，其记载无效。

支票在票载发票日前，执票人不得为付款之提示。

第 129 条

以支票转账或为抵销者，视为支票之支付。

第 130 条

支票之执票人，应于左列期限内，为付款之提示：

一、发票地与付款地在同一省（市）区内者，发票日后七日内。

二、发票地与付款地不在同一省（市）区内者，发票日后十五日内。

三、发票地在“国外”，付款地在“国内”者，发票日后二个月内。

第 131 条

执票人于第一百三十条所定提示期限内，为付款之提示而被拒绝时，对于前手得行使追索权。但应于拒绝付款日或其后五日内，请求作成拒绝证书。

付款人于支票或黏单上记载拒绝文义及其年、月、日并签名者，与作成拒绝证书，有同一效力。

第 132 条

执票人不于第一百三十条所定期限内为付款之提示，或不于拒绝付款日或其后五日内请求作成拒绝证书者，对于发票人以外之前手，丧失追索权。

第 133 条

执票人向支票债务人行使追索权时，得请求自为付款提示日起之利息，如无约定利率者，依年利六厘计算。

第 134 条

发票人虽于提示期限经过后，对于执票人仍负责任。但执票人怠于提示，致使发票人受损失时，应负赔偿之责，其赔偿金额，不得超过票面金额。

第 135 条

发票人于第一百三十条所定期限内，不得撤销付款之委托。

第 136 条

付款人于提示期限经过后，仍得付款。但有左列情事之一者，不在此限：

一、发票人撤销付款之委托时。

二、发行满一年时。

第 137 条

付款人于发票人之存款或信用契约所约定之数不敷支付支票金额时，得就一部分支付之。

前项情形，执票人应于支票上记明实收之数目。

第 138 条

付款人于支票上记载照付或保付或其他同义字样并签名后，其付款责任，与汇票承兑人同。

付款人于支票上已为前项之记载时，发票人及背书人免除其责任。

付款人不得为存款额外或信用契约所约定数目以外之保付，违反者应科以罚锾。但罚锾不得超过支票金额。

依第一项规定，经付款人保付之支票，不适用第十八条、第一百三十条及第一百三十六条之规定。

第 139 条

支票经在正面划平行线二道者，付款人仅得对金融业者支付票据金额。

支票上平行线内记载特定金融业者，付款人仅得对特定金融业者支付票据金额。但该特定金融业者为执票人时，得以其他金融业者为被背书人，背书后委托其取款。

划平行线支票之执票人，如非金融业者，应将该项支票存入其在金融业者之账户，委托其代为取款。

支票上平行线内，记载特定金融业者，应存入其在该特定金融业者之账户，委托其代为取款。

划平行线之支票，得由发票人于平行线内记载照付现款或同义字样，由发票人签名或盖章于其旁，支票上有此记载者，视为平行线之撤销。但支票经背书转让者，不在此限。

第 140 条

违反第一百三十九条之规定而付款者，应负赔偿损害之责。但赔偿金额不得超过支票金额。

第 141 条

（删除）

第 142 条

（删除）

第 143 条

付款人于发票人之存款或信用契约所约定之数，足敷支付支票金额时，应负支付之责。但收到发票人受破产宣告之通知者，不在此限。

第 144 条

第二章第一节第二十五条第二项关于发票人之规定；第二节关于背书之规定，除第三十五条外；第二章第七节关于付款之规定，除第六十九条第一项、第二项、第七十条、第七十二条、第七十六条外；第二章

第九节关于追索权之规定，除第八十五条第二项第一款、第二款、第八十七条、第八十八条、第九十七条第一项第二款、第二项及第一百零一条外；第二章第十节关于拒绝证书之规定，除第一百零八条第二项、第一百零九条及第一百十条外；均于支票准用之。

第五章　附　　则

第 144-1 条

（删除）

第 145 条

本法“施行细则”，由“行政院”定之。

第 146 条

本法自公布日施行。

中国台湾地区“票据法施行细则”

（1973 年 5 月 29 日公布，1974 年 1 月 21 日、1978 年 2 月 21 日、1986 年 12 月 30 日修正）

第 1 条

本细则依票据法第一百四十五条规定订定之。

第 2 条

（删除）

第 3 条

票据上之金额，以号码代替文字记载，经使用机械办法防止涂销者，视同文字记载。

第 4 条

票据为不得享有票据上权利或票据权利应受限制之人获得时，原票据权利人得依假处分程序，声请法院为禁止占有票据之人向付款人请求付款之处分。

第 5 条

票据权利人依本法第十八条规定为止付之通知时，应填具挂失止付通知书、载明左列事项、通知付款人。

一、票据丧失经过。

二、丧失票据之类别、账号、号码、金额及其他有关记载。

三、通知止付人之姓名、年龄、住所。其为机关、团体者，应于通知书上加盖正式印信。其为公司、行号者，应加盖正式印章，并由负责人签名。个人应记明身份证字号。票据权利人为发票人时，并应使用原留印鉴。

付款人对通知止付之票据，应即查明，对无存款又未经允许垫借票据之止付通知，应不予受理。对存款不足或超过付款人允许垫借金额之票据，应先于其存款或允许垫借之额度内，予以止付。其后如再有存款或续允垫借时，仍应就原止付票据金额限度内，继续予以止付。

票据权利人就到期日前之票据为止付通知时，付款人应先予登记，俟到期日后，再依前项规定办理。其以票载发票日前之支票为止付通知者，亦同。

通知止付之票据如为业经签名而未记载完成之空白票据，而于丧失后经补充记载完成者，准依前两项规定办理，付款人应就票载金额限度内予以止付。

经止付之金额，应由付款人留存，非依本法第十九条第二项之规定，或经占有票据之人及止付人之同意，不得支付或由发票人另行动用。

第 6 条

本法第十八条、第十九条规定，对业经付款人付款之票据不适用之。

第 7 条

票据权利人虽曾依本法第十八条第一项规定，向付款人为公示催告声请之证明。但其声请被驳回或撤回者，或其除权判决之声请被驳回确定或撤回，或逾期未声请除权判决者，仍有本法第十八条第二项规定之适用。

依本法第十八条第二项规定止付通知失其效力者，同一人不得对同一票据再为止付之通知。

第 8 条

票据得于其背面或黏单上加印格式，以供背书人填写。但背书非于票背已无背书地位时，不得于黏单上为之。

第 9 条

依本法第六十五条第三项规定，应扣减之利息，其有约定利率者，依约定利率扣减，未约定利率者，依本法第二十八条第二项规定之利率扣减。

第 10 条

分期付款票据，受款人于逐次受领票款及利息时，应分别给予收据，并于票据上记明领取票款之期别、金额及日期。

第 11 条

有制作拒绝证书权限者，于受作成拒绝证书之请求时，应就本法第一百零七条第二款之拒绝事由，即时为必要之调查。

第 12 条

依本法第一百十三条规定，抄存于作成人事务所之拒绝证书，应载明汇票全文。

第 13 条

（删除）

第 14 条

依本法得为特约或约定之事项，非载明于票据，不得以之对抗善意第三人。

第 15 条

（删除）

第 16 条

（删除）

第 17 条

本细则自发布日施行。